PIERRE KAMMERER

ADOLESCENTES NA VIOLÊNCIA
MEDITAÇÕES EDUCATIVAS
E TRATAMENTOS PSÍQUICOS

PIERRE KAMMERER

ADOLESCENTES NA VIOLÊNCIA
MEDITAÇÕES EDUCATIVAS
E TRATAMENTOS PSÍQUICOS

Prefácio de Caroline Eliacheff

Tradução
Procópio Abreu

Editor
José Nazar

Companhia de Freud

TÍTULO ORIGINAL
Adolescents dans la violence

EDITORAÇÃO ELETRONICA
Mariana Blanc
TRADUÇÃO
Procópio Abreu
REVISÃO
Fernanda Rodrigues
EDITOR RESPONSÁVEL
José Nazar

Rio de Janeiro, 2011

FICHA CATALOGRÁFICA

K23a Kammerer, Pierre

Adolescentes na violência: meditações educativas e cuidados psíquicos / Pierre Kammerer; prefácio de Caroline Eliacheff, tradução Procopio Abreu - Rio de Janeiro : Companhia de Freud, 2011. Tradução de: Adolescents dans la violence. Inclui bibliografia.

ISBN 978-85-7724-021-0

1. Psicologia do adolescente 2.Violência na adolescência 3.

Valores na adolescência.

I. Eliacheff, Caroline II. Abreu, Procópio III. Título.

07-2140. CDD: 155.5

CDU: 159.922.8Rio de Janeiro, 2010.

Companhia de Freud

editora

Rua Barão de Sertório, 48 – casa
Tel.: (21) 2273-9357 • (21) 2293-5863
Rio Comprido – Rio de Janeiro
www.ciadefreud.com.br • ciadefreud@gmail.com

Índice

Este livro é dedicado a Madjiguène Cissé, Emmanuelle Béart e Ababacar Diop, sem-documentos de Saint-Bernard. Provocados pela violência do Estado, a ela souberam resistir.

Não esquecerei o testemunho de Khaled Kelkal para o ideal do eu que ele havia erigido como muralha contra sua própria violência... em vão.

Meus agradecimentos à equipe do Abrigo e à colocação familiar para adolescentes da Sauvegarde de Valence, bem como à Casa da Infância de Taninges, sem esquecer meus ex-colegas de Grenoble.

A Claude Balier, Willy Barral e Heitor O'Dwyer de Macedo.

PREFÁCIO

violência diz respeito a todos nós;
seja ela observada, sentida, sofrida ou praticada.

Pensar a violência é uma aposta, a que nos propõe Pierre Kammerer, uma vez que o ato de violência vem precisamente no lugar das palavras, as que não temos, que são proibidas ou que se revelaram sinônimo de mentira e traição. Pensar a violência significa a um só tempo pensar as origens da violência fundamental, aquela que mais se aproxima do instinto de sobrevivência, e pensar as condições ambientais necessárias para que não estoure e permaneça em limites aceitáveis. O que não é puramente teórico, mas serve para imaginar e pôr concretamente em prática o que deveria ser "um ambiente humano suscetível de acolher um adolescente confrontado com o desabamento de seu meio relacional natural".

Pois, felizmente, há homens e mulheres que escolheram estar profissionalmente em contato com adolescentes violentos, ainda que nem sempre tenham medido até onde isso poderia arrastá-los, sociedades também que "pensaram a violência". Não tanto para erradicá-la, para tornar os violentos conformes, para deles proteger os outros, mas em nome da dívida de vida que as gerações se transmitem: a de ter de humanizar a vida que não se reduz à vida biológica. Nem tudo é decidido antes dos seis anos. Muito pelo contrário, nada jamais é decidido, sob condição, como se diz, de "dar o máximo"!

Pierre Kammerer faz parte dos psicanalistas, hoje numerosos, que deixaram o consultório para trabalhar em instituições. Para lá fazer exatamente o quê? Para manter uma posição impossível e indispensável: a de fiador das possibilidades de pensar a prática. Também viajou porque a vida de um homem, sobretudo se for psicanalista, não deve se reduzir à sua experiência profissional. Tomou a medida do poder das palavras quando estas enfim conseguem ser ditas e dos incríveis esforços em termos de reflexão e protocolo que é preciso envidar para trocar golpes por palavras.

Para não reduzir um rapaz ou uma moça à sua violência, certas condições devem ser preenchidas simultaneamente, sem hierarquia: a sanção, a reparação, a compreensão. Cada uma delas tomada separadamente também pode ser fonte de violência se não tiver sido previamente pensada ou se os papéis não tiverem sido distribuídos a pessoas competentes, isto é, aceitando o rigor e a limitação impostos por cada papel. Quando um dispositivo como esse puder permitir que uma equipe educativa, de maneira legítima, mantenha num grupo de vida um jovem vítima da violência é que se poderá pensar em falar de "tratar" essa violência e de reparar seus efeitos.

O livro de Pierre Kammerer entusiasma, ainda que nenhuma dificuldade seja eludida ou talvez por causa disso; mostra que a resistência do pensamento é mais forte que o niilismo da violência, do que, às vezes, infelizmente, podemos duvidar. Vem a propósito, curiosamente, pois na França inteira, e sem que se possa descobrir uma vontade política clara, muitas instituições que acolhem crianças de todas as idades, que souberam, com todas as dificuldades inerentes a esse tipo de empreendimento, aliar o educativo à psicanálise, são fechadas ou brutalmente retomadas por uma direção socioeducativa estrita, eliminando deliberadamente o atendimento da vida psíquica de indivíduos e profissionais. O que é mais que inquietante, como o é toda derrota do pensamento. A multiplicação anunciada dos educadores é coisa excelente, mas essas pessoas de campo, que exercem um dos ofícios mais difíceis que existem, sabem muito bem que não podem e sobretudo não devem fazer tudo. O ofício que as obriga a se questionarem continuamente só é suportável se puderem precisamente pensá-lo sem estar em permanência forçadas a agir. Será isso que dá tanto medo? Não ousamos acreditar.

No entanto, Pierre Kammerer traz respostas a todos aqueles que, de perto ou de longe, se interessam pelo fenômeno da violência dos jovens. Ele nos incita à modéstia: sós, nada podemos. Juntos, pais, crianças, profissionais e políticos, podemos muito, contanto que cada um tenha delimitado sua função, que saiba nela se manter e possa reconhecer suas próprias transgressões.

Se um adolescente só consegue comunicar praticando atos violentos, cabe a nós fazer disso, como de qualquer outro sintoma, um instrumento de trabalho. Mais fácil dizer que fazer? É verdade. Mas os exemplos clínicos que nos são propostos em toda a sua complexidade mostram que é possível, que é desejável. Uma vez fechado o livro, só temos uma vontade: voltar a trabalhar...

CAROLINE ELIACHEFF, psicanalista.

INTRODUÇÃO
DA VIOLÊNCIA AO PENSAMENTO

De onde provém a violência que habita certos adolescentes? Quais disfunções psíquicas os condenam a isso, e desde qual história relacional ela se impôs como último recurso?

Esses adolescentes precisam de métodos de socialização excepcionais ou de tratamentos psíquicos particulares? Se a organização psíquica está inacabada, mediante que respostas e que relações inéditas poderíamos permitir que eles a coroassem?

A psicanálise tem algo a dizer a esses jovens abandonados à sua inutilidade social bem como às suas pulsões sem sublimação quando se descarregam numa violência que se engana de alvo?

Tem ela propostas a fazer àqueles que escapam da depressão por meio da toxicomania? O que ela propõe àqueles que só saem de seu isolamento quando o traficante passa para entregar a droga e exigir que a revendam? Delinquentes e novos escravos...

O que pode acontecer atrás das portas dos lugares onde trabalham assistentes sociais, educadores e psicanalistas junto a esses jovens?

Estão aqui questões que todo cidadão pode se colocar, que todo pai um dia se coloca, e para as quais os profissionais da adolescência buscam respostas clínicas e métodos concretos.

Dos subúrbios às instituições educativas e curativas, passando pelos bairros chiques e as prisões, os adolescentes violentos afligem, revoltam, deixam acuados os adultos impotentes e despertam a própria violência. Os pais são rejeitados, culpabilizados, lamentados ou ainda solicitados a um nível do qual não podem responder. Calam-se diante de filhos inacessíveis, resistindo mais ou menos bem à tentação de se fazerem cúmplices por temer perdê-los.

Ver de perto a personalidade desses adolescentes, rapazes ou moças, leva inevitavelmente a pensar nos pais que tiveram, nos pais que deveriam ter tido, nos pais que ainda poderiam encontrar (a palavra "pai" recobre significações mais numerosas do que se poderia crer).

Existem pais genitores. Às vezes, só cumpriram o papel de engendrálos. Mas não é simples alguém escrever sua história quando imagina a origem de sua vida em relações sexuais ocasionais seguidas de uma procriação pouco responsável. Principalmente quando o corpo transformado pela puberdade convida às relações sexuais potencialmente fecundas. O sujeito pode então temer ou esperar a repetição da história de seu próprio nascimento. Existem os pais e mães da realidade. Tanto quanto puderam, estes se liberaram da dívida de vida contraída na concepção do filho. E, na maioria, ainda gostariam de fazê-lo, mesmo quando esse filho os desconcerta. Mas como acreditar ainda no que representam aos olhos desse filho?

Há igualmente as imagens que esses adolescentes têm dos pais. Do interior deles mesmos, elas organizam o funcionamento psíquico que os leva à violência. Eles herdaram essas imagos internas interpretando, interiorizando ou incorporando as atitudes dos pais. Estiveram em questão tanto os investimentos reais quanto os fantasmáticos: esses pais puderam nutri-los de uma libido vivificante ou, ao contrário, invadi-los com sua morbidez. Também puderam acorrentar o imaginário de criança ao de gerações anteriores: quando estas viveram graves traumas e trouxeram consigo fantasias excessivamente mortíferas, a vida dada só lhes terá parecido suportável ao preço de reparar a história dos mais velhos. Enviados sem querer em missão a esse lugar enlouquecedor, em geral é na adolescência que têm de se desprender desse gênero de injunção brutal e inconsciente. E, às vezes, na violência, tanto sentem sua urgência vital.

Existem também todos aqueles que puderam e ainda podem ser substitutos parentais: membros da família, médicos, professores, animadores, juízes da infância, contanto que tenham dado a impressão de saber algo das questões que os obcecam. Também é através deles que o sujeito terá construído suas imagens internas de pai e mãe.

É com essas imagens deixadas por todos esses encontros que – para o melhor ou para o pior – esses adolescentes vão se tornar a própria mãe e o próprio pai. Agora, pai e mãe internos comandam o destino deles.

E, além disso, existem ainda as "figuras parentais". São os homens e as mulheres que os adolescentes interpelam porque esperam secretamente encontrar junto a estes um pouco das funções parentais que lhes faltaram... mesmo arriscando provocá-los violentamente ou ignorá-los com insistência. Entre eles, em primeiro plano, formados e remunerados para isso, estão profissionais: do educador ao monitor esportivo, passando pela enfermeira, o psicólogo e o psicanalista.

E, é claro, existe ainda um outro pai, o pai futuro, que o adolescente terá construído em si mesmo ao se construir como sujeito... ou que não construirá nunca.

Logo, não está em questão ignorar os pais reais dos adolescentes; sobretudo porque a fidelidade que lhes dedicam os filhos costuma ser proporcional à fragilidade parental e à rejeição de que foram objeto. Eles raramente conseguem deixá-los antes de ter levado a cabo a tarefa de construí-los em si mesmos.

Mas o que fazer com essas imagens internas perturbadoras ou deprimentes, com essas instâncias psíquicas cruéis agora instaladas na cabeça e que os deixam em dificuldade? O que fazer com esses roteiros fantasmáticos que eles põem em ato numa violência que os condena?

Organizar-se para prevenir esses atos e retomá-los pela fala conforme dispositivos relacionais refletidos para esse fim. Pois o desafio a ser aceito é o de dar a esses jovens as capacidades pessoais de suas transformações internas, e são evidentemente visadas terapêuticas que é preciso ter. Mas, uma vez que esses sujeitos não atendem à definição de "boas indicações" de psicoterapia, já que pensam e verbalizam pouco e repetem em ato mais que relembrar ou interrogar seu mundo imaginário, o lugar do psicanalista está em outra parte que por trás do divã.

Ele deve ocupar, para a equipe dos profissionais, o lugar de fiador das possibilidades de pensar a prática. Ele é o referente privilegiado da elaboração do dispositivo clínico da instituição e de seus protocolos de trabalho. Pois os adultos, não mais que os adolescentes, não poderão sair de seus impasses violentos sem que suas relações sejam mediatizadas por um quadro terceiro que seja lei junto a uns e outros.

Este livro quer encarar a maneira de organizar o mundo exterior desses jovens para que o funcionamento interno deles seja modificado. Quer articular o problema dos tratamentos e das necessidades psíquicas aserem satisfeitos com o da socialização e dos interditos humanizantes a serem prestados.

Aos educadores que se inquietam por não terem sido formados para tratar, por não poderem convencer esses jovens a se tratar, ou por não encontrarem profissionais de saúde desejosos de fazê-lo, eu gostaria de mostrar no que pode repousar o tratamento psíquico no cotidiano. Desejo também falar aos profissionais de saúde que tomaram consciência da necessidade de pôr à disposição desses jovens um quadro de vida suscetível de conter suas angústias, de dispensá-los da passagem ao ato, de desculpabilizá-los para melhor responsabilizá-los, de renarcisá-los o bastante para incentivar-lhes o pensamento, de livrá-los dos interditos e de apoiar seu ideal.

Pois a violência é uma escravidão para quem por ela é habitado e, para as pessoas à volta, é mais constrangedora que muitos sintomas. Mas dá acesso à relação de maneira muito mais direta, porque mostra, escandaliza e convoca a responder ou a fugir.

Não esqueçamos que, quando os posicionamentos educativos no cotidiano são justos e os interditos respeitosamente liberados, quando a lei simbólica é corretamente representada por regras de vida que garantem proteção, prazer, êxito, orgulho e liberdade..., então os adolescentes violentos começam a se perguntar por que maltratam os laços que eles tecem. Enquanto o quadro de vida permanecer tão incoerente, mórbido ou traumático hoje quanto tinham sido as relações familiares ontem, eles nunca poderão desejar ser tratados. Um lugar de vida pode funcionar de maneira a que se desenrolem os jogos relacionais portadores de sua reorganização psíquica, logo tratamento. A psicoterapia formal virá em seguida. Aqui estarão em questão, entre outras coisas, esses funcionamentos institucionais, questões clínicas e seus correlatos em termos de método.

Vamos precisar os fundamentos conceituais sobre os quais podem repousar os dispositivos que experimentei e que oferecem aos adultos mais serenidade diante dos comportamentos violentos porque, passada a tempestade, torna-se possível fazer disso algo mais que punição ou exclusão.

Esses conceitos são aqueles forjados pela psicanálise em sua abordagem dos distúrbios do narcisismo e dos traumas psíquicos. O relato dos encontros clínicos e das aventuras relacionais que esses dispositivos permitiram virá provar a fecundidade desses conceitos.

Contudo, descreverei certos rituais que, sob outros céus, a tradição impõe aos adolescentes, e que encontrei ao longo de certas viagens por outras culturas. Pareceram-me apoiá-los nessa etapa da vida.

CAPÍTULO 1
A DÍVIDA DE VIDA COMO ÉTICA DE UMA CLÍNICA EDUCATIVA E CURATIVA

O filhote do homem bem rápido experimenta o sentimento de que aqueles que lhe deram a vida contraíram com ele uma dívida. O que lhe devem, os psicanalistas chamam dívida de vida: ao dar a vida biológica, os pais se comprometeram a prestar ao filho solicitude o bastante, limitações e interditos para que ele se humanize. Em seguida, vão lhe transmitir os conhecimentos necessários para que encontre seu lugar na troca social. Vão permitir que se diferencie e se separe deles. Quando não podem satisfazer essa dívida, os pais genitores são perfeitamente substituíveis por outros adultos, em certas condições – aquela, notadamente, de ter respeitado a parte da dívida de vida já prestada pelos pais genitores.

Para o sujeito, o sentimento íntimo que o que devia lhe ser pago de fato o foi (e que o que não foi não será mais) assinala o acesso à idade adulta e mostra a capacidade de também se engajar numa procriação responsável, pois ele então contraiu uma dívida de vida que o obrigará a apoiar o crescimento de seus futuros filhos. A construção desse sentimento em grande parte se faz de modo inconsciente. Desde a concepção, ao oposto do discurso atual de domínio, a transmissão da vida desenvolve-se sob a ação descontrolada do inconsciente dos pais. Uma dívida de vida inconsciente acorrenta os sujeitos aos pais e aos ascendentes. O reconhecimento dessa dívida é a primeira condição da aptidão a transmitir a vida[1]*. Dispor do sentimento que o que era devido para ser plenamente um homem ou uma mulher de fato foi transmitido, eis o que pode resultarde três parâmetros: a qualidade dos laços estabelecidos nos registros consciente e inconsciente com aqueles que exerceram as funções parentais junto à criança; a maneira como o sujeito aceitou que não devia esperar muito mais e como os pais assumiram que não havia que dar mais (o momento determinante, para o pagamento da dívida de vida, é o (ou os) momento(s) em que os pais cessam de pagá-la); e, enfim, a maneira como o sujeito, em sua mais profunda intimidade, interpretou os fatos, os gestos e as afirmações dos pais (pois o sentimento de que essa dívida de fato foi paga corresponde a uma operação totalmente subjetiva e em parte inconsciente, sem equivalência com a maneira "real" como o sujeito foi criado, mas antes em ligação com as fantasmáticas parentais e até transgeracionais).

Quando um sujeito intimamente se convenceu de que o que lhe devia ser pago não o foi, ele experimenta um doloroso sentimento de inacabamento e incapacidade pessoal. Para tentar pôr fim a esse sofrimento, pode organizar-se de diferentes maneiras.

Pode instalar-se na fantasia de que conseguirá encontrar aqueles que permanecem depositários de uma dívida com ele, e que conseguirá fazer com que paguem o que ainda lhe devem. Esses-que-lhe-devem não são mais seus pais reais. São todos aqueles sobre os quais ele desloca a imagem dos pais, aos quais empresta uma função de pais. Esse roteiro fantasmático poderá conduzi-lo a reconstituir no outro uma dívida com ele, a se assegurar de que alguém, em algum lugar, de fato tem uma dívida com ele. E assim obrigar um outro a pagar por ele e a ficar em dívida.

Esse sujeito só pode reembolsar as próprias dívidas contanto que contraia novas, pois, se mais ninguém tivesse o dever de pagar por ele, ele se sentiria de novo traído ou fora de filiação. Por isso é que, por mais paradoxal que pareça, se devo algo a alguém, para meu inconsciente (que é ilógico e que não conhece o tempo), terei obtido que este reconheça sua dívida comigo.

Essa fantasia de que "cabe ao outro pagar" (sob muitas formas) só perde seu poder quando o sujeito descobre a existência dela ao mesmo tempo que

* *As notas estão reagrupadas no fim do volume,p.**.

relembra as situações em que essa fantasia surgiu. Guarda-a, então, no que ele chama sua imaginação, fazendo com que deixe seu estatuto de certeza inconsciente. Essa fantasia lhe viera como derradeira proteção diante de uma situação desesperadora, de abandono ou demissão parental, como crença necessária e, no entanto, a ser recalcada.

Só existe sujeito socializado e humanizado se duas dívidas forem assumidas: uma com a comunidade e a outra com a filiação.

Dívida com a comunidade por um lado, pois a reciprocidade que funda o laço social apoia-se na capacidade de se reconhecer portador de uma dívida com seu grupo.

Aprendi isso, sentado na carga de cereais de um caminhão pesado que descia as estradas do Alto Atlas marroquino em direção às planícies queimadas do Dra e do Dadès. Lá estava com uma dezena de sahraouis, homens e mulheres, que voltavam para casa com a colheita particular. Os mais velhos tinham por volta dos cinquenta anos e os menores, alguns meses. Muito alegres, cantavam hinos de proteção para a viagem.

Essa colheita corresponde a um costume que quer que, no fim da safra, todo sedentário ofereça meio saco de trigo ao primeiro pobre que surgir. Esses pobres com os quais viajávamos eram escravos libertados que haviam caminhado dias e dias para estar presentes no bom momento nas pequenas propriedades dos altos vales. Tinham dividido o trabalho entre si, os homens oferecendo seus serviços de camponeses, ao passo que as moças ajudavam nas casas. Desses encontros, fora os sacos de trigo, talvez nascessem novas alianças, pelo casamento dessas jovens sahraouias com homens do Alto Atlas... Antes de serem duas pessoas, são duas famílias que se comprometem por meio dessas alianças.

E, mais uma vez, eu me lembrava de que não há dom sem reciprocidade: embora tivessem ficado mais ricos, esses ex-escravos eram forçados a voltar todo verão. Tinham de manter os laços com esses lavradores e pastores; pois se o inverno durasse nos altos vales, eles, por sua vez, teriam que acolher, em suas pastagens verdes do sul, desde o início da primavera, os rebanhos retirados da neve de seus aliados montanheses. O costume do meio saco de trigo de que usufruíam fazia deles os obrigados de seus doadores.

Segundo Marcel Mauss, um chefe só pode manter a autoridade sobre seu grupo se provar – além de sua capacidade de ganhar guerras e acumular riquezas – sua capacidade de redistribuí-las: são as famosas cerimônias do potlatch. Mas, em reciprocidade, um chefe, um clã, um anfitrião, se não podem negligenciar dar ou convidar, não podem mais recusar receber ou contrair aliança. Recusar pegar ou receber é recusar a comunhão. Nessas sociedades, como nas nossas, o laço social requer que cada um se reconheça o obrigado de um outro e forçado, por sua vez, a pagar.

Entretanto, não há sujeito humanizado sem dívida na filiação: simplesmente porque as gerações só se sucedem transmitindo uma dívida, a de ter de humanizar a vida que só foi dada a cada recém-nascido sob sua forma biológica; massa de carne e pulsões desordenadas.

Se humanos não vierem humanizar essa vida biológica, então é o autismo ou a psicose. Ou ainda, se a criança for recolhida por lobos, passa a ser uma criança-lobo, como algumas foram descritas: o programa genético sozinho é incapaz de humanizar a vida. A humanização resulta de uma companhia humana, animada pelo sentimento de uma dívida a ser paga.

Poderíamos dizer: a dívida simbólica é aquilo que os humanos devem à vida para que essa vida se transmita sob forma humanizada, de geração a geração.

De que é constituída essa dívida de vida?

Uma parte cabe à função materna, outra à função paterna, e o essencial cabe às funções parentais conjuntas.

A função-mãe, primeiro: após o naufrágio do nascimento, a mãe presta-se ao salvamento do filho; em seu seio e em seus braços, ela constitui o espaço de uma nova implantação. Assim, ela lhe proporciona um sentimento de apaziguamento, calma, segurança e completude tão próximo quanto possível daquilo que ele havia conhecido durante a gestação. Como ela consegue isso? De maneira completamente inconsciente: durante algumas semanas, ela se identifica com as necessidades do filho; estas ressoam nela, e ela sabe responder a isso, conforme a maneira como ela mesma foi maternada. Quando não consegue, quando a gravidez foi um acontecimento biológico que teve a ver com seu corpo sem poder ter a ver com seu psiquismo, o encontro entre seu bebê e o mundo exterior não consegue acontecer... não por meio dela, pelo menos.

Mas quando dá certo, é a lua-de-mel: o bebê passa a ser a principal fonte da vida emocional da mãe e ele sente isso de modo muito forte. Sente-se precioso e seguro de um lugar tão inexpugnável, no olhar, nas entonações de voz e nas palavrinhas bem particulares que ela lhe endereça, quanto o que ele conhecera antes de nascer. É preciso que dure bastante tempo e seja forte; além disso, é preciso que a mãe comece a achar que o mel dessa lua-de-mel gruda um pouco demais: é o sinal de que ela pouco a pouco encontra a prevalência de outros interesses culturais, profissionais e amorosos, cuja satisfação não passa por seu bebê. Felizmente, pois, caso contrário, ele acabaria vendo nela uma figura onipresente e paradoxalmente angustiante; sua proximidade sem mediação teria gerado uma forte angústia de dependência.

Ao estar cada vez menos disponível imediatamente para o filho, ela introduz distância: não é mais o corpo-a-corpo que significa o laço que os une, mas os objetos que ela lhe deixa e que trazem seu cheiro[2], e são os vocalises que eles trocam. Nessa distância que ela aprofunda, a mãe introduz personagens terceiros, e, entre os primeiros, em geral, o pai da criança. Qualquer um pode fazer um bom "personagem terceiro", com algumas condições bem precisas.

É preciso que tenha dado provas de seu amor e de seu interesse pela mãe e o filho. Também é preciso que ouse arriscar-se na função terceira. E isso dependerá da qualidade dos próprios personagens terceiros que, na época de sua infância, ele pôde encontrar. (Um homem criado apenas por mulheres ou então um homem que só conheceu um pai que maltratava talvez tenha dificuldade em crer no valor estruturante dessa função masculina terceira que ele tão pouco conheceu.) Enfim, é preciso que a mãe também acredite nele: e isso dependerá das experiências da infância que ela teve. Se pôde ser amada ternamente por um pai que foi igualmente respeitoso com sua mãe, terá vontade de dar um pai a seu filho. Caso contrário, será mais difícil para ela pôr em prática essa "função-pai".

Introduzir o filho ao "terceiro", depois ao "pai", faz parte daquilo que uma mãe deve ao filho.

Quanto ao pai, se propõe seu apoio, não é para carregar como a mãe conseguira fazer. Antes vai permitir que o filho sinta que, fora da presença materna, não é o vazio ou a queda que o aguardam. Fora dela, há alguém, diferente, que vai fazer com que viva emoções diferentes, e com o qual ele vai perceber que é igualmente precioso, que ocupa um lugar especial e que pode, portanto, sem temor, separar-se da mãe. Ele era desejado e desejava com a mãe... conforme as expectativas dela. Agora, vai sentir-se desejado e vai desejar com o pai, mas de outra maneira, solicitado de outro modo por um pai que vai estourar de rir ao jogá-lo para o alto. E o filho também vai estourar de rir. O essencial é que sinta o pai diferente e legítimo em seus desejos para com ele. Este traçará a via para próximos terceiros, diferentes ainda, que se introduzirão entre os pais e ele: as puericultoras, as professoras primárias, os animadores da casa da infância, e é assim que, de tanto ser investido e desejar diferentemente "por" uns e "por" outros, ele aprenderá a desejar conforme seus próprios desejos e até contra uns e apesar de outros.

Se o pai se propõe na vertente da lei, não é para submeter o filho como um escravo. A função-pai é uma função de trampolim: a lei serve para lançar a criança na vida social. O que supõe que o pai também tenha seu lugar na vida social; mediante seu trabalho, de sua rede de amigos, ou como militante ou até como delinquente jogando contra as regras de um jogo social que ele considera injustas, mas que nele seja ator.

As funções parentais conjuntas em seguida vão permitir que o menino ou a menina possa sonhar que, um dia, ele ou ela viverá uma relação amorosa completa e ideal, com cada um dos pais, ao preço de desagradar e de rivalizar com o outro. Isso tem que durar muito tempo. E será preciso que ele ou ela renuncie a esse projeto para que, rico de todo esse imaginário amoroso e proibido para sempre de toda realização incestuosa, ele ou ela possa partir em busca de verdadeiros parceiros amorosos, encontrados fora da família.

Assim, os pais darão à criança os meios de se libertar deles e de se inscrever na troca social. Sob outros céus, isso consiste em aprender a pescar, caçar, trabalhar a terra ou guardar os rebanhos, e, entre nós, passa sobretudo pelo aprendizado escolar.

Ao chegar à adolescência, o filho dispôs de pais (genitores ou não) que pagaram o que lhe deviam: o devido da solicitude materna e paterna primeiras; o devido de um pai, que sua mãe lhe fez; o devido dos interditos de familiaridades incestuosas reais; e, enfim, o devido da liberdade, com os meios para vivê-la. Essas dívidas podem ser pagas na alegria e no prazer; em parte, também se pagam na dor. Assim, os pais o terão deixado em dívida, não com eles mesmos, mas com seus filhos futuros.

Esse caso terá sido bem mais, do lado dos pais, uma questão de posições inconscientes que uma questão de pedagogia ou conformismo social.

O mais fecundo dos dons vindo dos pais é o da falta que fazem, da impossibilidade e da recusa de tudo dar. É preciso que o filho tenha podido se apropriar no orgulho de uma fala que sugere: "Você agora recebeu tudo o que podia esperar de nós; nós o armamos para a vida como podíamos. Agora, vá embora com o que recebeu e para conquistar o que ainda lhe falta... E se não o obtiver, lembre-se de que poderá passar sem". Ou, em outras palavras: "Ainda lhe falta e sempre lhe faltará muito. Mas existem objetos que jamais serão trazidos pelos pais; só podem ser objetos de conquista. Vá conquistá-los! E, como nós mesmos, você não conseguirá totalmente. Essa falta é a condição humana e também a fonte do desejo em cada um".

É assim que os pais terão podido significar ao filho que acreditavam nele e que ele terá podido acreditar em si mesmo. Eis como termina por se constituir esse sujeito definitivamente inacabado, suficientemente rico e endividado o bastante para, por sua vez, se tornar pai e parceiro de trocas sociais.

Entretanto, chegar ao sentimento interior de que aquilo que nos era devido para nos alçar à idade de homem de fato nos foi pago é uma operação terrivelmente privada e inconsciente. Achar que aquilo que ainda nos falta não é algo que nossos pais – ou aqueles que os substituíram – deveriam ter-nos dado e considerá-los quites conosco resulta de um pensamento puramente subjetivo. Pode ter relação com a realidade de nossa história, mas depende sobretudo da maneira como interpretamos e como nos contaram essa história. Um amigo camponês me contava que, desde a idade de seis anos, o pai recusara tê-lo em família durante o verão: ele já podia aliviar a família de uma boca a ser alimentada subindo para as pastagens montanhosas de criadores mais ricos. Ali, lavaria os latões de leite, espalharia esterco na pastagem, cortaria lenha e cozinharia polenta. Esse homem não falava de carência ao evocar essa separação. Falava dela com orgulho: "Se me tornei o que sou, devo isso ao meu pai e à sua pobreza...". Ele devia isso à falta dada serenamente pelo pai porque este já assumira sua própria falta. E havia feito dessa falta um poderoso trampolim para a vida.

Ao inverso, uma paciente me dizia durante nosso primeiro encontro: "Quanto a dinheiro, quanto a objetos, tive tudo: todos os mais belos presentes, os mais caros, e bem antes de todas as crianças da minha idade". Essa situação vinha durando, uma vez que, aos vinte e três anos, ela recebia mensalmente uma soma de dinheiro importante dada pelos pais que pagavam seu aluguel e mantinham o carro que lhe haviam dado de presente. Ela acabava de abandonar estudos após dois anos em que, embora tivesse feito muito, não pudera prestar os exames.

"Mas quanto a beijinhos... nunca conheci beijinhos... minha mãe não tinha tempo, ou então me devorava. E eu não tinha o direito de me preocupar: não tinha o direito de ir brincar muito tempo na casa das amiguinhas, não tinha o direito de ir às aulas no campo ou na colônia de férias! Ela tinha que dominar tudo!" Na adolescência, aproximara-se muito tardia e timidamente dos rapazes. "Mas, aí também, eu não podia esconder nada da minha mãe... sobretudo quanto às minhas descobertas amorosas. Ela adivinhava tudo em mim mesma... e me mostrava isso. Meu pai, por sua vez, vivia muito ocupado com o trabalho, a filosofia, a bicicleta, a informática. Talvez a um filho ele tivesse querido ensinar isso tudo, mas a mim, não. Só quando minha mãe lhe pediu para me dar aulas de filosofia, porque ela não entendia nada daquilo, foi que descobri que ele era bom no assunto... e que me tornei boa em filosofia! Graças à filosofia, tive, apesar de tudo, um pouco, um pai!".

Para não se sentir mais comprada, ela cortara relações com os pais, e dias após o nosso primeiro encontro, vira novamente o pai. E então, ela lhe havia pedido o quê? Que lhe desse uma nova aparelhagem de som, para substituir a do salão! Ele, é claro, aceitara. O som importava pouco para ela. O que importava era um gesto do pai, que ele contasse para ela. Mas esse gesto, nem ele nem ela jamais tinham aprendido a fazê-lo passar por outra coisa que uma despesa financeira. Depois, ela descobriu que pedira aquele som da maneira mais provocante possível e que teria desejado, tanto quanto, que ele tivesse recusado. Teria preferido que ele lhe tivesse dito que ela estava suficientemente armada para a vida e que ia achar um jeito de conseguir ela mesma aquele som!

É dizer a que ponto a convicção de que o que nos era devido nos foi bem pago, é o fruto de uma interpretação pessoal, é sobretudo assunto de interações fantasmáticas entre pais e filhos. Mas por que nomear esse processo "dívida de vida"?

Simplesmente porque é bem a palavra "dívida", a palavra "devido" que empregam os pacientes quando descobrem que a vida deles não cessou de ser governada pelo sentimento de que algo insubstituível, que alguém se comprometera a lhes pagar, não o foi: como uma palavra dada e desrespeitada, como uma promessa não cumprida de algo vital e que continuamos a lhes dever. Eles se apoiaram num ambiente humano comprometido de modo pouco profundo com eles, tiveram uma história subjetiva ou real de abandono parcial ou total. Rejeitados, soltos ou pouco investidos, não puderam, nem quiseram, se separar.

O sentimento inconsciente de que a dívida de vida não lhes foi paga, e arrisca bem nunca sê-lo, vai governar, sem que queiram, toda uma parte de suas relações. Vai governar a estima que têm de si mesmos. Julgados tão pouco engajados que tenhamos podido nos dispensar de manter os compromissos assumidos, eles vão desenvolver capacidades de sedução pouco comuns: serão considerados manipuladores, com toda razão. Assim se tornaram quando sentiram que o que era garantido a outros, a título de uma filiação normalmente assumida, não seria para eles. E fantasiaram que eles, para obtê-lo, deveriam agradar, agradar mais, e sempre agradar... Conseguiram, às vezes com jubilação.

Esse sentimento vai governar a relação que têm com a lei: ela foi desrespeitada por aqueles que tinham de representá-la e ela lhes parece bem pouco respeitável. Respeitá-la para eles parece um ato de covardia. Diante dessa lei, tornar-se delinquente pode representar um apelo a uma lei mais respeitável.

O mesmo ocorre com a relação que mantêm com a verdade, já que esta é assunto de palavra dada. Já que, para eles, a palavra dada não foi mantida, eles vão se sentir bem pouco comprometidos pela palavra. Serão considerados mentirosos.

E, enfim, a relação que mantêm com a dívida, em particular a dívida de dinheiro, é complexa: já que essa dívida de algo vital, segundo a fantasia deles, não lhes foi paga, vão sem cessar tentar deixar alguém em dívida com eles. "Que o outro comece pagando, e então a minha vida vai poder começar!" Eis a injunção fantasmática que parece comandar a relação que têm com o dinheiro, com os amigos, com certos serviços sociais e com o analista, durante certas fases da cura.

Como eu disse, o peso dessa injunção fantasmática poderá manter sem fim comportamentos de endividamento ou de roubo. Isso até que voltem à memória essas situações de grande desamparo durante as quais o sujeito inventou para si essa fantasia de que o outro ia ser encontrado e que pagaria. Porque esse "inestimável objeto da transmissão", teria dito Pierre Legendre, ele não poderia viver sem[3].

Quando criança, não temos absolutamente o meio real de partir sozinhos ao encontro do que falta, à conquista do que quer que seja. Então, como sempre acontece quando o sujeito está no abandono e no desamparo, resta-lhe um recurso: fantasiar uma solução-milagre, fazer um voto, como propõem as boas fadas madrinhas na cabeceira de um recémnascido, dar-se como solução-milagre um desejo, uma fantasia tão poderosa quanto rapidamente recalcada, que vai organizar sua luta contra o desespero. E esse voto, essa fantasia, é bastante frequente: "É o outro quem me deve... quem me deve sempre.. e vou de fato forçá-lo a pagar!".

Em torno do sujeito, quando não podem ser mais os pais da infância passada, alguns se oferecem, sem querer, como parceiros imaginários de uma dívida sempre a ser prolongada. Esses pais imaginários são numerosos em nossas sociedades. Por exemplo, os programas de ajuda à família (PAF)*. É claro como título. E o PAF chamava as ajudas prestadas "socorros". E, enfim, o PAF se faz representar por pessoas nomeadas "tutor, tutora", que, na abordagem benevolente da pessoa endividada, fazem tudo para aparecer como boas figuras parentais. Assim, mobilizam os investimentos infantis dos

* Na França, a Caisse d'allocations familiales. (N.T.)

usuários. Como, com todo esse dispositivo, não dar razão a esta fantasia imperiosa: "Cabe ao outro pagar... e, aliás, ele sabe disso... e acabará bem pagando!". Basta apenas constituir no outro dívida com ele, para que também fantasie que seu devedor é identificável, que se lembra de sua dívida, que vai ter de pagar e que uma vida nova vai poder começar.

Philippe, que voltava sem cessar ao dia de seu nascimento

Eu não saberia ilustrar melhor essa questão da dívida simbólica e de sua subjetivação que pelo exemplo de Philippe.

Philippe é um detento de trinta e seis anos, encarcerado por roubo, que pediu para me encontrar antes de ser libertado, tardiamente demais para que uma psicoterapia pudesse acontecer.

É alto e magro e me informa que, graças à detenção, ele salvou sua vida de heroinômano e até ganhou doze quilos. Havia pensado numa libertação condicional à qual renunciou, não se sentindo disposto a sair e temendo uma recaída: "O pó é tão bom! A gente não pensa em nada... a gente não está aí para nada...". Ele temia "voltar ao ponto de partida, acontece tão rápido: quando não se tem nada, não se é nada... tem-se ciúme de quem tem tudo, de quem é alguém. E a gente faz de novo uma besteira e nos põe de novo em cana. Aí, a gente é um detento".

Foi para conseguir um nome (o pai, aliás, não lhe havia transmitido seu patrônimo) que, aos dezoito anos, ele praticou um assalto que o levou à prisão por longo tempo. E, desde a primeira libertação, para lá voltou com muita frequência.

Seu corpo, seu rosto não são portadores de marcas de carências precoces na maternagem, e lhe pergunto como descobriu, há muito tempo, que os adultos que o apoiavam na vida não eram os pais que o haviam posto em vida em seu corpo de carne. "Ah, pois é, a gente fica sabendo rápido, os outros cuidam disso. Desde a escola maternal, somos chamados de bastardos ou de filhos da DASS*... quando não ouvimos dizer que é filho de puta ou de mendigo!

– A família que o criou?

– Não... as outras crianças! Minha mãe de criação fez tudo o que podia e fiquei com ela até os nove anos. As coisas iam bem, mas éramos muitas crianças da DASS na casa dela. Os regulamentos exigiram que ela abandonasse um... e eu é que fui embora... Revi-a depois disso, na prisão; ela chorava: "Eu nunca deveria tê-lo deixado, ela me dizia, a culpa é minha".

Em seguida, houve duas famílias de acolhimento das quais foi excluído. Depois, instituições para adolescentes e já muitos roubos de dinheiro, o juiz de menores, a rua, os roubos de residências, até os assaltos e depois a heroína. Inteligente, soube inserir-se regularmente, depois voltou "ao ponto de partida".

Desde que foi excluído de sua família de acolhimento, que figuras parentais encontrou? "Nenhuma, só gente falsa, moeda falsa; sim, só hipócritas que nunca cumprem a palavra... que são pagos às nossas custas, aos quais nunca dei importância...!".

Com esses termos, sua formulação tomava um curioso aspecto contábil que eu anotava: "Ah sim, como tenho dívidas!".

Foi também para escapar das represálias dos "grandes", aos quais devia dinheiro, que ele provocou seu encarceramento. Também deve muito aos amigos, mas estes, como são amigos, não vão lhe pedir para devolver. Deve aos serviços sociais, mas isso não conta: "eles me deviam bem isso...". Ao falar, percebemos que já, nesses abrigos, ele conseguira pessoalmente dinheiro emprestado com todos os educadores nos quais, durante certo tempo, acreditou "loucamente", que ele idealizou, antes que a decepção mútua acontecesse. Mas estava orgulhoso dessa dívida que restava entre eles e que ele por nada no mundo pagaria. "Isso não me viria à mente".

Acontecia-lhe pagar por outros? "Ah sim... quando dou meu coração, é sem limites!" Sem contar, ele gasta o tempo, a energia ou o dinheiro com os amigos; só escolheu por amigos gente "quebrada", à sua imagem. Vive, aliás, com duas mulheres toxicômanas. Não é que tenha um gosto pronunciado

* Direção dos assuntos sanitários e sociais. (N. T.)

pela poligamia, mas porque sua primeira namorada não suportava deixar afastada de seus amores sua companheira de sempre. E, para as duas, ele paga. Propõe-se a mantê-las ao abrigo de toda falta, darlhes tudo, ser, em suma, ele sozinho, uma família de acolhimento infalível. Elas aproveitam, pois não só não lhe remetem a imagem grandiosa que ele espera, mas o desprezam.

Após dois encontros, Philippe, que se queixava de voltar regularmente "ao ponto de partida", observa que só escolhe, para suas amizades ou seus amores, parceiros com os quais a decepção e o fracasso estão como que garantidos de antemão. É empurrado para aqueles dos quais pode saber, desde a primeira entrevista, que a traição está no fim do caminho e que o ponto de partida está no horizonte. Em algumas sessões, digo-lhe mais ou menos isto:

"Tudo parece acontecer como se você tivesse pensado desde o nascimento: 'Sou aquele que é traído', como se você fosse comandado por aquela ideia, e como se, finalmente, fosse obrigado, inconscientemente, a permanecer 'aquele que é traído'... Dizer-lhe isso e realizá-lo realmente; talvez o leve à primeira traição daqueles que o puseram no mundo e não prosseguiram eles mesmos o trabalho começado, nem pagaram o que lhe deviam. Talvez porque 'ser traído' e 'voltar ao ponto de partida' seja, na sua imaginação, reencontrar a esperança que o que lhe era devido, a título da responsabilidade de mãe e pai, vai enfim lhe ser dado, pago...".

Ele trabalhou longamente essa ideia... e pude ousar em seguida lhe oferecer, na realidade, o que ele pedia desde nosso primeiro encontro: uma escolha de diversas pós-curas e centros de tratamentos para toxicômanos, para o dia em que seria libertado. Como era a educadora de nosso serviço quem organizava o trabalho de reinserção, orientei-o para ela. Ele se mostrou então muito desagradável, chegando até a recusar dar-lhe as infor mações necessárias; e quanto mais ela lhe indicava soluções satisfatórias, mais ele ficava agressivo. Ela sentira seu ódio, e não nos espantávamos muito: visivelmente, nem por isso ele acharia que tínhamos feito tudo. Nossas ofertas certamente não estavam à altura da dívida de que ele acabava de nos fazer seus devedores.

Desde essa oferta, ao longo das sessões comigo, ele cada vez mais insistia em todas as carências sofridas durante a infância. Não, decididamente, com tudo o que não havia recebido, ele não poderia se virar na vida... Quem ia, um dia, dar-lhe tudo o que os outros haviam recebido?

Deixei-o falar, e depois, duas sessões antes de sua libertação, declarei a ele que ninguém, jamais, estaria quite com ele, aos trinta e seis anos, pelo que não recebera na infância... ninguém, nunca! E que aquilo de que ele realmente sofria não era pelo que não havia recebido. Aliás, com uma família de acolhimento até os nove anos e, em seguida, educadores ordinários, ele recebera o bastante para chegar à idade de homem. Aquilo de que realmente sofria era da ideia que fizera sobre o que lhe faltava.

Ele aí explodiu: "É fácil para você dizer isso, você que teve pai e mãe!".

Mas insisti: "Acho que você não tem sorte, com a ideia que você imaginou sobre o que não recebeu, e vou lhe dizer por quê". Ele escutava. "Há uma semana, encontrei, num pequeno refúgio, um guia para montanhas altas. Ele tinha mais ou menos a sua idade, acabava de acompanhar um grupo de oito adolescentes que ele ia levar, no dia seguinte, numa corrida na neve. Conversamos: ele não era originário daquela re gião onde viera se instalar tardiamente, e aos poucos reformara uma velha casa que alugava para ali acolher os clientes. Não fora bem recebido naquele lugar onde viera 'roubar clientes dos outros guias'. 'Mas – dissera-me – eu não tinha nada a perder: estava chegando com meu diploma de guia, minha mochila e meu carro Renault 4L... foi há dez anos, entende?! Nunca conheci meu pai, nem minha mãe, então, ninguém atrás de mim, ninguém a quem pedir autorização, nada a perder... tudo a ganhar! Nada no passado, tudo no futuro... Não se morre por não ter pais, isso dá liberdade. Depois, encontrei gente legal à minha volta... o tempo todo'. Foi ouvindo esse homem que pensei que a falta de sorte que você teve foi pôr na cabeça a ideia de que você não havia recebido o que lhe era devido para se tornar um homem... e também essa ideia de que, ao recusar ter êxito na vida, ia voltar ao ponto do seu nascimento para conseguir obrigar alguém, desta vez, a cuidar de você como é preciso, a pagar a você o que lhe era devido há trinta e seis anos!".

Eu sabia que aquelas palavras machucavam Philippe, mas eu de fato acreditava naquilo e sofria que fosse tão escandaloso de ouvir. Philippe simplesmente me respondeu: "Se for verdade, então quer dizer que não deve ser fácil cuidar de mim...".

Paramos a sessão nessas palavras. Depois, revi-o uma vez, na véspera de sua libertação. A semana inteira, entre as quatro paredes da cela, ele havia revirado a minha interpretação em todos os sentidos. Estava a um só tempo radiante e pensativo como quando o sentido vem esclarecer a opacidade de nossos comportamentos. Disse-me que se convencera, durante a semana, de duas coisas:

"Sabe, acho que, com a sua educadora, aconteceu como com muitas pessoas... Mas ainda mais forte: ver uma mulher, bonita, na prisão... eu tinha muita vontade de que ela gostasse de mim! Tinha muita vontade de que ela me prometesse algo... não algo sexual, isso é simples... Era bem mais forte... eu tinha vontade de que ela me fizesse uma promessa... e que houvesse sempre uma promessa entre ela e eu... e que a promessa não acabasse nunca, que ela sempre me devesse sei lá o quê... Mas que ela não me desse nunca o que havia prometido... Só a esse preço poderia ter durado entre nós... Então, quando vi que ela de fato tinha uma resposta, uma pós-cura a me propor, tive ódio: porque, com sua póscura, ela na verdade ia matar a promessa, e não teria mais promessa a cumprir... e poderia ir embora tranquilamente acreditando ter feito seu trabalho... e eu teria ficado ali, feito um babaca... com minha pós-cura para a qual não estou nem aí! O que eu queria é que ela tivesse confiança em mim para me fazer uma promessa... mas não é preciso cumprir a promessa, senão ela está morta, a promessa, é preciso apenas fazêla durar... E a segunda coisa é que, quando você disse que eu havia recebido tanto quanto os outros, ainda que não fosse por parte dos meus pais, eu achei que você me tirava tudo a que eu ainda tinha direito! Mais um pouco, você me teria pedido para pagar as minhas dívidas! Mas eu, se não tivesse feito dívidas, se não tivesse tido dívidas na vida, não teria tido absolutamente nada! Você não vai, afinal, me tirar isso também!".

E, compreendi que Philippe, com todos aqueles pelos quais quisera ser reconhecido, tentara reconstituir uma dívida, instalá-los no lugar dos pais genitores, para que, enfim, houvesse pais simbólicos, que, bem ou mal, reconhecessem que tinham de pagar. Pois, Philippe repetira durante muitos anos o que alguns de nossos pacientes põem em ato na cura ou na relação educativa, quando fantasiam que aqueles que os lançaram na vida pagaram muito pouco. Na transferência parental estabelecida com o analista ou educador, eles declaram achar-se na impossibilidade de pagar as sessões, embora desejem prosseguir a análise. Tiram dinheiro da bolsa da educadora e da carteira do educador. Põem, então, o analista ou o educador diante da alternativa de ter de se conduzir de maneira tão avara quanto o fizeram os pais ou, ao contrário, de inovar pagando por aqueles dos quais quiseram ser analista ou educador, isto é, prosseguir deixando o pagamento ou o reembolso para mais tarde, não de graça, mas a título de dívida. Evidentemente, qualquer que seja a resposta dada a esses comportamentos, é a descoberta da fantasia que os sustenta, que permite ao sujeito sair da compulsão de repetição, e descobrir que essa fantasia também permitia que ele negasse o valor daquilo que, de qualquer modo, ele havia recebido, para prolongar sua reivindicação, sem fim.

Mas, para voltar a Philippe, aquela famosa fantasia segundo a qual ele fora traído, segundo a qual não recebera o que lhe era devido para viver plenamente sua vida e segundo a qual acabaria bem encontrando aquele que ele forçaria a pagar, essa fantasia, portanto, com certeza não eclodira por acaso. É provável que, antes de ser sua fantasia, tivesse sido a de sua primeira mãe de acolhimento.

Em todo caso, quando essa decisão estúpida e dolorosa de separálo desta, aos nove anos, foi tomada, talvez tivesse bastado que essa mulher, em vez de lhe dizer que não "deveria deixá-lo" e sobretudo pensar isso, em vez, talvez, de sentir culpa por não adotá-lo – logo, abandoná-lo, e repetir a demissão dos pais genitores de Philippe –, talvez bastasse que ela tivesse um vivido inverso da situação que se impunha para que o futuro de Philippe fosse bem diferente. Talvez bastasse que pensasse profundamente e lhe dissesse: "Não quero que nos separem, mas vamos apenas estar em lugares diferentes onde vamos viver; vamos estar juntos em nossos corações. Com tudo o que você recebeu de meu marido e de mim, você agora é bem forte. Você vai fazer o melhor para ter êxito na sua vida na nova família em que vai viver. E procure ser tão agradável e prestimoso quanto foi na nossa casa, e escutar também. Pedirei regularmente notícias suas e tentarei revê-lo. E se você não se comportar bem... cuidado!"

Philippe provavelmente teria sido apoiado por tais palavras e poderia ter feito dessa prova uma promoção. Teria aprendido que, na separação, os laços e as imagens internalizadas têm o direito de permanecer. E essas fantasias que, em seguida, o levaram a "voltar ao ponto de partida para fazer o outro pagar", delas não teria precisado, pois não teria experimentado um vivido de abandono. Um mesmo acontecimento, segundo as palavras que o acompanham, pode se tornar para o sujeito uma castração simbólica com função de trampolim ou então uma ferida narcísica profunda. Geradora de fantasias, esta arrastará o sujeito pela via dos fracassos de repetição, já que toda promoção pessoal implica separação. Quando as primeiras separações tiverem acontecido sob o signo da demissão, da violência, do abandono ou da culpabilização, é importante não deixar fora da fala o valor positivo de uma separação ulterior, imposta porque a quereriam estruturante[4]. Para isso é preciso palavras que a situem radicalmente do lado da promoção e da renarcisização como o fazem, em outras circunstâncias, as provas iniciáticas. O discurso social pesa de maneira determinante sobre toda criança posta à prova da desfeita. Esse discurso é feito das fantasias e das palavras das pessoas à volta, entre outras aquelas dos assistentes sociais. Se lhe mostram de sua história uma visão catastrófica, ele vai ter dela a mesma visão. Concluirá por um destino catastrófico... e porá em prática esse destino.

Seja como for, o que legitima a ação socioeducativa, se não for essa questão da dívida de vida? O que podem responder os assistentes sociais àqueles que suspeitam que eles ganham a vida com a infelicidade dos outros? A questão da própria legitimidade mina mais de um, assim como o sentimento de ter de gerir a penúria ou ensinar a resignação aos filhos de famílias desarticuladas.

No entanto, em quaisquer circunstâncias, quando os pais genitores não podem pagar nem transmitir a dívida de vida aos filhos, as pessoas à volta percebem bem que estes estão em perigo e que a cultura também está. E intervêm para que seja paga e transmitida a dívida de vida e para que essas crianças, como as outras, fiquem endividadas, junto aos filhos futuros. Intervêm em nome do parentesco. Outros o fazem em nome da fé, e Vicente de Paula conseguiu convencer as irmãs de caridade a cuidarem das crianças achadas, até então consideradas depositárias de taras daqueles que, escravos de suas pulsões sexuais, as haviam posto no mundo sem por elas se responsabilizar. Uns e outros fazem isso em nome de sua parte de humanidade, habitados por essa dívida de vida recebida, como Victor Hugo põe em cena em "As pessoas pobres".

Em nossas sociedades, as solidariedades familiares se diluíram com a dispersão dos locais onde o emprego era encontrado (antes de ficar raro). Jamais tantas responsabilidades repousaram nos pais genitores, por sua vez muito sós. Quando não pagam mais, os tios, tias, irmãos mais velhos ou primos, outrora próximos e responsabilizados, e os vizinhos que outrora, numa aldeia, ainda se sentiam responsáveis estão longe demais para ser solicitados. O que legitima os assistentes sociais e que deveria dispensá-los de ter sentimentos de ingerência é perceber que só têm de intervir quando pais não têm mais meios de pagar essa dívida de vida, só quando crianças não se tornam mais depositárias dessa dívida. Lembrar-se de que só temos de intervir por esse fato, e portanto recusar fazêlo por outras razões, eis o que funda uma ética e práticas profissionais, independentemente das normas e das morais que mudam.

Mercenários da dívida de vida, os assistentes sociais colaboram para que ela seja paga e transmitida a crianças com as quais eles não se comprometeram pela procriação. É por sê-lo a outro título que recebem um salário.

CAPÍTULO 2
A VIOLÊNCIA COMO RESPOSTA À FALÊNCIA DOS PRIMEIROS LAÇOS

Freud ligou a agressividade à pulsão de morte e fez dela a parte emersa: a pulsão de morte costuma trabalhar em silêncio, mas, por momentos, emerge e opera mostrando sua destrutividade; é a agressividade. E considerou-a universal: "Acho difícil crer que existam homens em lugares felizes que não conheceriam nem a violência nem a agressão"[5].

Logo, existe, no ser humano, uma tendência em matar contra a qual toda sociedade erige o tabu do assassinato, tabu no entanto muito facilmente suprimido, principalmente nas situações de guerra, vingança, "honra" etc. Freud supõe um período histórico, o da horda primitiva[6], no qual a violência ocupa um lugar especial: o pai arcaico lá teria sido possuidor de todas as mulheres, castrando os filhos rivais. Por isso é que estes teriam matado esse pai primitivo. Depois, sob o peso da culpa, ter-lhe-iam devotado um culto. Preocupados em evitar que tal ato se reproduzisse, os homens teriam instaurado a exogamia, a partilha das mulheres, e teriam erigido instituições que permitem fazer com que reine a paz no grupo social. Essa preocupação de fazer reinar a paz social está no cerne de todos os mecanismos de regulação da violência, dentre os quais, principalmente, o rito da vítima sacrificial descrito por René Girard[7], e a respeito do qual Colette Petonnet nos mostrou que, em nossas sociedades, a "categoria sacrificável" pode ser composta de pequenos delinquentes, prostitutas, toxicômanos ou outros(as) "perdidos(as)". Todos têm a particularidade de pertencer à comunidade mas de se distinguir por uma diferença visível e, sobretudo, de estar na impossibilidade de se vingar.

Assim é que, quando a comunidade experimenta a necessidade de encontrar novamente uma coesão ou purificar as representações que tem de si mesma, essas pessoas marginais são banidas ou sacrificadas de maneira violenta (cf. o Holocausto ou, mais insidiosa, a esterilização de pessoas supostamente vítimas de distúrbios psíquicos nos diversos países europeus, em época recente; as expulsões de estrangeiros etc.). Aqueles que nos acostumamos a chamar "os excluídos" são nossa categoria sacrificável.

Assim, Freud tematiza a pulsão de morte, tânatos, que tende à destrutividade e ao retorno a um estado de não-tensão, o nirvana; e, para contrabalançar tânatos, ele tematiza as pulsões de amor ou pulsões de vida: eros.

Em seu funcionamento, essas duas pulsões estão ligadas. Agressividade e violência não são avatares infelizes de nossa vida pessoal ou social; são, assim como eros, partes interessadas de nossa vida pulsional, e não podemos delas fazer a economia. Assim, as pulsões de amor baseiam-se numa certa possessividade em relação à pessoa amada. E ela vai até buscar garantir o domínio, mesmo arriscando constrangê-la. A esse título, uma certa agressividade participa, assim, de toda relação de amor. Freud mostra que a agressividade encontra um destino socialmente feliz se estiver ligada às pulsões de amor que por ela serão estimuladas, enquanto será estimulada pelas pulsões de amor (amor pela pátria, por mulheres que ficaram no país, que reforça a agressividade dos combatentes etc.).

Depois dele, os psicanalistas continuaram a precisar a parte da ag ressividade no funcionamento psíquico. Para Melanie Klein, agressividade e destrutividade estão no cerne do dinamismo humano[8]. Se o poder destruidor e angustiante do ódio for superado, é pela confiança que a criança o pode adquirir em seus poderes reparadores. Sua capacidade de amar e de ser amada lhe garante, então, escapar às represálias do objeto visado por seu ódio. Essa ligação da agressividade pelo amor efetua-se, sobretudo, ao nível das interações fantasmáticas entre a mãe e o filho muito jovem. Depois, é ao nível relacional que ela prossegue, exceto no caso de maus-tratos reais. Se o filho puder experimentar e fantasiar que traz em si uma poderosa capacidade de reparar os estragos imaginários operados contra a pessoa fonte de vida de que ele depende, escapará à depressão. Em outras palavras, atravessará a posição depressiva (de que falaremos de novo), pelo fato de ter descoberto a reparação.

Mais recentemente, Piera Aulagnier mostrou que essa violência está presente muito precocemente no ambiente da criança. Desde as primeiras relações, a mãe lhe impõe um sistema de significações úteis, pois são geradoras de sentido e comunicação. Mas é de qualquer modo violento, é a "violência da interpretação"[9].

O adolescente, rapaz ou moça, encontra-se, na puberdade, exposto a novos perigos: o perigo de viver num ambiente familiar em que, segundo suas fantasias, ele arrisca o incesto; aquele de banhar-se num ambiente social que o coloca como parceiro potencial de relações sexuais eventualmente fecundas e nas quais pode se perder; e o perigo de novos pensamentos que podem surgir do interior dele mesmo, em razão do impulso da puberdade que faz voltar no imaginário as representações do desejo fantasiadas no momento da iminente castração edipiana. Essas diversas formas de inquietude ganham uma intensidade mais ou menos forte conforme o que foi a travessia da infância. A maioria dos adolescentes não faz agir a violência que está neles, ao passo que outros sim. Mas para os que a fazem agir, de que origens pode ela provir?

Da violência fundamental à agressividade não ligada

Minh

Quando Minh chegou ao abrigo, os documentos constituídos pelo Alto Comissariado para os refugiados davam-lhe dezesseis anos. Ele procurava americanos por toda parte e esperava encontrar um tio nos Estados Unidos. Obrigou-me a fazer, com ele, uma entrevista de admissão em (mau) inglês. Nascido no Camboja, numa organização de resistentes, só conhecera a guerra e crescera entre as armas às quais devera a sobrevivência. O pai e a mãe tinham sido mortos quase que sob seus olhos. A embarcação que o levava para a Tailândia fora abordada, as magras economias pilhadas, as mulheres violentadas. Depois, ele prosseguira durante muito tempo sua sobrevivência num campo de refugiados antes de pegar o avião para a França.

Em Grenoble, ligara-se a diversos membros da comunidade asiática e passava regularmente algumas noitadas na casa de um deles onde, às vezes, bebia. Voltando de madrugada, bem após o horário autorizado, provavelmente sentira-se em perigo quando um educador saíra de uma sala escura para adverti-lo, pois tirara do blusão um faca de açougueiro e lhe cortara o lábio, arrancando, no mesmo movimento, um canino. Foi assim que ficamos sabendo que nunca saía do abrigo sem uma arma.

Porém, em dois anos, seu comportamento, que passava da inibição a uma imprevisível violência, regrara-se. Depois de sair do abrigo, não inquietava mais que outros. Anos mais tarde, surpreendido durante o quebra-quebra de um restaurante chique, matara brutalmente alguém que tentava impedi-lo de fugir. Com certeza voltara a um dos modos de defesa imediata que outrora lhe salvara a vida no Camboja. Apelara para o que Jean Bergeret chamou "violência fundamental".

É uma violência absoluta: protegeria a vida do indivíduo quando esta é ameaçada. Seria um instinto, comparável ao instinto de sobrevivência animal, fundamental portanto. Seria anterior ao sistema das pulsões e não implicaria sequer o ódio: Bergeret toma o exemplo de um filho cuja mãe decidiu se matar com todos os filhos e que, para sobreviver, a mata. Para ele, esse tipo de violência vem em resposta a uma situação regrada pela injunção "ou eu, ou o outro!". Assim, a violência fundamental participa do instinto de conservação e constitui o recurso vital, e por aí aceitável, em todas as situações de guerra e de legítima defesa.

Segundo Bergeret, Freud superavaliou o aspecto incestuoso do mito de Édipo, ao passo que os autores anteriores haviam superavaliado, ao contrário, o parricídio e a luta entre gerações10. "O Édipo só pode sobrevir escorando-se na violência fundamental, na luta inelutável e indispensável entre as gerações, ao nível do simples sobreviver primário."[11]

Após Freud e Melanie Klein, D. W. Winnicott prosseguiu com seus trabalhos sobre a tendência antissocial12. No filho que manifesta essa tendência a destruir, que é preciso considerar um apelo, a esperança está subentendida. A esperança é que a "mãe-ambiente" vai ouvi-lo e vai vir conter suas angústias pegando-o de novo nos braços ou cuidando dele; a esperança é que ela vai saber preencher as carências que ele sente. O comportamento antissocial mostra que o filho conheceu por bastante tempo um ambiente relativamente bom antes que a mãe o largasse. E, por suas reações, reclama que lhe seja restituído esse ambiente. A tendência antissocial representa um sinal de saúde e esperança, e é na medida em que a mãe-ambiente não responde a esse apelo que se instala a repetição de atos destruidores, depois delituosos. Winnicott colocara os psicanalistas no caminho da "psicopatia".

Certos autores consideraram a psicopatia uma desarmonia evolutiva detectável desde a idade de quatro anos13, mas outros, como Gilbert Diatkine, só querem ver nisso um processo no qual o ambiente desempenha um papel primordial. Com uma experiência muito longa com crianças expostas ao risco de psicopatia em razão de carências e traumatismos graves e precoces, este levou a cabo um estudo suscetível de interessar muitos educadores. Refere-se à evolução durante uns quinze anos de sessenta e oito crianças cujo atendimento institucional e psicoterápico14 ele dirigiu. Ao fim desse longo trabalho, ele afirma que o diagnóstico só pode ser feito "na chegada": não se pode predizer que crianças mais tarde se tornarão psicopatas, pois não há sinais patognomônicos. São as rejeições sucessivas e a impossibilidade do ambiente de conter e integrar a agressividade da tendência antissocial que organizam a psicopatia.

Gilbert Diatkine prefere identificar "momentos psicopáticos" na anamnese da criança. A organização final na psicopatia deve ser considerada o resultado de um processo. Chegando ao termo de seu estudo longitudinal, Gilbert Diatkine conclui: "As três outras crianças que [...] tiveram um comportamento psicopático contínuo até a idade adulta nunca tiveram a oportunidade prolongada de encontrar um meio que fosse terapêutico para elas: ora eram toleradas numa instituição amorfa onde nenhum contato verdadeiro se estabelecia, ora um início de relação terapêutica acarretava tais agressões que a ruptura se seguia, ou então a família interrompia o tratamento tão logo uma mudança se iniciasse. Podemos interpretar esses fracassos terapêuticos como a prova do caráter 'ineducável' dessas crianças e considerá-las as únicas 'verdadeiras' psico[15]patas desse estudo. Preferimos acreditar que têm um azar persistente".

Tais conclusões incentivam a criar em torno do adolescente violento um ambiente suscetível de conter e integrar sua agressividade, embora o leve a elaborar. Aliás, todos os autores levam em consideração incidências do ambiente social. Consideram que a psicopatia é sobretudo uma inorganização do funcionamento mental relativo às falhas das primeiras relações que a criança pôde ter. E não se considera mais a violência uma manifestação do princípio de prazer. Ela é percebida como a descarga de uma tensão tão forte que não pode ser contida desde o instante em que é experimentada[16].

Bem diferente é a violência dessubjetivante. Ela passa pela afirmação de um eu [moi] individual e coletivo "purificado": sexista quando se trata de estupro; racista, fascista ou etnicista nas situações de lutas de classe, purificações étnicas ou genocídios. A pessoa sobre a qual avança a violência não é mais reconhecida em seu pertencimento à espécie humana; por isso, em relação a ela, as exigências da cultura se apagam. Assim, são suprimidos os tabus de assassinatos, predação e estupro que só permanecem respeitáveis para o agressor entre pessoas do mesmo grupo de pertencimento. Fora de toda situação de sobrevivência, ela avança sobre o outro que ela despojou de suas qualidades humanas. Ela coisifica outrem, retira-lhe seu valor de semelhante e nutre-se da ausência de empatia com ele. Essa violência costuma acontecer em grupo; o álcool ou a droga podem facilitá-la e ela costuma se apoiar num discurso ideológico. Esses elementos permitem rechaçar ainda mais todo sentimento consciente de culpa no sujeito que destrói (estupros coletivos, purificações étnicas, pseudo-revoluções como a dos khmers vermelhos etc.).

Em consequência, naquele que teve de suportar uma agressividade dessubjetivante, manifesta ou difusa, desde uma idade precoce, a violência pode adormecer. Vai ressurgir em situações que reativam as angústias associadas a essas experiências de desnarcisização, pois a base narcísica do sujeito permaneceu gravemente fraca. O que pesa sobre ele ao ser confrontado com uma situação que ele se angustia por não poder enfrentar é aquilo que desde sempre pesou: o sentimento de não ser reconhecido, uma ameaça sobre sua identidade, sobre sua imagem tanto social quanto pessoal e interior negativamente estabelecida.

Esses sujeitos profundamente desnarcisados são aqueles que sofreram maus-tratos verbais ou físicos, ingerências em sua intimidade ou ainda demissões parentais. Tudo isso faz com que experimentassem o vivido de ser dejetos que nunca deveriam ter nascido. Restou-lhes uma estima de si das mais frágeis, e um funcionamento no qual o supereu arcaico e severo, à semelhança dessas pessoas que maltratam, martiriza um eu [moi] fraco demais para desempenhar seu papel de regulador (quando muito afirmariam ruidosamente seu todo-poder). Neles, o sentimento de culpa é inconsciente, pois é pesado demais para poder ser encarado conscientemente. Eles não têm acesso a ele, mas é mesmo assim, sob o domínio de um imenso sentimento de culpa, que praticam seus atos delinquentes. Se o supereu os incita a transgredir, é para experimentar um sentimento de todo-poder. Momentaneamente, a violência evacua a angústia, o risco de depressão e a própria ideia de culpa. A transgressão permite que sejam punidos e que expiem, que aliviem essa mesma culpa permanecida inconsciente também. Ao inscrever a culpa num ato preciso, o eu [moi] busca inconscientemente fazer nomear um erro que enfim poderá estar em questão precisamente. Pois nos sujeitos desnarcisados e culpabilizados há muito tempo por qualquer razão, o sentimento de ser culpado é muito forte, ao passo que o erro cometido permanece não identificado, fantasmático. Por isso, eles inconscientemente buscam, por uma transgressão nova, fixar o erro num lugar preciso para expiá-lo ou para que a reparação lhes seja oferecida. Um erro real é cometido hoje para conseguir pagar por um erro imaginário, que supostamente foi cometido ontem, conforme as fantasias do sujeito[17].

Com frequência encontrei tais jovens nos abrigos, nos centros de acolhimento e de readaptação social ou em casas de detenção. Diante de uma situação angustiante, a passagem ao ato violento é o recurso quase obrigatório. Ela atinge um perseguidor presente na realidade externa e permite que evitem perceber neles mesmos o perseguidor superegoico interno que os confir ma no fracasso, proíbe que tenham sucesso. Desinvestindo ou fugindo do pensamento, eles confiam no corpo para resistir ao insuportável ou para nada conhecer dele. O corpo em movimento, superinvestido, permite que mantenham à distância todo sentimento de passividade. A seus próprios olhos, e às vezes aos dos outros, eles terão salvado a face. Nessas situações, a agressividade se desligou das pulsões de amor e, revelando seu poder destruidor, permitiu que eles salvaguardassem um mínimo de narcisismo. A violência que assistimos então não é, no entanto, um sintoma no sentido estrito, já que a passagem ao ato assinala a impossibilidade de elaborar um sintoma. Deve ser por isso que Claude Balier escolheu partir dos próprios comportamentos para compreender essas problemáticas e imaginar uma terapêutica[18].

É a ele que devemos o mais rico e o mais completo estudo sobre essas disfunções psíquicas. Entre os sujeitos que esse psicanalista teve de conhecer em casas de detenção, alguns puderam praticar atos de pequena delinquência, ao passo que outros cometeram crimes graves. Alguns eram reincidentes múltiplos, ao passo que outros não haviam cometido nenhum delito antes de perpetrar um assassinato ou um estupro. Para alguns, atos delituosos juncaram uma passagem adolescente simplesmente difícil e, para outros, eles foram cometidos sob o domínio de uma inexorável compulsão de repetição, ao passo que a repressão de seus delitos os isolava em lugares cada vez mais anônimos. Para outros, os atos violentos parecem ter funcionado como recursos contra angústias agonísticas. Outros, ainda, devem a uma transmissão transgeracional de fantasias e traumatismos os surtos violentos que os agitam[19].

Claude Balier descreveu as terapêuticas praticadas no ser viço psicoterápico em meio carcerário que ele dirigiu. Lá eram tratados delinquentes psiquicamente doentes, que a nosografia psiquiátrica não explica. Em certos casos, aparentam-se à categoria dos estados limites pelos quais a psicanálise cada vez mais se interessa.

Para pensar suas problemáticas intrapsíquicas, Claude Balier também se voltou para as descrições feitas a respeito de outras organizações, notadamente as psicoses. Ao longo de seu primeiro livro, ele descreve a influência das primeiras relações – e de suas perturbações – sobre as organizações psíquicas que conduzirão as passagens ao ato violento.

O MOMENTO DA PERDA DO OBJETO

Claude Balier descreve disfunções no processo de "perda do objeto", esse momento de desfusão do filho com a mãe em que ele deve renunciar à fantasia segundo a qual ele domina o objeto de suas pulsões, que também é sua fonte de amor.

A angústia da perda do objeto pode precipitar o sujeito em comportamentos violentos, pois esses comportamentos visam denegar a dependência em relação a esse objeto. Trata-se de sujeitar desesperadamente este para se proteger de sua perda e da desorganização que viria após. Uma das formas extremas de denegação da dependência e de domínio onipotente (tanto quanto ilusório) do objeto encontra-se naquilo que o discurso comum chama os "crimes passionais".

Joël

Nas entrevistas que me levaram a encaminhá-lo ao SMPR[20], Joël deixou entrever a estratégia interior que o levou a assassinar a esposa. Várias dezenas de anos após o estabelecimento de suas primeiras relações de objeto, uma separação que sua mulher lhe impõe parece ter vindo mergulhá-lo nas angústias já experimentadas num momento que nunca pudera acontecer de maneira satisfatória: o fim da fusão com a mãe, o momento da perda do (domínio do) objeto.

O educador da casa de detenção enviou-me esse homem que fora condenado a uma longa pena de reclusão criminal, pois, ao longo das entrevistas educativas, ele percebeu a possibilidade de tratamento psíquico.

Joël, que se exprime de maneira fina e muito cortês, pediu essa psicoterapia para se reabilitar aos olhos do filho. Este vive com a família de sua falecida esposa, e Joël teme, explica-me sinceramente, que ali "façam a cabeça dele contra mim... que ele comece a ter medo de mim... que me considere um assassino" (sic). Com efeito, o filho vem vê-lo no locutório acompanhado de uma educadora da Ajuda Social à Infância. Joël espantou-se de o menino ter afirmado à educadora que havia assistido ao assassinato (ele então brincava com um dos amigos) e de receber cartas nas quais ele lhe dizia que ia matar sua amante e sua titia (vemos o que está disposto a fantasiar um filho órfão de mãe para não perder nem o pai nem o orgulho de sua filiação). Dei a Joël algumas indicações para compreender as fantasias de seu filho, e acabamos por falar dele: décimo filho de uma família modesta, só muito tardiamente (na puberdade) pudera conceber a possibilidade de relações sexuais entre o pai e a mãe. Aos vinte anos, estudante, experimentara a necessidade imperiosa de se separar da família para "não parecer ser uma criancinha que tem medo de perder a mamãe", conta-me. Assim, havia deixado esta última em segredo, e só depois de ter cruzado a fronteira é que lhe havia anunciado, por telefone, sua partida: ele não poderia ter-lhe falado antes dessa separação

– "pois", diz ele, "eu teria tido medo de não poder mais partir". Nos dias que se seguiram imediatamente a essa partida e a essa perda, ele havia encontrado a futura esposa.

"Foi como um estalo, estávamos seguros de não nos enganarmos, fomos morar juntos na noite mesma de nosso encontro e nos casamos algumas semanas depois." Isso mostra a intensidade e a comunidade das fantasias fusionais que sustentavam a relação dos dois. "Ela estava disposta a romper com a família inteira que se opunha à nossa união, estava disposta a tudo para não me deixar", diz ele em plena identificação projetiva. Viveram alguns anos de uma relação em que ela foi "sua mãe, irmã, amante, educadora": ela encontrou trabalho para ele, aperfeiçoou-o na língua francesa; para deixá-la orgulhosa, ele voltou a estudar; ela permitiu que ele se inserisse relativamente alto no organograma de um espaço cultural. "Ela era como a minha mãe", diz ele, "embora me considerasse um homem." Depois, ela decidiu ter um filho e, após o nascimento deste, Joël "sentiu-se deixado de lado". Descobriu ou fantasiou que a mulher tinha um amante. Para não afundar, começou a beber e passou a suspeitar de tudo de maneira permanente. Ela ameaçou romper com ele se não parasse de beber, o que ele fez. E, no entanto, ela continuou a "andar com outros". Quando compreendeu que toda a felicidade dela não passava mais só por ele, foi para ele uma reedição de sua experiência primeira da perda do (domínio) do objeto, e foi muito doloroso. Teve a impressão de que todo mundo sabia de seu infortúnio e que a palavra cornudo estava escrita na sua testa. Não dormiu mais e ficou torturado quanto "ao que o outro tinha a mais que ele" para convir à sua mulher. Quando ela deixou o lar e lhe anunciou a decisão de não voltar mais lá, ele acreditou que ia "perder a vida inteira". Conseguiu se internar na psiquiatria de um hospital. Após oito dias de perfusão de antidepressivos, estava melhor e, contra a opinião médica, saiu com um tratamento. Bebeu e reencontrou a mulher: foi então que se deu conta de ter "aceitado tudo para não perdê-la. E, no entanto, eu ia perdê-la...". E experimentou a necessidade vital de conhecer a identidade do amante dela (tentativa desesperada de uma integração de sua história? de uma incorporação de seu rival?). Ela recusou lhe dizer e ele, personagem muito doce que nunca havia agredido ninguém, acabou abraçado a ela, ensanguentada. Ele não sabe mais o que aconteceu em seguida, exceto que foi buscar socorro para salvá-la. Mas não conseguiu lembrar o endereço de seu domicílio e só tarde demais é que a ambulância chamada chegou ao local.

Durante esse relato do assassinato, Joël me falou com voz muito neutra, sob o efeito da clivagem do eu [moi], como se descrevesse acontecimentos que na verdade não lhe diziam respeito. Seu discurso só se coloriu de emoções quando me disse que, no processo, a família de sua mulher o acusara de maneira excessiva:

"A família da minha mulher me assassinou uma segunda vez..." Retomei: "Me assassinou uma segunda vez?

"É, não foi só ela, eu também me assassinei: minha vida ao mesmo tempo que a dela", ressaltou ele como uma evidência".

No momento em que me revelou que lhe "havia mesmo assim dado quatorze facadas", ele ficou esperando de mim um olhar aprovador ou admirador, fusionalmente cúmplice de sua defesa desesperada. Não encontrando esse olhar que teria sustentado seu sistema denegativo, voltou à tristeza. Afirmou-me em seguida que, desde que estava preso, toda vez que alguém lhe falava de seu ato assassino, ele ficava convencido de "que [lhe] mentem quando [lhe] dizem que ela morreu, ainda que seja verdade". Ele não a acreditava morta e pensava nela sem parar. Não seguia nenhum tratamento farmacológico para não mudar nada em seu estado psíquico, só pegava no sono por volta das quatro horas da manhã e era para sonhar com a esposa, com a lua-de-mel que tiveram. Fora de fato para não perdê-la nem afundar numa desorganização psíquica profunda que, diante de uma separação que ele fizera tudo para adiar, e descobrindo sua mulher como terrivelmente perigosa por seu poder novo de deixálo, ele se apropriara dela definitivamente, matando-a... para aluciná-la em seus sonhos.

As entrevistas que teremos em seguida vão permitir que eu compreenda que ele já havia dado ao filho, que acabava de encontrá-lo no locutório, o mesmo estatuto de objeto-sem-o-qual-ele-não-poderia-viver. Um objeto idealizado do qual esperava tudo, ao qual permitiria bem pouca diferenciação em relação ao que dele esperava. Ele confirmou sua vontade de ser admitido no SMPR, contanto que o filho pudesse lá vir encontrá-lo no ritmo habitual. No entanto, só ficou lá algumas semanas, angustiado demais, com certeza, pelo tamanho das perdas a serem assumidas no trabalho psíquico que lhe era proposto.

A inacessível posição depressiva

Claude Balier descreve o fracasso da travessia da posição depressiva. Esse processo, ao qual Winnicott teria preferido dar o nome de "estádio da inquietude", começa no momento do desmame, por volta de cinco, seis meses. Ele em seguida organiza as representações da criança ao longo de um trabalho que se estende até por volta dos doze meses de idade, mas suas aquisições só são estabilizadas muito tempo depois. Esse processo, se ocorrer favoravelmente, participa da introjeção do "bom objeto". Eis como acontece. Até então, a mãe-ambiente, para dar seus cuidados, prestava-se a duas funções: adaptava-se afetuosa e tecnicamente às necessidades do filho, gerando os sentimentos de segurança, apaziguamento, calma... E também era, por sua vez, objeto de suas agressões fantasmáticas. Estas se desdobravam durante as fases de excitação e "em todos os momentos em que a mãe é utilizada e até atacada por todas as forças que culminam na pulsão instintual"[21]. Assim, essas agressões eram vividas ao longo de suas cóleras, decorriam de suas fantasias e não acarretavam realizações destruidoras objetivas. Mas o filho ainda não diferenciava uns e outros. E, em sua experiência, não se tratava da mesma mãe, conforme fosse apaziguadora ou frustrante.

Durante todo um período, o filho pequeno pudera viver seus ataques sem inquietude. Depois veio o momento em que pôde perceber que essa mãe tão apaziguadora, tão tranquilizante e reconfortante nos momentos de desamparo, essa mãe tão apreciada como fundadora dos momentos de calma, era a mesma pessoa que ele havia atacado impiedosamente em suas fases de cólera. E esse fato foi para ele inaceitável. Por quê? Porque uma criança pequena ainda não faz a distinção entre o conteúdo de suas fantasias e o que essas fantasias de fato operam na realidade. Ela ainda não faz a distinção entre realização fantasiada e realização efetiva.

E é o que o filho vai descobrir, se a mãe permitir. Ele vai entender que foi essa mãe fonte de bem-estar, apaziguamento e vida quem ele atacou com suas fantasias destruidoras; mas que ela a isso sobreviveu e que continua disponível para ele como fonte de segurança e calma. É claro que é apenas nas interações fantasmáticas com uma mãe (ou várias maternantes), ela mesma bem segura em seu narcisismo e em suas pulsões de vida, que ele poderá fazer essa descoberta fundadora. Ele não conseguiria isso junto a uma mãe depressiva nem a uma mãe perseguida ou acampada em rígidas defesas obsessivas. É esse caminho que conduz o filho a descobrir que a violência de suas fantasias em nada destruiu sua mãe nem a solicitude desta para com ele. É esse caminho que o conduz a distinguir a realidade e a fantasia, e que permite que ele elabore e depois dê seu estatuto ao espaço de seu imaginário (sonhos, devaneios, fantasias). E essa etapa é determinante para a constr ução de sua imagem interna e para a ligação de sua destrutividade por suas pulsões de vida.

O que ele primeiro experimenta é uma angústia que se refere ao dano que ele pôde, em seus ataques fantasmáticos, fazer à mãe. Ele teme que ela não esteja mais disposta a apaziguá-lo e a narcisizá-lo, teme suas represálias. Por isso é que quando tiver palavras para dizê-lo, vai ansiosamente lhe perguntar se ela não está zangada e ele garantirá que "não fará mais isso". Assim se instaura nele mesmo uma luta entre o que ele sente como bom e protetor e o que sente como destruidor e maléfico. Ele encontra a solução ao elaborar fantasias "reparadoras" a seu respeito. Fantasiará que pode lhe fazer, em intenção, depois na realidade, bem o bastante para reparar o mal que poderia lhe ter feito, e ficará tranquilo. Poderá continuar a construir uma boa imagem de si pelo olhar que ela lhe endereça. É quanto a esse conflito intrapsíquico que a mãe tem um papel deter minante para a tr avessia da posição de pr essiva . A mãe "passavelmente boa" (uma mãe ordinária, poder-se-ia dizer) assume uma atitude que permite ao filho fantasiar que ela sabe o que, nele, é bom para ela e aprecia isso, tanto quanto sabe o que é ruim nele e consegue se proteger disso. "O filho que tem a felicidade de ter uma mãe que sobrevive, uma mãe que reconhece o gesto de dom quando ele o faz, está agora em condição de fazer algo a respeito desse vazio, o vazio no seio ou no corpo (materno) cavado em imaginação ao longo do momento primitivo instintual"[22] (o do ataque fantasmático do filho).

Em resumo, se a mãe permanecer alegre e disponível após as cóleras ou as "bobagens" do filho, se permanecer provedora de apaziguamento, segurança e amor, este, antes angustiado por sua destrutividade e pelo risco de represálias da mãe, poderá acreditar na força de suas intenções reparadoras. As atitudes da mãe farão com que sinta que suas fantasias reparadoras produziram efeitos felizes numa mãe que, de fato, terá permanecido simplesmente serena em sua posição maternante. Mas o filho considerará essa permanência benéfica como o fruto de sua reparação. Logo, temerá cada vez menos os efeitos devastadores de sua agressividade, ao passo que prosseguirá essa alternância de momentos de excitação imaginária depois realmente destruidora, e esses momentos imaginária depois realmente reparadores. E terá a impressão de saber recriar a solicitude da mãe para com ele. E, ao mesmo tempo, considerará sua agressividade com cada vez menos angústia. Não terá, então, de inibi-la nem de clivar o mundo exterior sobre o qual ele a dirige.

Essa experiência terá permitido que vivencie sentimentos de culpa conscientes e suportáveis. Sua agressividade se terá tornado aceitável, já que a criança terá constatado que ela não destruiu a solicitude materna. O sentimento consciente de culpa constitui uma boa organização contra a angústia de ter destruído e perdido o objeto materno, já que pode se tornar o motor de uma reparação possível.

Ao longo do tempo e das boas experiências, o filho introjeta o laço benéfico com a mãe. Sua mãe real resta para ele necessária, mas de maneira menos permanente.

Logo, compreendemos como um filho que não conseguiu atravessar favoravelmente essa etapa permanece em dificuldade, pois discrimina mal suas fantasias e seus efeitos na realidade. Sua agressividade continua perigosa para seus objetos de amor e assim continuará enquanto ele não tiver podido constatar que, nele, existe um potencial reparador poderoso. Essa experiência é constitutiva de um narcisismo são. Todas as instituições educativas e curativas devem se preocupar em permitir que aqueles que elas acolhem vivam essa experiência.

É bem essa configuração psíquica que nos parece fraca ou até jamais estabelecida em certos sujeitos violentos. Esse fracasso acarreta uma ligação impossível ou frágil demais das pulsões de morte pelas pulsões de vida. Deixa o sujeito invadido por uma agressividade não ligada, isto é, pouco sublimável e da qual ele pode dificilmente proteger as pessoas pelas quais quer ser amado. E esse fracasso exige a manutenção das defesas rígidas da denegação e da clivagem do objeto ou do eu [moi]. Elas são a causa e a consequência de uma verdadeira impossibilidade, para o sujeito, de crer em sua capacidade de reparar o "objeto". Vale dizer que ele não pode crer em suas aptidões a fazer bem àqueles por quem quer ser amado, não mais que não pode acreditar na bondade daqueles a seu respeito. Logo, só lhe resta denegar sua agressão e sua culpa. Ou pode ainda "clivar" o mundo que o cerca em bons "objetos" (personagens benéficos), que ele evita, e maus "objetos" (personagens indiferentes ou perseguidores), dos quais não espera nada de bom, e que ele pode atacar sem experimentar o sentimento de ter perdido o que quer que seja de precioso. Corresponde à obrigação de pobreza de sua vida relacional. Apesar disso, o eu [moi] não pode suportar angústia excessiva nem culpa sem dever evacuá-las, quase sempre na passagem ao ato, ainda que não tenha acesso consciente à ambivalência de seus sentimentos.

A noção de agressividade "livre" ou "não ligada" é central para Claude Balier: quando a agressividade torna-se patológica, não é a qualidade da agressividade que está em causa, mas a desligação das pulsões de morte com as pulsões de vida. É a desintricação delas que cria uma tensão permanente pedindo uma descarga. Não se trata de satisfação, mas de descarga: é o retorno à tensão zero que é buscado, é o princípio do nirvana que está em causa. A descarga da agressividade tornada livre encontra, na realidade externa, uma espécie de continente que impede o sentimento de desorganização psíquica de que o sujeito está o tempo todo ameaçado. Freud escrevia falando de eros e tânatos: "Um procura englobar em unidades sempre mais vastas tudo o que é; o outro busca dissociar as combinações e destruir aquilo que o eros edificou. É este o trabalho de junção e desintricação dos componentes instintuais."[23] Logo, é a pulsão de morte que age, pelo efeito da desintricação. A respeito dos comportamentos patológicos de agressividade, René Diatkine havia falado da ativação da posição depressiva que pode acarretar o recurso a defesas de tipo psicótico. Ora, quando ocorre normalmente, a travessia da posição depressiva desemboca no acesso à reparação. A introjeção do objeto pulsional se acompanha, então, de uma ligação entre libido (eros) e pulsão de destruição (tânatos). O que traduz a passagem ao ato é, portanto, a desligação entre pulsões agressivas e pulsões de amor.

"A agressividade livre não é produzida por uma 'tendência à agressão' que deve encontrar uma saída para não ser patogênica. Ela é o resultado, e nisso não tem valor metapsicológico, da pulsão de morte".[24] O que dá a chave de novos conceitos operatórios não é, portanto, opor libido a agressividade, mas é justamente da oposição entre narcisismo e pulsão de morte que se deve falar, pois se o sujeito quer escapar à violência que vai destruir as pessoas de quem ele espera um reflexo fundador de uma boa imagem interna dele, só terá então que inibir sua agressividade ou voltá-la contra si mesmo. Ou, ainda, denegar sua dependência em relação a todo objeto fonte de amor, já que vai constantemente experimentar o sentimento de que ele poderia destruí-lo. O sentimento de culpa em relação ao objeto destruído não lhe será acessível tampouco, visto que para isso seria preciso que pudesse ter esperanças na reparação. Quem se sente condenado, sem a mínima esperança de reparação e de perdão, só pode denegar sua culpa. É assim que funcionam certos sujeitos cujo narcisismo pessoal não pode mostrar nenhum respeito pelo narcisismo do outro. Tampouco podem crer na solicitude do outro, no máximo podem crer que poderão dominá-lo ou manipulá-lo.

O recurso à clivagem e à denegação

Quando falamos de "fragilidade narcísica", é do inacabamento desses processos que vão da angústia de destruir o objeto à posição depressiva, depois à reparação que falamos. E para compensar essa fragilidade, é preciso instalar mecanismos de defesa custosos.

É o que nos conduz a detalhar o fenômeno da clivagem e da denegação nas organizações psíquicas que predispõem à passagem ao ato. A denegação é um modo de defesa que mostra a impossibilidade de integrar uma situação externa insuportável para o sujeito, embora, no fundo, ele tenha conhecimento dessa realidade. Graças à denegação e à clivagem, o fetichista, confrontado com a percepção da ausência de pênis na mulher, pode continuar a funcionar com uma parte de si mesmo que não quer ver essa realidade e uma outra parte que, na verdade, não o ignora. O que o processo de denegação deixa assim por conta, enquanto real não simbolizado (a diferença dos sexos), oferece, então, todo um campo para que o aparelho psíquico aí invente a estratégia fantasmática defensiva que é a dele.

Esse exemplo da recusa da diferença dos sexos foi o primeiro a ilustrar os mecanismos da clivagem e da denegação no fetichismo. Entretanto, estes nos interessam ao nível da travessia da posição depressiva, que é a passagem obrigatória para o acesso àquela de reparação, à ambivalência dos sentimentos e ao vivido de culpa consciente. O sujeito que tem uma percepção clivada de um self, cuja agressividade é tão angustiante e cuja parte amante é tão pouco assegurada, poderá organizar sua visão do mundo em consequência: ele o cindirá em dois. Haverá o mundo dos perseguidores, contra os quais ele poderá desencadear (desligar) sua agressividade sem inquietude, já que se tratará dos "maus" (ou seja, a má mãe), e o mundo dos personagens amáveis (ou seja, a boa mãe), que ele deverá proteger de seu ódio idealizando-os, evitando-os ou alienando-se à vontade deles.

A impossibilidade de ligar sua agressividade por pulsões de vida suficientemente confiáveis tornará muito difícil para ele retardar a violência para chegar à negociação. Essa visão maniqueísta do mundo corresponde à impossível aceitação da ambivalência dos sentimentos. Ela facilita a passagem ao ato odioso para com aquele que figura o "mau", o perseguidor.

Alain

Quando o encontrei, Alain era um colosso de trinta e cinco anos que vinha pedir uma nova estada no SMPR da casa de detenção. Lá fora acompanhado durante o encarceramento preventivo e devia refletir comigo, antes de nova admissão, na maneira como havia vivido a estada precedente.

Conta-me que se lembra desse serviço como do lugar onde fora, talvez pela primeira vez na vida, respeitado. Devotava o maior respeito ao médico-chefe – "uma mulher que me conhece melhor que minha mãe"

–, ao passo que o outro médico era "um veado" – "logo vi que ele não ia com a minha cara". Citava-me os nomes de vários assistentes sociais, classificando, também de maneira categórica, os maus – que ele detesta, pelos quais se sente detestado e com os quais se torna detestável, e os bons – de quem ele gosta, pelos quais se sente amado e com os quais se torna amável. Lembrava ter sido mais ou menos ameaçador ou violento em relação a outros detentos, mas apenas com os autores de delitos sexuais, "porcarias que deveriam ser mortos imediatamente", ao passo que com os outros não houvera problemas, dizia. Escutando-o, notei sua visão clivada dos parceiros de sua vida.

No SMPR, responderam a seu pedido de revalorização e a seus desejos de conhecimento, notadamente por meio de leituras, reportagens, dossiês temáticos e exposições que ele havia realizado num gr upo terapêutico. Num outro nível, tivera três entrevistas psicoterápicas semanais. Porém, sua agressividade continuava permanente em relação a certos assistentes e detentos, ao passo que os outros tinham direito à sua gratidão, à sua gentileza e a reais esforços de trabalho psíquico. Após um ato de violência, o médico-chefe decidira seu encaminhamento temporário do SMPR, num setor de detenção onde de qualquer modo o encontrariam os assistentes sociais. Buscara então dominar essa relativa perda de objeto que lhe era imposta e, para não sofrer passivamente, conseguira voltar a uma outra prisão, aquela que ele havia anteriormente deixado.

Ali, dizia-me, as figuras dos assistentes investidos de suas pulsões de vida e tornados longínquos tinham de novo se tornado para ele preciosas. Liberado provisoriamente antes do julgamento, buscara prosseguir o trabalho de pensamento relativo ao assassinato de seu pai. Nessa época, fora pensando nestes que se proibira de voltar à heroína, e apaziguava as angústias bebendo muito, o que considerava mais respeitável.

Enfim chegara o dia de seu processo. Alain tivera por pai um homem raquítico e trabalhador, mas alcoólatra e violento, que atormentava e surrava a mulher e os filhos por qualquer razão. A exemplo da mãe, os filhos tinham suportado seus golpes, como se a rebelião contra esse personagem tirânico tivesse significado a perda do respeito que uma família deve a si mesma. No entanto, certa noite, Alain se erguera contra o pai e, quando este se apossara de uma faca, ele o atingira com um soco que o matara.

Alain primeiro gostara que seu advogado o apoiasse, mas este rápido lhe parecera um "enganador" quando viu que seu defensor apresentaria no processo a situação do assassinato de tal que maneira que ele fosse punido o menos possível, pois Alain fazia questão de encontrar uma Lei e uma Justiça "justas" e não desejava participar de uma estratégia que tiraria sua responsabilidade. Seu ato era um ato grave para o qual achava que tinha de pagar caso quisesse encontrar a paz interior. Essa estratégia que lhe propunha o advogado, ele a assimilava às mutretas dos pequenos delinquentes que ele conhecia bem demais.

Por isso, ao ouvir no processo o defensor denegrir seu pai diante dos jurados para desculpar seu ato parricida, ele o interrompera violentamente e tomara a palavra para proclamar todas as qualidades deste. Depois, acusara-se de não ter sabido escutar seus conselhos. Por isso, fora condenado a uma pesada pena, conseguindo assim apaziguar sua culpa, ao passo que, por sua intervenção brutal, restaurava seu narcisismo e pagava o preço de um certo orgulho de filiação (a lógica do funcionamento psíquico nem sempre tem muito a ver com a do funcionamento judiciário).

Mas, dessa maneira, Alain atribuíra a si mesmo "todo o mau" da relação deles, e é por isso que queria voltar a se tratar, desse mau, no SMPR. Nele, a clivagem do eu [moi] e a do objeto (o mundo exterior) caminhavam juntas. Comecei então um trabalho de renarcisação, pois os pensamentos dolorosos que ele teria de assumir só poderiam tomar lugar no registro consciente se o laço estabelecido comigo garantisse que eu poderia acolhê-los com ele. Ele assim descobriu que era "cruel demais consigo mesmo" e reencontrou os momentos em que o pai pudera ter orgulho dele. Seus momentos depressivos se tornaram um pouco menos, seus momentos agressivos nitidamente menos, e ele um dia me confiou com orgulho infantil: "Os vigilantes dizem que não me reconhecem mais, acham-me gentil, polido, calmo...".

O laço transferencial permitia que ele evacuasse emoções excessivamente intensas que não tinham mais que se descarregar nos atos, e ele esperava ser admitido no SMPR para lá prosseguir esse trabalho. No entanto, seu funcionamento em clivagem só se atenuava muito lentamente. Foi no momento em que ele ia ser avisado de sua admissão e que eu ia fazer com ele o balanço de nossas conversas que ele foi, contra toda expectativa, transferido para outra prisão, da qual ia ser preciso organizar sua transferência para o SMPR.

Assim, foi por carta que tive de lhe lembrar nossas descobertas em nome das quais eu o incentivava a confirmar seu pedido de tratamento no SMPR. Eu não sabia em que estado de espírito o deixara esse deslocamento inopinado, mas eu queria consolidar o prazer e o interesse recentes que ele acabava de encontrar em se ver funcionar. Eu queria inscrever a solução do SMPR na continuidade de nossas conversas e concluir estas numa nota de esperança. Comecei minha correspondência em referência a uma reflexão que havíamos feito juntos sobre certos comportamentos suicidas: quem se suicida, na maioria dos casos, não quer realmente mor rer; quer fazer morrer uma parte de si que ele sente má e indigna de viver. Essa parte, ele a detesta, porque ela impede de existir nele outra parte, uma parte nobre, generosa, corajosa... E é para fazer viver essa parte que ele suprime a má parte, ao se suprimir.

Acabei lhe escrevendo, na mesma lógica, que ele conhecera um pai em duas pessoas. Ele pudera, com um de seus dois pais, viver momentos de franca afeição. E, ao inverso, detestara o outro pai, aquele que se apoiava no álcool e que se rebaixava em bater na esposa e nos filhos. "É como se você tivesse estado confrontado com um pai em duas partes. E pensei que, talvez, você tivesse tido vontade de acabar com essa parte má dele, essa parte maldita que destruía o homem bom e corajoso que você queria ver renascer em seu pai. Porque você queria reencontrar o pai de antes que ele tivesse começado a beber. Talvez o seu ato violento também fosse um ato de afeição: marcar com um golpe a parte má para que ela soltasse seu pai e você pudesse reencontrar aquele que, no passado, tinha amado. Eis o que acreditei compreender ao escutá-lo... Espero que você possa continuar a refletir no SMPR sobre todas essas questões difíceis...".

Não sei se a minha carta teve algo a ver com isso, mas Alain confirmou seu desejo de voltar a esse lugar de tratamentos psíquicos.

Como Alain acaba de dar a demonstração, a clivagem é um modo de funcionamento defensivo que se instala quando, diante de uma realidade (externa ou interna) inaceitável, a capacidade de síntese do eu [moi] é superada. O sujeito não pode mais chegar à conflitualização de posições pessoais contraditórias demais nem manter a ambivalência dos sentimentos. Por isso é que "podemos então nos perguntar legitimamente se é possível reintegrar no aparelho psíquico o que dele foi evacuado sob forma de passagem ao ato, por exemplo, substituindo o pensamento"[25], interroga-se Claude Balier, pois a clivagem faz durar a inaptidão à posição depressiva "por ausência de solicitude diante de um objeto total que seria a um só tempo bom e mau". São os mecanismos de denegação e clivagem que se opõem ao trabalho de ligação da agressividade pelas pulsões de vida e criam problema.

Traumatismo e clivagem do eu [moi]

O que acabo de descrever corresponde à clivagem do objeto, e àquela do eu [moi] entre "bom" e "ruim". Mas, ao nível da clivagem do eu [moi], o processo às vezes é mais complexo.

Certas experiências subjetivas constituíram traumatismos primários (não forçosamente precoces), contra os quais o eu [moi] teve de se defender. O resultado é que algo fica clivado, não é reintegrado. Esse algo está na psique, mas não no eu [moi]; ele está dissociado do eu [moi].

A vida psíquica do sujeito viu-se ameaçada por um grande risco de arrombamento. O eu [moi] parece ter sacrificado uma parte da psique para salvar outra[26]. É notadamente o caso durante as situações de maus-tratos e violências sexuais. Esses sujeitos são submetidos a um constrangimento de repetição: como se, a partir da psique, algo ameaçasse repetir essas situações, o que leva a uma estratégia particular. O sujeito vive na obsessão de ser de novo submetido a um traumatismo, e pode inconscientemente tentar provocá-lo para, dessa vez, dominar algo. Ou, então, tem de manter em permanência uma proteção contra esse retorno do trauma, e é à custa de um empobrecimento de sua sensibilidade e de suas relações. Claude Balier frequentemente encontrou esse tipo de organização psíquica e a descreveu.

Ela é encontrada entre "mendigos", pessoas há muito tempo desempregadas, vítimas de abusos sexuais ou crianças ditas caracteriais. Podemos encontrá-la na própria clínica, em pacientes que, numa primeira análise, tinham tratado sua neurose. Mas eles permanecem com um malviver e com a impressão de não poderem entrar em contato com uma parte de si mesmos. Logo, vão mostrar essa parte a um analista para que ele lhes restitua o acesso. Os afetos em presença costumam ser os de impotência, de ser ruim, os de raiva, os de serem cruéis, violentos. E eles se sentem forçados a sê-lo. Nessa clínica, estamos lidando com sensações, percepções, mas não com representações[27]. Parece tratar-se dos efeitos daquilo que não aconteceu, e a relação que têm com a falta é muito particular. Por exemplo, eles se colocam por si mesmos na falta, para prevenir a falta que lhes seria imposta pelo outro. Winnicott já dava o exemplo de certas anorexias em que o sujeito se impõe e erotiza a falta para não arriscar vê-la imposta. E quantos jovens ouvimos repetir: "Sou burro!", para desapossar o outro do poder de lhes impor esse julgamento com tanta frequência sofrido.

Winnicott nos deu um modelo dessas experiências que conduzem o sujeito à clivagem do eu [moi].

Num primeiro tempo, quando o sujeito é confrontado com o risco de um arrombamento vindo do exterior ou com o de uma excitação enlouquecedora surgida do interior, ele responde, para jugular a angústia, por defesas internas: alucinações, autoerotismo etc. Se o perigo e a falta insuportáveis persistirem, o sujeito encontra, num momento, um esgotamento de suas capacidades de se defender. Pode ser o caso nas situações de privações relacionais e de desprivação sensorial, no inferno de Verdun ou de Grosny, sob tortura ou durante um estupro coletivo (até mesmo ao fim de quarenta dias de cadeia – sofrimento psíquico que a administração penitenciária impõe fora de todo processo e fora da presença de um advogado). O sujeito não tem mais recursos internos, e é o estado de desamparo.

Segue, então, um segundo tempo: em razão de boas experiências precedentes, o sujeito guardou a esperança de que um objeto externo viesse em seu socorro. Assim, o lactente com fome e desprivado chora para chamar o objeto nutridor fonte de amor. É possível que o objeto de socorro apareça, mas também é possível que, para afastar o perigo e atender às necessidades, esse objeto imponha um contrato narcísico[28]: o objeto de socorro intervém, mas sob condição. Contanto que o sujeito lhe remeta algo de si, que lhe é indispensável, como sua imagem idealizada, por exemplo, ou que se preste a um gozo ou a um domínio aparentemente mais suportável. É o que acontece quando uma moça martirizada por uma mãe rejeitante busca reconstruir sua afetividade e seu narcisismo com um pai que a defenderá... contanto que ela aceite relações incestuosas. Ela terá que proteger esse pai bondoso que preenche sua solidão afetiva e recalcar os pensamentos que lhe fariam berrar seu ódio contra esse pai abusivo. Pois, então, ela o perderia, o que permanece a seus olhos o perigo maior. Ela se instalará na rejeição de seus pensamentos para evitar um conflito interno extremo com esse pai amado e detestado.

As situações que conduzem à clivagem propriamente dita correspondem ao terceiro tempo: quando nenhum objeto de recurso se apresenta ou que é inadaptado ao perigo a ser afastado. Para além de um certo tempo, no estado de desamparo, a esperança se apaga. O sujeito não pode mais gerar laços com os outros: não há mais solução interna e não há objeto externo de socorro. Freud havia então falado de pavor e Winnicott de terrores agonísticos. Para evitá-los, o sujeito ainda pode tentar uma derradeira solução: cortar-se da parte de si mesmo que vive a experiência desesperadora. Cortar-se de si mesmo parcial ou totalmente, como puderam contar a posteriori pessoas expostas a uma morte iminente e que se viam deixar o corpo[29]. À imagem de certos animais que, para salvar a vida, se amputam uma pata presa numa armadilha, o sujeito parece ter-se cortado de uma parte de si mesmo para viver e não mais sentir essa parte de si pela qual ele sofre e que o puxa para a morte. Mas cortarse de uma parte de si mesmo, e do vivido permite sobreviver mais que viver.

Pois não é por isso que essa parte que ele não mais sente não existe mais. Ela existe e a experiência agonística que não foi simbolizada deixou marcas. A reativação dessas marcas submete o sujeito à compulsão de repetição. Os fantasmas dessas agonias então ameaçam ressurgir por si mesmos, sobretudo nas situações que apresentam algumas características idênticas àquelas das situações agonísticas precedentemente experimentadas: sem esperança, sem recurso.

Existem várias maneiras de se proteger do retorno das angústias agonísticas. Por exemplo, a da glaciação. O sujeito busca gelar esse vivido agonístico e organiza sua vida a minima, de maneira a nunca nada encontrar que poderia reativar as angústias. Mas dessa proteção resulta o empobrecimento do eu [moi] e da vida relacional. Às vezes percebemos erroneamente esses sujeitos como neuróticos fóbicos.

Outra maneira de se proteger organiza-se sobre um eixo masoquista. A experiência agonística muito penosa vai secundariamente ser erotizada e transformada até assumir uma significação agradavelmente excitante. A dor passa a ser prazer. Os clubes sadomasoquistas reúnem sujeitos organizados desse modo, e o filme Noites felinas põe em cena esse fenômeno. Joyce McDougall mostrou como determinadas práticas masoquistas são uma maneira de erotizar o intolerável para não afundar na psicose[30]. Convidada a estudar certos "clubes maso", ela nota a frequência do recurso ao piercing na glande, no clitóris, nos seios, em que são presos anéis que são puxados para se obter orgasmos mais excitantes. Ela então observa que muitos "adeptos" tinham sido, muito jovens, submetidos a numerosas intervenções médicas dolorosas, notadamente injeções, sem que se tivesse julgado bom lhes explicar o sentido daquilo. Por vezes, também, de maneira menos ritualizada, crianças atendidas nas instituições são submetidas a esse modo de defesa: crianças às vezes anteriormente surradas não param de ser surradas pelas outras ou de se ferir, embora cercadas de proteção.

Na linhagem fetichista, trata-se de intricar essas experiências agonísticas em algo da ordem da sexualização, de encriptar o fantasma num objeto erotizado e sexualizado de que seria mais fácil se proteger. Em outro lugar, na solução psicossomática, a degenerescência de um ponto do soma vai fazer com que uma dor psíquica até então difusa possa ser alojada num ponto situável do corpo. Ela vai assim permitir o apaziguamento de uma parte da angústia, já que a dor estará localizada no soma e que dará esperança de uma intervenção médica.

Há também a solução psicótica do delírio à la Schreber, quando ele declara o fim do mundo para nada sentir do desabamento de seu mundo interior[31].

Certos modos de militância consistem em ir, até o esgotamento, combater no campo social o desabamento de seu mundo interior (seria dessa maneira que se investiu, até a morte, a militância de Khaled Kelkal)[32].

Podemos citar os processos de inversão do anoréxico, que se impõe o vazio para não ser submetido ao arbítrio e ao imprevisível de quem o nutre na ignorância de sua sensibilidade, ou então os casos de bulimia, quando o sujeito se protege da invasão pela mãe arcaica enchendo o corpo de comida.

E, sobretudo, assistimos aos efeitos dos mecanismos de identificação projetiva: fazer um outro viver aquilo que o sujeito não pôde assumir viver. Assim, conheci uma jovem que fora estuprada por vários homens e que se tornara transitoriamente frígida. Ela organizara inconscientemente a anestesia de sua sensibilidade vaginal como que para se proteger do retorno do trauma. Fora do abrigo, fez uma de suas amigas cair na armadilha de um estupro coletivo para vê-la se debater e suportar... como ela. Assim, é ao outro, na identificação projetiva, que é dado a viver aquilo que o sujeito não conseguiu atravessar sem se mutilar.

Ora, às vezes é isso que o paciente faz seu analista suportar na transferência, e isso que este deve poder sentir para permitir que o paciente se reconstitua. E também é preciso que algo que não pôde ser suportado seja recolocado em jogo na relação analítica para poder ser integra do. Se o objeto não tiver sido utilizável no desamparo, talvez o analista possa identificar essas características que faltaram ao objeto. Se conseguir imaginar as fraquezas do objeto, ele poderá organizar um quadro que compense essas fraquezas, e tentar representar aquilo que faltou demais. O analista faz como ele sente... e quando não se sente mal demais, percebe que está oferecendo ao sujeito aquilo que lhe havia faltado em certos momentos de desamparo. Mas continua sendo bem difícil para esses sujeitos fazer uma demanda de ajuda psicoterápica, pois isso já exige alguma relação com a falta. Fazê-lo torna-se difícil quando o eu [moi] inteiro está em luta para nada sentir.

Não é mais simples na relação educativa de visada terapêutica. É preciso que os meios de trabalho oferecidos permitam ao médico ou ao educador "não sentir mal demais", isto é, deixar-se atravessar pelo saber inconsciente que o habita a respeito de tais sujeitos. Então, existem boas chances para que consiga apresentar os caracteres que tinham faltado ao objeto ontem. Dessa maneira, ele pode se tornar o objeto bondoso até então nunca encontrado. Algumas crianças se escondem, assumem a cor das paredes e desanimam. São pouco investidas e esquecemos de pensar nelas. Que disso não se duvide: são aquelas que tinham encontrado, nas situações de desamparo, objetos indiferentes: elas deixaram os educadores indiferentes para com elas. Será preciso que os procedimentos institucionais obriguem a cuidar delas. Perceberemos, então, que elas podem se animar, pois seu apagamento é um convite a fazer com que saiam do esquecimento de si mesmas. Fazer com que saiam desse refúgio demandará tato, fineza, humor, delicadeza e... tempo.

A passagem ao ato como muralha contra a depressão

A imago maternal costuma ser todo-poderosa, e a imago paterna não constitui uma muralha satisfatória contra a depressão. É então que a fragilidade narcísica é compensada pela instalação de um ideal do eu grandioso, realizado a partir de identificações superficiais com personagens heroicos. Ele pode ver-se reforçado pelo pertencimento ao bando que partilha as mesmas identidades de empréstimo. Esse recurso ao si grandioso não facilita a adaptação do sujeito que se vê assim submetido à dolorosa obrigação de fazer com que suas performances coincidam com as re presentações de personagens grandiosos com os quais ele queria parecer. Quando é confrontado com provas nas quais a distância arrisca aparecer cruelmente entre o que ele pretende ser segundo seu ideal do eu grandioso e aquilo que ele vai mostrar ser lamentavelmente, no fracasso, então a depressão ameaça. Para conjurá-la, ele talvez não encontre nada além da passagem ao ato.

Nessa patologia do narcisismo, a passagem ao ato aparece como o último recurso diante da depressão. Estamos no estádio da pré-neurose, em que a culpa edipiana é muito secundária em relação à fragilidade do sentimento de segurança interna. Aqui, o meio de defesa representado pela passagem ao ato mostra perturbações que remetem ao estabelecimento dos primeiros laços.

Se não conseguiu ter confiança em sua capacidade de recriar o objeto, o sujeito costuma ser atormentado por episódios depressivos em geral mascarados pelo barulho das passagens ao ato. Quando também atravessa fases de tristeza, inibição dolorosa, com sentimentos de vazio e impossibilidade de viver o mínimo prazer, ele se torna acessível para aquele que sabe tranquilizá-lo.

No ponto nodal das dificuldades, em geral é preciso situar o fracasso do acesso à posição depressiva e a impossível construção de fantasias reparadoras. Organizam-se, então, funcionamentos-limite acompanhados de comportamentos violentos em relação com os mecanismos de clivagem e denegação e com a explosão da agressividade não ligada.

Paralelamente a essa perturbação dos processos que levam à posição depressiva, "o bloqueio da elaboração das imagos arcaicas vem das primeiras relações com o objeto, das faltas na constituição do autoerotismo e da separação si-objeto. É nesse nível que é preciso situar os fracassos do processo de ligação das pulsões e a ação da pulsão de morte, responsável pela explosão da agressividade livre que poderá ser sentida em momentos de organização diferentes da personalidade"[33].

É por essas linhas que Claude Balier termina sua exposição dos processos internos que conduzem à passagem ao ato. Em seguida, seu livro apresenta o dispositivo clínico e as escolhas metodológicas que sustentaram as curas psicoterápicas que ele dirigiu com sujeitos violentos encarcerados. É nesse referencial que os psicoterapeutas encontrarão seus pontos de apoio. É neste que se buscará com o que construir dispositivos institucionais, mediações e posicionamentos que atendam às necessidades psíquicas dos sujeitos violentos e suscitem neles remanejamentos internos.

Quando as passagens ao ato a que assistimos estão profundamente enraizadas nas disfunções das primeiras inter-relações fantasmáticas, elas nem sempre representam mensagens. São antes testemunhos de que o sujeito está vivendo hoje uma perturbação idêntica à que ele já experimentou durante as fraquezas do objeto materno e dos objetos que lhe sucederam.

Por isso é que, em relação a essas passagens ao ato, é urgente restabelecer em torno do sujeito aquilo que Winnicott chama a "mãe-ambiente", isto é, um ambiente relacional que oferece respostas a essas necessidades psíquicas mal satisfeitas durante sua partida na vida. Poderemos dispor em torno dele pessoas junto às quais ele poderá remanejar seus laços porque elas terão interiorizado bons objetos, terão atravessado a posição depressiva de maneira satisfatória, serão habitadas por pulsões de vida poderosas e arrimadas a um narcisismo são. Se a instituição proteger esses educadores do esgotamento, com condições de trabalho inteligentemente pensadas, e se lhes propuser mediações educativas adequadas, em numerosos casos isso bastará para fazer com que esses sujeitos evoluam consideravelmente. Eles saberão utilizá-las, dia após dia, para preencher suas carências antigas. O jogo relacional que eles colocarão em prática nem sempre irá até os processos de introjeção que faltaram nos primeiros dias da vida. Mas ficaremos atentos para que sejam representados, no cotidiano, objetos externos bons e maus ao mesmo tempo. Generosamente disponíveis e, no entanto, frustrantes, eles serão os objetos de que cada um precisou ontem de maneira inaugural e que todos precisam encontrar regularmente tanto para nutrir seu narcisismo quanto para experimentar a ambivalência dos sentimentos.

Da qualidade desse ambiente (sobretudo se for completado por um trabalho psicoterápico pessoal) depende a restauração do sentimento de coesão interna do sujeito. Seu acesso a uma distinção mais nítida entre espaço interno e mundo externo, entre fantasia e realidade disso depende também. No fim das contas, é a novas possibilidades de mentalização que se trata de convidá-lo. Da qualidade desse ambiente depende, para com esses mesmos objetos, a religação das pulsões.

CAPÍTULO 3
O LUGAR DE VIDA COMO MÃE-AMBIENTE

Trata-se de conceber um ambiente humano suscetível de acolher um adolescente confrontado com o desabamento de seu meio relacional natural, e que se defende do risco de seu desabamento interno recorrendo a atos violentos, a condutas toxicomaníacas, a comportamentos suicidas e ao que Winnicott havia nomeado, em seu tempo, "tendência antissocial". Duas entradas para esse projeto: primeiro, imaginar com que experiência intrapsíquica está confrontado o adolescente vítima do abandono ou do desabamento de seu objeto fonte de amor atual, quando se trata da repetição de uma primeira experiência de fratura dos laços primordiais; em seguida, lembrar-se das qualidades que deve apresentar o objeto da primeira relação (aquele do qual se costuma dizer que deve ser "bom e permanente") e daquelas que deve apresentar a mãe-ambiente para desempenhar seu papel.

Assim, vamos pensar o espaço suscetível de tratar adolescentes tornados violentos, tomando sucessivamente essas duas portas de entrada.

Nem sempre é fácil imaginar o funcionamento psíquico da criança muito pequena exposta às primeiras relações de objeto. Tampouco é fácil entender, dezesseis anos mais tarde, a importância que tem o ambiente relacional. Principalmente para o sujeito que não pôde introjetar "bons objetos", que lhe teriam feito atravessar favoravelmente a posição depressiva, per mitido a ligação das pulsões e a constr ução de um narcisismo vivificante.

No jornal Le Monde de 25 de março de 1995[34], uns cinquenta peritos de "Cidade, saúde mental, precariedade e exclusão social" notavam que a frequência das patologias mentais severas (depressões maiores, fortes angústias, acessos de violências ou fortes inibições, recurso ao álcool ou à toxicomania) era muito mais elevada entre os "excluídos" que na população em geral. A fatigabilidade, os comportamentos de fracasso repetidos, a vergonha, o isolamento, o recuo ou a recusa das realidades seriam características próprias a essas pessoas, tendo por origem traumatismos precoces? Ou então seria a consequência de um desabamento do ambiente, ao qual elas reagiriam um pouco como um pequeno abandonado por aqueles que, até então, tinham sido as únicas fontes de amor, reconhecimento e legitimidade? Tratar-se-ia de um sofrimento ligado a uma patologia mental antiga ou então de um sofrimento ligado ao ambiente social? Esses peritos responderam: "É impossível, até clinicamente, distinguir as depressões das reações a situações de desesperança".

Aqueles que são desestabilizados mais duramente hoje quando suas referências sociais desabam (quando o trabalho ou a moradia se precarizam ou quando o grupo de pertencimento se esboroa ou se transforma em gueto) são aqueles que viram, ontem, desabar tal ou tal personagem íntimo em alguns momentos-chave de sua organização mental. No momento em que deveria ter ocorrido o processo de ligação das pulsões de morte pelas pulsões de vida, ou então quando a construção da estima de si repousava quase unicamente no laço estabelecido com esse personagem. No momento-chave da interiorização das figuras parentais que fazem que alguém se torna para si mesmo a própria mãe e o próprio pai. Hoje, o desabamento de seu quadro social vem precipitar o sujeito nos mesmos afetos ansiosos e depressivos que ontem e ele instala mecanismos de defesa, um pouco equivalentes àqueles aos quais então recorrera enquanto fantasias. Mas, hoje, ele os coloca em atos. Para que não seja a depressão que o arraste, são comportamentos de violência ou as condutas de dependência que dominam o quadro: agressividade, toxicomanias, alcoolismo... Essas condutas de violência e de dependência desenvolvem-se entre aqueles que têm a vulnerabilidade particular de ser extremamente sensíveis às variações do ambiente35. Violência, atos suicidas, automutilações, alcoolismo e toxicomania assumem, então, um aspecto autoreforçador. E todos os parceiros do sujeito reorganizam sua relação com ele em função dessas passagens ao ato. Esses comportamentos tendem a se tornar o modo de resposta a todo estresse e arriscam ocultar a identidade pessoal do sujeito, que acaba declinando-a conforme uma espécie de resumo alienante e redutor: "sou toxicomaníaco, sou alcoólatra, violento" etc.

Por isso é que, se deixarmos esses comportamentos perdurarem, deixaremos os sujeitos se fecharem nessa imagem pessoal e social. Ao passo que, quando se tratam, ou que vão melhor porque o ambiente volta a ser favorável, descobrimos, para além desses comportamentos-sintoma, problemáticas diferentes umas das outras. No entanto, elas costumam ter por origem comum primeiras experiências traumáticas ou deficitárias: desde o impacto intrusivo do objeto até suas fraquezas graves.

A "crise de sociedade" tem incidências que entram fortemente em ressonância com essas primeiras experiências traumáticas. A obsessão do êxito, a inquietude com a sobrevivência social e o risco de cair na exclusão solicitam ao extremo o narcisismo e suscitam em muitos a dúvida de ter "no ventre" ou na cabeça o que é preciso para resolver os problemas que lhes são colocados; e isso ainda mais porque as regras do jogo são opacas ou que as cartas estão marcadas.

Ali onde uma simples prova teria feito viver falta suficiente para mobilizar desejo, o desabamento ou a indiferença do ambiente podem reativar violentamente uma problemática antiga. Pode se tratar de uma problemática de perda, de agonia psíquica ou de luta contra uma depressão ainda jamais superada por um sujeito que não teve acesso à posição depressiva. Essas agressões do ambiente podem provocar a ruptura de ligações mal asseguradas das pulsões.

A PRIMEIRA EXPERIÊNCIA POTENCIALMENTE TRAUMÁTICA: A "PERDA DO OBJETO"

Como vimos, o "objeto" é primeiro a mãe, depois são as outras pessoas fontes de vida e de amor que o filho encontra. Dessas pessoas, na aurora da vida, ele depende totalmente. Se está bem, é porque se sente carregado pelos braços, pelo olhar e pelas falas dos que o cercam. Ele imagina que é o bem mais precioso deles; que, sem ele, eles não teriam existência; que ele é o centro da vida emocional deles...

E depois descobre que não domina a mãe, que ela tem outros objetos de amor e interesse que ele, mas que, mesmo assim, continua a ser precioso para ela. Sente que pode viver na ausência dela se esta não durar muito, porque guardou nele as marcas das primeiras relações que tiveram.

Assim é que pode atravessar a prova da perda do objeto e, progressivamente, tornar-se sozinho a própria mãe. O mesmo acontece com o pai e com outros objetos de amor, fontes de vida, isto é, de laços, e da estima que ele dá a si mesmo. Ele tem, portanto, de fazer o luto de dominar o objeto de amor, e, se consegue isso, é porque, em sua ausência, ele guarda representações da relação que tiveram.

Mas acontece que, na maneira de se separar disso, essa pessoa o deixa sem representação de um laço que os una. É então que a criança deve se debater contra o risco de depressão, à custa do desenvolvimento de diversos sintomas ou de uma atitude que parece afirmar: "não preciso de ninguém" e que esconde mal o desespero daquele que não tem mais ninguém para amar, nem por quem ser amado.

O que complica ainda um pouco as coisas é que alguns objetos de amor puderam conviver com a criança de duas maneiras tão angustiantes uma quanto a outra; na carência de laços, "deixando-a cair" numa forte angústia de abandono e, alternativamente, numa onipresença em que eles foram esmagadores, ignorando suas necessidades específicas. Então, o que fizeram que ela experimentasse foi a angústia de ser aniquilado ou coisificado numa relação sem respeito por sua sensibilidade. Em razão de suas dificuldades, tais pais oferecem um ambiente familiar desabado cujas fraquezas a criança compensa como pode.

Quando, muitos anos mais tarde, o ambiente social desaba ou quando um novo objeto de amor o "deixa", o sujeito vive essa prova em angústias tão intensas quanto aquelas contra as quais ele havia lutado em sua primeiríssima infância. É então que o achado de um neo-objeto, o da droga ou do álcool, ou ainda a solução violenta podem permitir que ele não mais se sinta dependente de uma pessoa ou de um ambiente que mostraram cruelmente sua fraqueza. E o uso deles tem uma função de preenchimento: ajuda a recusar certos limites ou certas exigências externas, e a evitar certos pensamentos e desejos internos.

Mas a desorganização do quadro de vida perdura e o sujeito violento ou sob efeito de droga é ainda menos eficaz na realidade. E sua perturbação interna se acentua. Assim, vemo-lo continuar a reclamar um objeto perdido, proteções pertencentes a uma época em princípio passada. Vemolo convencer-se de que não recebeu o que lhe era devido para ser plenamente homem ou mulher. Ocorrem, então, os sentimentos de persegui ção ou as reivindicações irrealistas. Contra esses sentimentos, às vezes é o processo defensivo da idealização que vem em socorro: o sujeito busca a pessoa ideal, o comportamento ideal, a ideologia infalível... e ele fusiona com estes. Depois, na primeira fraqueza desse objeto, é a queda, a depressão. Ou a busca de um novo objeto ainda mais idealizável.

Do ponto de vista clínico, esses sujeitos agora estão numa relação particular com o objeto. Pois, ao vivermos nossa vida, nós o fazemos com pessoas que amamos porque queremos ser amados por elas. Viver uma relação de objeto é estar ligado a alguém. E apegar-se a alguém é correr o risco da dor psíquica.

A dor psíquica é a reação à perda de um ser amado, escrevia Freud, "à perda de um ser amado e desejado", completa Juan David Nasio36. Estar ligado a alguém supõe laços. Laços estabelecidos como? Para nos darmos conta disso, temos de lembrar que vivemos de maneira permanente num estado de relativo prazer e de relativa insatisfação... em estado de falta. É mesmo essa parte de insatisfação (exceto se ela se tornasse carência grave) que suscita o desejo, que o sustenta. Do lado do sujeito, é estrutural e sempre há um elemento exterior que materializa esse vazio: sempre nos falta algo ou alguém, e é para preencher essa falta que vamos buscá-lo. Esse objeto, que falta e que vou buscar, é tudo o que tenho em alta estima. Segundo uns ou outros, poderá ser um cachorro, um novo carro, minha carreira, um clube de futebol, o grupo de teatro a que pertenço, um outro apartamento, minha mãe, meu pai, um(a) amigo(a)... Tudo é suscetível de convir, mas o que responde, no mais alto nível, a meus votos de preencher esse vazio é uma pessoa: o "outro amado"[37].

E, nessa pessoa, não é só ela mesma que encontro: eu a sonho, imagino que ela tem qualidade particulares e poderes, cubro-a de símbolos, eu a imaginarizo. Não é nunca a realidade pura de alguém que encontro no "outro-amado": é um objeto compósito, uma mistura de coisas reais, imaginárias e simbólicas. É um pedestal de realidade que envolvemos, que realçamos com imagens, ideais, lembranças, paixão... Até fazer desse laço tecido com ele a condição mesma de nossa própria vida psíquica, pois esse laço de apego que diz respeito a tudo o que pude acrescentar à realidade do objeto é toda a minha vida psíquica que o constitui. "Isso poderia ser uma boa definição da fantasia: a fantasia é o laço entre o sujeito e o objeto de seu desejo"[38]

Esse laço se prende como um cipó. O cipó não se prende a uma esfera de plástico compacta, redonda e lisa; ele se prende à pedra, nas rachaduras, nas fendas e nas falhas, e em suas faces mais atormentadas. E nosso apego, nossa laço com o outro-amado (o objeto da relação de objeto) fixa-se nas rachaduras e nas falhas do outro, em sua parte atormentada.

Em parte, é o que dá o valor do outro-amado: ele me oferece suas falhas, suas faltas, para que eu ali prenda meu laço. E se eu mesmo me torno o outro-amado do outro que amo, é que ele também terá podido preencher uma parte da minha falta-a-ser, atenuá-la, acalmá-la um pouco.

O que acontece quando perco o outro amado ou quando a rede portadora de minhas relações mais preciosas se fratura?

O que me invade, então, é a dor psíquica diante do desabamento de meu laço fantasmático: a perda do outro-amado é mais que a perda de sua parte real. O que vai embora é tudo o que eu havia investido no outro, toda essa construção em torno do outro tal como eu desejava. E o que parte também é tudo o que eu havia fantasiado que representava para o outro-amado, tudo o que eu havia desejado representar para ele. A dor psíquica é o que sentimos diante do desabamento da construção que suporta o investimento fantasmático. Com essa perda, meu desejo permanece sem objeto; minha falta, mais vazia que nunca. Minha pulsão de laço não tem mais nada onde se fixar; mais nada nem ninguém para quem jogar minha âncora: eu erro sem eixo, deseixado, desorientado, com minhas fantasias sem pontos de ancoragem; meu psiquismo não tem mais organizador.

A dor psíquica é a perturbação diante de meu desejo sem ponto de referência nem objeto. E é também a última muralha contra a loucura, o delírio, a alucinação do objeto perdido, a denegação de sua perda. Ela se apagará com o tempo, à medida do avanço do trabalho de luto. Trabalho de luto que significa pôr uma lembrança do "outro-amado-e-perdido" no lugar onde estava a fantasia relativa ao "outro-amado-ligado-a-mim". Então, o sujeito, desocupado por sua dor, estará novamente disponível para se deixar amar por outros. Ousará pretender preencher novamente a falta de um outro e ousará chamá-lo para preencher a sua. Como aquela mulher que, por ter perdido um filho, durante muito tempo não pôde desejar ter "outro filho", mas pôde, após seu trabalho de luto, querer pôr no mundo um "segundo filho". Porque, então, ele em nada alterava as representações do primeiro.

Mas acontece de a dor ser intensa demais, de faltarem novos objetos ou deles não convirem. Ou ainda de o sujeito desesperar em seu poder de se ligar com o outro: ele foi largado, e não o farão viver uma segunda vez a dor de perder o outro-amado. E para nunca mais vivê-la, ele achou um truque. Esse truque é a neurose narcísica: ele não estabelece mais laço senão consigo mesmo. Ele desesperou em objetos de amor que preencheriam sua falta. Ele foge do retorno da dor e, para evitá-la, ele próprio se erige em objeto de seu amor. É chamado recuo sobre si mesmo ou esplêndido isolamento, e os psicanalistas dizem "retorno da libido sobre o eu [moi]". Assim, ele espera ficar tranquilo.

Só que, agora, ei-lo que se sente como um bem pobre objeto de amor e um bem fraco sujeito de desejo. Com ele, "eu" [je] gira em círculos. Além disso, será que está tão tranquilo? Tornou-se escravo de tudo o que pode fazer ofício de espelho, de todos aqueles que lhe remeterão, como a Narciso, uma imagem ideal de "eu-sozinho-não-precisando-de-nada-nemde-ninguém". Exceto de seu espelho, é claro. "Espelho, belo espelho, digame qual é a mais bela do lugar?". Mas então, à dor vem se acrescentar a angústia toda vez que os outros, encarregados de funcionar como espelhos, poderiam não preencher seu papel: a angústia de ver bascular a imagem de si mesmo[39] e de cair na depressão da qual só o ciúme e o ódio poderiam protegê-lo ainda um pouco se, por infelicidade, ele ouvisse em resposta: "Senhora rainha, sois a mais bela deste lugar, mas, para além das sete colinas, Branca de Neve é ainda mil vezes mais bela que vós!".

Então, para não sentir a dor da perda, nem a pobreza do eu [moi], nem a depressão, a desnarcisação ou a mordida do ciúme, ele ainda terá dois outros mecanismos de defesa. O primeiro é a passagem ao ato violento: ela atacará e quebrará o espelho tornado perseguidor. A passagem ao ato tem essa vantagem (efêmera) de evacuar o ódio e pôr em curtocircuito os afetos arrastados por um pensamento doloroso que ela aniquila. Ela também tranquiliza pelo superinvestimento do corpo, que dá a impressão de permanecer dono da situação. E o segundo mecanismo consiste num achado. É o achado de um "neo-objeto", a um só tempo externo e interno, sobre o qual se pode prender todas as suas fantasias, que esteja sem cessar à sua disposição, que não possa nunca faltar ao encon tro e não o deixe nunca em falta, com um vazio mal preenchido! Se é um alimento engolido compulsivamente, que acalma sua avidez ansiosa e o arrasta no sono ao protegê-lo de seus pensamentos dolorosos e de sua impotência em modificar a vida exterior, diremos que é bulímico. Se for o álcool, que lhe dá a impressão de poder enfrentar tudo o que o ameaça, do exterior como do interior, então o chamaremos alcoólico. Se encontrar um objeto chamado droga, tornar-se-á toxicômano.

Para poder largar esse objeto, será preciso que ele tenha recuperado a esperança nas pessoas que se apresentarão. Mas buscá-las – eis exatamente aquilo de que o dispensa o recurso a esse neo-objeto, a droga. Eis aquilo de que o impede o recurso habitual à violência. Pois o principal engodo que oferecem esses artifícios é fazer crer que, graças a eles, o sujeito não vai mais depender, para seu bem-estar interno, de personagens externos. É preciso dizer que, no momento em que confia nesses pseudo-objetos e pseudo-soluções, ele já tem boas razões de desesperar naqueles junto aos quais gostaria de ter-se apoiado. Estes, pelo passado, revelaram-se pouco confiáveis, traidores, manipuladores ou ainda mais frágeis que o próprio sujeito.

Mas trocar a dor psíquica pela neurose narcísica e o recurso a esse objeto-droga ou à solução violenta não é um bom negócio para o interessado.

Tampouco é um bom negócio para o psicanalista. Na cura, este, por hábito tem a intenção de se deixar envolver pelas fantasias do paciente. Espera estar nesse lugar – o de um espaço receptáculo das representações deste último, a fim de fazer com que ouça o que lhe dizem suas fantasias, e que ele não ouve mas que põe em prática para seu maior sofrimento, e cujos comandos, involuntariamente, ele executa. É raro as coisas se passarem assim com um toxicômano ou um sujeito violento. Pois, com estes, não se pode esperar a demanda; há, antes, que criar as condições de um "encontro que cria um acontecimento: pulsões de vida contra pulsões de morte"[40].

Aquele que já preencheu a falta pelo produto não está numa neurose de transferência, está numa neurose narcísica e trocou o objeto por seu neo-objeto. O analista sempre pode se propor como o objeto de suas fantasias, o toxicômano já o tem: em seu bolso, depois no corpo, no sangue e no crânio, duas vezes por dia ou mais. O que querem que ele deixe como lugar ao analista em sua falta? Quanto ao sujeito violento, ele pode bastar-se durante muito tempo com suas passagens ao ato para evitar a depressão e evacuar suas angústias.

É preciso um momento de forte desestabilização para que um sujeito violento ou um toxicômano consulte: a prisão, um amigo morto por aids, a perda de uma afeição cara. E para que se trate, é preciso que o desmame se imponha, que seja limitado no acesso de sua passagem ao ato aditiva ou violenta, e que "objetos" se proponham: por exemplo, os parceiros da vida cotidiana, em instituição. Objetos que sejam a um só tempo bem vivos e, um pouco em suspenso, cheios de falhas, marcados de fissuras e falta, e atormentados, como a pedra na qual o cipó tão bem se prende. Pessoas que estejam a um só tempo a reparar, que sejam reparáveis e já reparadas, objetos já ali mas virtualmente, que ainda devem ser criados: pessoas que tenham necessidade dele, pessoas que o chamem para novamente criar laço. Pois se trata de sujeitos cujas pulsões de laço e cujas pulsões reparadoras foram violentamente contrariadas na aurora da vida: os primeiros objetos se revelaram irreparáveis.

Quase sempre, no momento em que o sujeito se tornou violento ou toxicômano, não era a primeira vez que ele experimentava essa perda do objeto. Até ali, toda vez, ele havia compensado, de maneira precária. E, desta vez, eis que teria descompensado se não tivesse recorrido à violência ou à droga! Algumas vezes até, o objeto-mãe não pudera ser investido pelas fantasias do bebê. Este havia encontrado nela uma esfera de plástico lisa, sem falha, sem rachadura nem aspereza; apenas desabada, desesperadora como uma mãe depressiva, ou inibidora como uma mãe perseguida. É impressionante o número de toxicômanos que encontrei na prisão cuja mãe estivera de luto de maneira repetida antes que eles tivessem dois ou três anos. E também aqueles cujo pai era tão perseguido que passara a maltratar o filho tão logo este começara a gozar de sua autonomia motora.

Quando os objetos-mãe e os objetos-pai se tiverem revelado tão difíceis de construir ou mórbidos de introjetar, será preciso que o sujeito reedite essas experiências primordiais para completar a travessia. Essa reedição ocorrerá com os objetos que saberão se propor: da puericultora aos educadores. Sem estes, o psicanalista sozinho teria poucas chances de poder ser encontrado e de trabalhar. Paralelamente, os assistentes so ciais, sem o acompanhamento de um trabalho analítico pelo sujeito, raramente recolheriam os frutos do esforço despendido, pois o sujeito, sem um trabalho de elaboração e de simbolização, não poderia utilizar essas relações novas e escapar à pulsão de morte que o leva a repetir o traumatismo da perda dos laços.

É claro, tudo isso não nos diz quais fantasias inconscientes o animam. Isso simplesmente dá conta daquilo que acontece no que se refere ao recurso ao ato violento ou às drogas ao nível do funcionamento econômico e do jogo relacional. Ao nível dos conteúdos intrapsíquicos, é preciso esperar encontrar roteiros fantasmáticos oriundos dessas primeiras relações fracassadas de objeto. É o que mostra Claude Balier, ou ainda Didier Dumas, que estuda os comportamentos toxicomaníacos de um sujeito que nunca pôde "construir o seio" como a colocação em ato de um retorno a uma "imagem inconsciente do corpo" fetal41. A viagem, o trip é a busca de uma experiência emocional vivida nessa época fetal; o sujeito realizando esse retorno como que para retomar vida antes dessa etapa em que, após uma vida intra-uterina pacífica, tudo começou a ir mal[42].

Outro psicanalista, Fernando Geberovich[43], percebe a origem de certas toxicomanias num jogo fantasmático precoce e particular entre o filho e a mãe: o filho que, mais tarde, será tentado pela toxicomania, às vezes terá precocemente percebido a atitude da mãe como um convite implícito a se tornar seu "filho ideal", contanto que se torne a vítima sacrificial: um estando associado ao outro. Ao receber essa missão imaginária do Outro materno, ele ficou a um só tempo seduzido e aterrorizado. E, assim, recalcou essa injunção. Mas esse convite sedutor ao sacrifício de si mesmo agora faz parte dos roteiros inconscientes que, sob a pressão do Outro (enquanto instância psíquica), ele é levado a pôr em prática. E seria esse lugar do "filho-ideal-pois-vítima" que o sujeito buscaria reencontrar na realidade, tentando o sacrifício de si mesmo no ato toxicomaníaco.

Notemos que os mesmos comportamentos toxicomaníacos podem enxertar-se em fantasmáticas inconscientes bem diferentes. Mas cabe a cada paciente e a cada analista reencontrá-los no trabalho que fazem.

Os tratamentos dos sujeitos cujos distúrbios do comportamento remetem às fraquezas dos primeiros objetos têm a ver com dois registros.

Primeiro, o registro de um ambiente composto de pessoas bem faltantes e desejantes, que incentivam o desejo de religar-se. São elas que permitirão que eles renunciem ao objeto ilusório da droga e não se prendam nas imagens redutoras da toxicomania. Também são elas que vão impedi-los de ceder à solução violenta, pois eles vão querer proteger esses objetos de amor reencontrados.

Depois, o registro de um trabalho (geralmente longo) de desvelamento das fantasias que habitam o sujeito à sua revelia e que ele é levado a colocar em atos na realidade, mediante a destruição de si mesmo. Quando tiver tornado essas fantasias conscientes é que elas perderão seu poder de injunção mortífera, e que ele poderá escapar delas.

Esses sujeitos consultam pouco. Raramente acreditam no poder do pensamento e da fala. Com demasiada frequência fizeram a experiência da fala desperdiçada. Mas, num ambiente relacional novo, talvez possam estabelecer um triplo movimento entre si e os outros: alimentar conversas positivas para que uma imagem renarcisante lhes seja enviada e que eles a interiorizem; marcar sua diferença (ser valorizado naquilo que diferencia cada um do outro); para isso, é preciso oferecer referentes múltiplos e eles mesmos diferentes uns dos outros, como primeiro o foram um pai e uma mãe nitidamente diferenciados e, no entanto, mutuamente legitimados, depois outros parceiros, diferentes ainda; e, periodicamente, ser confrontado com uma falta superável (sem ser confrontado com a carência).

Com esses sujeitos, é difícil encontrar a distância certa, pois quanto mais queremos fazer com que abandonem um modo de conduta, mais eles devem, por meio dela, reafirmar sua diferença. O outro obstáculo é trancar-se numa espécie de cumplicidade, pois o sujeito se angustia por ser manipulado. O sentimento de vazio interior leva a incorporar com avidez a fala, o pensamento, a própria figura do educador ou do terapeuta. Por isso, levado pela fantasia de ser habitado e penetrado por esse referente, o sujeito abandona toda posição diferenciada; quer-se oco. Por ter ficado fixada numa pessoa perdida da infância, a criança neles mesmos reclama perdidamente, mediante o modelo idealizado do educador ou do terapeuta, essa pessoa à qual estão acorrentados. Se esse terapeuta gostar do jogo e buscar coincidir com tal objeto fantasmático, ele tem todas as chances de conduzir o sujeito a deixá-lo. Pois se o fizer sair da angústia de morte, vai fazê-lo viver muito violentamente a da fusão: de ter-se tornado um objeto parcial, totalmente dependente da mãe arcaica que ele agora representa.

Uma relação com um terapeuta do cotidiano (ou do consultório) requer que este seja protetor do narcisismo evanescente do sujeito. Também pede que ele garanta diferenças suficientes entre o pensamento de um e o do outro. É mais fazendo perguntas que formulando interpretações que a isso chegaremos. É também valorizando os desacordos opostos pelo sujeito. Logo, há que ajudá-lo a nomear suas emoções ele mesmo, pois se o terapeuta der a impressão de saber, ele fica em posição de todopoder. Desapossa o sujeito de suas próprias representações mentais, incita-o ao sentimento de sua vacuidade, e é a angústia e a ruptura. Para não decepcioná-lo, o paciente vai calar o que não funciona, calar sua diferença. Mas, então, experimentará o sentimento angustiante de ter-se tornado uma marionete. E interromperá a relação, às vezes voltando à nova passagem ao ato: único meio que lhe resta para recolocar distância entre ele e seu terapeuta ou educador.

É preciso dizer que um único educador com frequência está em dificuldade para mostrar lei ou presentificar terceiro. A lei sempre foi sentida como um puro capricho do todo-poder materno. O terceiro sempre o foi como uma reduplicação dessa figura materna temível. Para que haja realmente presença terceira, é preciso que haja diferentes pessoas em relações de objeto bem diferenciadas. Há, pois, interesse em instalar um dispositivo relacional plurifocal (com vários educadores ou terapeutas) para evitar o fechamento dual. É o que aliviará a angústia de dependência, pois cada um deles convidará o sujeito a se voltar para um terceiro, e este não terá mais que se desprender violentamente do desejo supostamente onipotente de um único.

Assim, é judicioso que esses educadores (ou assistentes sociais) não trabalhem a partir das mesmas mediações. Paralelamente ao psicanalista que trabalha no desvelamento das fantasias, é preciso que outros ofereçam mediações que também incentivem o funcionamento mental, por meio de relações diferenciadas que encontrem interditos, que suscitem pensamento, que levem à criação e que proponham ideais. Em nome dessas criações, obrigações vão se tornar aceitáveis, interditos serão integrados. Esses co-terapeutas, a partir das atividades de teatro, estética, escalada, informática, sobre as quais se conversa, formarão o ambiente do sujeito acolhido. Devemos dar a esses profissionais condições de analisar sua contratransferência e as repetições a que são submetidos. É o papel das sessões de análise das práticas, às quais convém que os superiores participem igualmente, já que são os principais fiadores dos dispositivos institucionais.

Esse ambiente será profissional se souber resistir em repetir as respostas que estiveram na origem dos distúrbios do paciente. Será profissional se oferecer respostas novas em termos de narcisação e de limitação narcísica, e em termos de aliança na diferença. Será assim se conseguir mostrar a representação de uma lei que sustente realizações de desejos e que, para isso, veicule também interditos. Assim será, enfim, se os parceiros do trabalho terapêutico puderem tentar a síntese dos movimentos transferenciais contraditórios ou paralelos pelos quais esse sujeito investe uns e outros. E se for a oportunidade de convidá-lo a participar desse trabalho de recoesão pessoal que é, sobretudo, responsabilidade sua. Se os novos parceiros de sua vida merecerem, a seus olhos, ser protegidos de sua destrutividade e se tiverem resistido à repetição, o sujeito poderá então, por introjeção ou identificação, tornar-se para si mesmo a própria mãe, o próprio pai e o próprio terapeuta.

A tendência antissocial e o quadro de vida com seus braços vigorosos

O quadro de vida e o ambiente são deter minantes para o restabelecimento de relações de objeto por processos psíquicos assim relançados. Como o grupo de vida pode preencher as funções exercidas pela mãe-ambiente antes que ela abandone o filho? Como restituir uma rede portadora de suas relações e refundadora de sua imagem narcísica?

O quadro de vida no cotidiano poderia se encarregar de tais funções, ainda mais na adolescência?

Por que não, visto que é a criança mal carregada que se debate no adolescente? E visto que uma mãe "razoavelmente boa" consegue isso, ela, sem formação nem reflexão particulares. Já que consegue isso com uma justa percepção inconsciente das necessidades de seu filho. E que essa percepção repousa inteiramente na experiência pessoal que ela teve de uma "razoavelmente boa" maternagem em sua própria infância[44]. E já que o pai da criança, pelas mesmas razões, pode conseguir isso igualmente, por que não as educadoras e os educadores se eles também tiverem sido um dia corretamente maternados e se também tiverem tido um inconsciente que pode lhes soprar as boas atitudes? Por que o grupo de vida não poderia ser pensado para trazer equivalentes reais e simbólicos desses primeiros cuidados aos adolescentes que a rede natural abandonou e que são vítimas da tendência antissocial?

D.W. Winnicott[45] introduz esse conceito ao nos dizer que prefere falar da tendência antissocial mais que da delinquência, ainda que se trate psiquicamente da mesma coisa: o funcionamento da defesa antissocial, numa idade em que pode ser chamada de delinquência, vê-se sobrecarregado de benefícios secundários e de reações sociais que a tornam mais dificilmente perceptível. Ele escolhera um delinquente para sua primeira análise de criança. Após ter sido severamente mordido nas nádegas, tê-lo visto inundar o dispensário e tomar seu carro emprestado, tivera que pôr fim ao tratamento... "e ele foi para um abrigo educativo". Uma vez adulto, esse rapaz encontrara um trabalho "em que sua instabilidade levava vantagem", "casara-se e tivera vários filhos". Mas Winnicott não tivera vontade alguma de acompanhá-lo por mais tempo. "[...] pois arrisco ficar de novo enrolado com um psicopata e prefiro que a sociedade continue cuidando dele [...] Não é difícil ver que esse rapaz não deveria ter sido tratado pela psicanálise, mas que precisava de uma colocação em instituição. A psicanálise só tinha sentido se a isso se acrescentasse em seguida"[46].

A tendência antissocial em nada é um diagnóstico, e podemos observá-la nos casos de neurose, de psicose e em sujeitos normais, assim como em todas as idades da vida. Trata-se de um comportamento mais ou menos durável, caracterizado por roubo, destruição, mentira, sujeira, incontinência, vagabundagem, às vezes a gula; esses diversos aspectos sendo encontrados isoladamente ou juntos. E trata-se de um comportamento reacional a uma experiência de desprivação. Conforme sua intensidade e a idade do sujeito, essa atitude, que costuma ser transitória, confronta-o com sua família, com os serviços médico-sociais e com os da educação especializada, com a polícia, a justiça, a prisão.

Para responder às necessidades psíquicas do sujeito que só encon trou o recurso à tendência antissocial, é preciso ter em mente que há nessa tendência um elemento específico que faz com que o ambiente seja importante. O paciente busca inconscientemente obrigar alguém, que ele interpela, a cuidar dele de novo. E ainda que o trabalho de mentalização com um psicoterapeuta se afigure de interesse certo, ele só produzirá efeitos se tiver havido a preocupação com o fato de que o terapeuta principal deve ser o próprio ambiente relacional.

Também é preciso ter em mente que a esperança está subentendida. É no período de esperança que a criança ou o adolescente desprivado pratica atos antissociais. E é vital compreendê-lo, pois, caso contrário, aqueles que o cercam poderiam "deixar esse momento de esperança perder-se ou estragar-se por intolerância ou porque as coisas não são cuidadas como convém (mismanagement)... Um tratamento gerenciado (management) que previna esse momento de esperança é necessário"[47].

Desprivação é um termo que exprime "que houve perda de algo de bom, que foi positivo na experiência da criança até uma certa data, e que lhe foi retirado". E esse retraimento que ocorre numa idade ulterior acarreta uma defesa antissocial ainda mais intensa porquanto repete uma experiência de carência ou de desprivação ocorrida numa idade precoce. Entretanto, a desprivação diz respeito tanto ao precoce quanto ao tardio, à agulhada do traumatismo e ao estado traumático durável, ao acontecimento simplesmente anormal e ao escandalosamente perturbador. E, segundo Bowlby, a reação clínica de uma criança jovem separada do meio que até então a teve depende da perda de esperança progressiva que pouco a pouco acompanha a morte do objeto interno. Também depende da qualidade da marca deixada pelo objeto externo, do nível de maturidade do eu [moi] que permite ou não manter viva a lembrança. Em qualquer idade, guardar vivo o bom objeto introjetado supõe que se apresentem de maneira regular bons objetos externos que venham revivificá-lo. É o que fazem espontaneamente educadores atentos se a instituição não os esgotar.

Somos postos à prova notadamente por dois componentes da tendência antissocial: a compulsão ao roubo (e à mentira) e a compulsão a destruir.

No que se refere à primeira, Winnicott resume numa fórmula-choque: "A criança que rouba um objeto não procura o objeto roubado, mas procura a mãe sobre a qual tem direitos". Se, de seu ponto de vista, tem direitos sobre a mãe é que sente tê-la criado, segundo a fór mula winnicottiana do "objeto encontrado-criado". Em todo caso, é aquilo que toda criança durante muito tempo precisa fantasiar para compensar sua impotência real em dominá-la. E é, portanto, um momento de esperança aquele em que, por tê-la perdido, ela rouba um objeto que representa seu laço com a mãe, como se, inconscientemente, a obrigasse a não "abandonála", a voltar para junto dela. Como sc obrigasse a mãe a "prover as necessidades de seu eu [moi] até o momento em que [ela] tiver sido capaz de introjetar uma mãe que sustente o eu [moi], em que terá idade suficiente para manter essa introjeção, apesar das carências dessa ordem no meio presente".

A propósito da ag ressividade não ligada, da destr utividade, Winnicott precisa o pensamento freudiano. Ele considera que a criança ou o adolescente que interpela agressivamente, e que o faz em direção de uma mãe ou de substitutos nos quais ainda tem esperança, é atravessado pelas pulsões de morte e as pulsões de vida, mas que estas estão desunidas. Se a mãe-ambiente conseguir resistir à sua destrutividade ao contê-la sem represálias, e se conseguir responder à demanda de amor, ela terá favorecido "uma autocura, a cura de uma desunião dos instintos".

O pendor a destruir, do qual o sujeito espera uma resposta, pode significar a busca desesperada de um ambiente estável, continente e tranquilizador, e que, no entanto, deixa a liberdade de movimento. "É sobretudo em razão dessa busca que a criança provoca reações totais do meio, como se buscasse um quadro sempre mais vasto, um círculo, cujo primeiro exemplo é os braços ou o corpo da mãe, a relação parental, a casa, a família, inclusive os primos e os próximos, a escola, a localidade com seus postos de polícia, o país com suas leis." O que permite lhe dar uma segunda chance "é que a criança tenha se tornado capaz de perceber que a causa da infelicidade reside numa falência do ambiente e que ela inconscientemente busca um remédio junto a um ambiente no qual voltou a ter esperança".

O caso de Frédéric é um exemplo do que pode acontecer na adolescência.

Frédéric

Annie, educadora, avista de costas, no hall de entrada do abrigo, uma pessoa, com os pés pousados numa mesa baixa, acima da qual sobe uma voluta de fumaça. Ela pensa que é um pai um pouco provocador que veio ver o filho. Mas trata-se de Frédéric, quatorze anos, sentado ao lado de um dos amigos. Ela lembra a ele que é proibido fumar nesse lugar. Frédéric apaga o cigarro na poltrona depois insulta Annie de modo grosseiro. Annie manda imediatamente convocar o adolescente pelo chefe de serviço, que o agarra pelo colarinho do casaco até que peça desculpas a Annie; pede a ele que volte naquela noite mesma para se explicar sobre o que se passou na sua cabeça.

Assim, Frédéric terá obtido resposta a seu pedido para que cuidem dele.

Já se sabia que Frédéric havia deixado, três meses antes de ser admitido na Casa da Infância, uma família mais que negligente. Havia então "vagabundado" de squatt* em squatt, convivendo com adultos mais ou menos patológicos, bebendo com eles, recusando as drogas, fugindo em plena noite da casa de pedófilos para ir dormir na rua, roubando comida e roupas, até que uma intervenção da polícia pusesse fim a seu vaivém. Na casa da Infância onde se adapta há mais ou menos dois meses, um distúrbio do comportamento persiste: ele é levado a atiçar o fogo por uma força desconhecida. Foi pego várias vezes e, no entanto, nega, pois diz que não vê que interesse teria em atiçar o fogo.

O que o chefe de serviço fica sabendo é que, após uma carta (desajeitada?) escrita ao juiz de menores para denunciar esses procedimentos condenáveis (o juiz poderia fazer algo? Uma lembrança de sua dependência em relação à autoridade judiciária poderia curá-lo desse sintoma?), o juiz convocou Frédéric na véspera; significou-lhe que, se esse distúrbio de comportamento persistisse, seu lugar não seria mais na Casa da Infância, mas no serviço psiquiátrico. Convencido de que ficaria escravo desse comportamento e voltaria para sua "turma" (pois fugiria para não ir parar "entre os loucos"), Frédéric parece ter encontrado na tendência antissocial que ele usa contra Annie, a esperança que ia lhe faltar.

De fato, após tê-lo contido e tranquilizado ao interrompê-lo fisicamente quando o agarrou, e após ter exigido dele uma reparação (as desculpas), o chefe de serviço garantiu que faria todo o possível para mantêlo na instituição onde todos consideram que ele tem um lugar, mas contanto que vá falar desse "sintoma que consiste em atiçar o fogo" com a psicóloga (psicoterapeuta) da casa o tempo que for necessário para ficar mais forte que a ordem interior que o leva a atiçar o fogo. Em seguida, o chefe de serviço foi com

* Anglicismo: casas vazias ocupadas por sem-teto. (N. T.)

Frédéric levar o pedido comum à psicóloga. Pouco tempo depois, o sintoma cessou, e Frédéric, tranquilizado pela benevolência continente da instituição, deve ter voltado a ter esperanças, já que só muito raramente cometeu outros atos antissociais. Em momentos de insegurança, é claro.

O fato é que algumas crianças "antissociais", se constantemente exigem do meio que lhes ofereça esse remédio, não estão em condição de usá-lo antes de um certo tempo. Logo, será preciso pensar primeiro em se proteger da destrutividade delas para durar no lugar de bom objeto, continente e benevolente. O trabalho paralelo de mentalização por meio de uma psicoterapia analítica poderá ser precioso, mas que não esqueçamos que "se a criança está em análise, o analista deve permitir ao peso da transferência que ele se desenvolva fora da análise, caso contrário devese esperar que a tendência antissocial se desenvolva totalmente na situação analítica e estar preparado para suportar o choque". Vale dizer que o analista deverá cuidar para que o paciente esteja cercado de uma equipe profissional ou de uma família de acolhimento confiáveis, firmes e bem dispostos para com ele.

Como esse adolescente poderia sentir-se cuidado, contido, apaziguado, renarcisado? Em que ambiente poderia curar-se de suas experiências de desprivação, bem como da desligação entre pulsões de destruição e pulsões de vida?

Para traduzir as funções maternas de apaziguamento e colo, o grupo de vida deve dispor de certos trunfos materiais: quartos pequenos, claros e íntimos, com a possibilidade de convidar um amigo no fim-desemana. Que o adolescente, quando ali vem ficar, disponha de tempo, de um pouco de dinheiro e de alguns conselhos técnicos para personalizá-lo. E que só ele tenha a chave. Mesmo que tenham a cópia, os educadores procurarão bater antes de entrar. Que um biombo impeça que aquele que abre a porta coloque de imediato seu olhar na cama onde ele está deitado. Eles e elas com tanta frequência conheceram olhares voyeurs que devem ser ajudados a reconstruir uma intimidade corporal e um pudor tranquilo. Que disponha de uma lâmpada de cabeceira para ele mesmo apagar a luz e de seu próprio despertar.

Repousar-se e sentir-se contido passa por momentos calmos só ou em pequenos grupos. Logo, uma pequena sala de televisão, uma pequena sala de música onde os decibéis serão limitados e, por toda parte, sofás e almofadas macias sobre os quais descansar, deitar, maternar-se.

Só em quartos suficientemente pequenos, acolhedores, coloridos, protegidos dos ruídos de fora, cobertos de carpetes e providos de almofadas onde tranquilamente se beba um refrigerante é que adolescentes podem se entregar a experiências de apaziguamento, contenção e coesão interna, próximas daquelas que deveriam poder ter vivido nos braços de uma mãe relaxada e feliz por maternar. Devem poder brincar na água, tomar longos banhos, na sauna ou numa sala da instituição concebida para isso, ou ainda na piscina.

Mesinhas de três ou quatro para as refeições. Que estas sejam copiosas, de qualidade e bem apresentadas. Que nunca se obrigue ninguém a comer. Não se deve esquecer que o corpo desses adolescentes foi com frequência violentado de diversas maneiras, que a relação com a comida representa a primeira relação erogeneizada com a mãe e que o apetite de cada um, como demonstram diariamente os anoréxicos, depende da renúncia a qualquer intrusão. Que o ambiente seja tão calmo quanto possível, pois a comida não tem outro sabor que o das relações que vivemos com aqueles que partilham a mesma refeição.

A hora de dormir costuma ser a das angústias: que seja anunciada por um programa de televisão ou um vídeo bem escolhido, um conto, um CD. E, é claro, é o momento em que são muitos os que terão algo de urgente a pedir para o dia seguinte. Que seja marcado encontro para passar alguns minutos com eles, mas em seus quartos, depois de terem se deitado. No fim das contas, é o que eles pedem.

A hora de acordar também é a de uma transição a ser cuidada: des pertadores rádio-cassetes com as músicas preferidas, passagem dos educadores nos quartos, escolha das roupas (se não tiver sido feita na véspera) e café da manhã tomado bem cedo para ser saboreado, manteiga e geléia, chocolate, suco de frutas, croissants no domingo, baclavás na sextafeira.

Para que o adolescente seja acolhido como "o mais belo bebê do mundo", o grupo mostrará que o considera precioso: que sua chegada seja festejada com um brinde de boas-vindas, que sejam tiradas muitas fotos dele, que lhe seja ensinado a tirar fotos e a revelá-las, e que ele encha as paredes do quarto e de algumas salas coletivas com elas, que com elas encha suas cartas. Que possa fazer para si algumas roupas originais num ateliê de costura (sobretudo as moças, mas não só elas). Que todos tenham acesso às massagens nas quais um adulto terá se formado e que se massageiem mutuamente quando se sentirem "tensos". É assim que se tornam para si mesmos a própria mãe. E que ousem se tocar e se prestar a um toque casto.

A imagem do corpo cria problema nessa idade, ainda mais que a imagem interna é depreciada. Uma ou duas sequências semanais de um ateliê de "costura, higiene corporal e do rosto", em ligação com um ateliê de costura, permite uma experiência renarcisante por meio do educador que, sem erotizar, se interessa por sua beleza. E se alguns, rapazes ou moças, quiserem frequentar um lugar de body-building ou uma academia de ginástica, por que não...? Que os aniversários sejam a oportunidade de presentes personalizados, é claro, mas que não seja a única ocasião. Pois como os adolescentes poderiam aprender a dar prazer, se não lhes for mostrado o prazer que se pode sentir em lhes dar isso?

Para que a criança ache que conta para a instituição, é preciso que, para ela, a instituição conte... seus trocados. A mesada, em quantidade avaliada para suas necessidades, para o lazer, e para dar prazer, é antes de tudo o sinal do preço que ela lhe dá, é em seguida o vetor de sua liberdade. Que a criança o gaste, em sua parte de lazer, como quiser. É assim que poderá desejar ser aconselhada a esse respeito. Que tristeza essas instituições onde, no início do mês, alguns adolescentes já não têm mais um tostão porque tiveram de reembolsar o valor de vidros quebrados ou de portas arrebentadas num momento de violência mais forte que eles. Pe dir-lhes isso é educativo se for excepcional. Caso contrário, é a mãe-ambiente que usa de represálias em relação à agressividade da criança, e isso reforça o funcionamento em clivagem desta. Logo, que se inventem, em relação a essas passagens ao ato, outras respostas que estejam na reparação. E que não se prive um adolescente nem um educador do gesto de consideração, que é a entrega da mesada, nem do meio de autonomização que ele representa. Que outra tristeza essas instituições onde são propostos ateliês exteriores, porém onde não é cada um dos adolescentes que é pago por seu trabalho (e segundo seu trabalho), mas o grupo em seu conjunto. Que pena quando a soma de dinheiro ganha, a pretexto de que o ateliê foi fornecido e enquadrado pelos educadores, deve financiar um período de férias escolhido pelos educadores porque estes terão prazer em lá levar esses jovens. Só é justo se forem os jovens que, tendo decidido um período que desejam coletivamente, pedirem um ateliê para poder financiá-lo. Contudo, quando adultos prevêem um período que lhes dá prazer e impõem aos jovens financiá-lo por um trabalho encontrado, enquadrado pelos educadores, eles os instalam no projeto de uma mãe arcaica fusional e incestuosa: ela faz questão que todo projeto de seu filho passe por ela, faz questão de estar na origem de todas as suas satisfações e faz questão, sobretudo, que ele não vá gozar por si mesmo e fora dela, com um(a) outro(a)... Programa que muitos adolescentes acolhidos só viveram em excesso em suas famílias e do qual só saíram por arrombamento. Programa que só deixa a escolha entre a submissão incestuosa ao desejo da mãe onipotente e a violência para a ela escapar.

Assim, que lhes sejam propostos ateliês, para que ali encontrem as exigências do trabalho bem feito. Que sejam pagos individualmente conforme o trabalho fornecido e que os deixem realizar com esses recursos seus próprios projetos. Poderá ser o de partir só ou com um grupo de amigos cooptados. Poderá ser o de partir com o grupo deles, ou ainda o de ficar, mas de comprar para si um objeto de alto valor simbólico. Adultos vão temer que o adolescente se aliene no consumo pesadamente mediatizado (Nike, Titanic e outros Mac Donald's...). E com frequência vai ser o caso. Mas será o meio de criticar em seguida essa escolha. Enquanto lhe for proibido cometer certos erros, ele não poderá aprender a proibi-los a si mesmo.

Garantir sucessos

Enfim, que essa mãe-ambiente que é o grupo de vida alimente o narcisismo dessas crianças, ao garantir a elas, perdedoras e azaradas de sempre, sucessos. E que essas vitórias sejam marcadas, que essas crianças possam mostrá-las: poemas, fotos de seus êxitos esportivos e objetos artísticos e simbólicos que elas próprias terão criado ou ganhado, mas que nunca lhes terá sido pedido para merecer realmente. A mãe boa a ser introjetada é aquela que dá de imediato, não aquela que faz passar pelas regras do mérito. Elas encontram demais essa mãe, e sem o menor proveito. Elas terão de encontrar a questão do mérito mais tarde, quando para isso estiveram prontas.

O grupo de vida – mãe protetora – também deve garantir uma certa estanquidade entre as crianças e o exterior. Não só que a insonorização seja boa, mas que ninguém possa vir de fora sem necessariamente se apresentar ao educador. Que as solicitações do exterior sejam filtradas quando arriscarem reativar os sentimentos de insegurança. Por exemplo, que as correspondências de certos pais (ou "amigos") sejam sistematicamente (e confidencialmente) lidas pelos educadores antes de serem entregues (ou não) ao adolescente e eventualmente comentadas. Que as infrações telefônicas de pais patogênicos sejam "midiatizadas", isto é, que as comunicações sejam, se for preciso, programadas em dia e hora fixados, escutadas por um educador que poderá, em seguida, comentá-las, ou até nelas intervir, ou ainda abreviá-las. Tudo isso, é claro, explicando por que o diretor pede para fazer assim. As visitas que certos pais particularmente nocivos fazem a seus adolescentes requerem mais ainda que as outras ocorram fora do grupo de vida, território protegido de todas as intrusões. Por mais perturbadoras que sejam, essas visitas são importantes, como mostrou Maurice Berger, e é por isso que pedem para ser enquadradas de maneira particular: "Muitas crianças têm simplesmente necessidade de verificar que os pais estão vivos, e que pensam nelas [...]. Assim, a criança verifica que deixou um rastro seu no pai. [...] Num número importante de situações, o quadro mais adaptado é então constituído por visitas midiatizadas que têm uma duração e um lugar variável conforme cada situação clínica. Essas visitas pais-filhos só ocorrem na presença de dois interventores. Um psiquiatra ou psicólogo está atento aos movimentos

psíquicos do (ou dos) pai(s); o outro, a educadora com a qual a criança tem um laço de confiança, está atento aos movimentos psíquicos da criança. O psicoterapeuta da criança não participa"[48].

Quanto às visitas que o adolescente faz à família, sobretudo quando se repetem todos os fins-de-semana, às vezes o conduzem a pôr entre parênteses o tempo institucional. Ele volta "mal" todos os domingos à noite e leva quatro dias para se recuperar para, no quinto, partir de novo para o lugar de reativação dos rastros dos traumatismos anteriores. Pode ser preferível que vá em casa de maneira muito mais espaçada (ou por muito menos tempo: algumas horas) para permitir que abandone uma parte de seu investimento familiar e invista relações diferentes com os educadores. Será preciso então argumentar com o juiz de menores para que sua decisão reflita essa necessidade. Este pedirá que essa argumentação seja justa e fundada, e, às vezes, até será preciso fazer a seu respeito um pouco de pedagogia sobre o funcionamento psíquico do jovem em questão. Tanto melhor. Sua formação não lhe permite erigir projetos psicopedagógicos de dentro do escritório. Mas a lei jurídica, da qual ele tem de ser o fiador, deve escorar o quadro relacional e organizacional do atendimento de que a criança precisa. Cabe à equipe psicopedagógica defini-lo, mediante critérios clínicos. Uma referência errônea ao "direito de famílias" que faria da criança um objeto submisso a pais abusivos deveria ser denunciada por sua perversidade.

E, para acabar com essa dimensão apaziguadora, continente, narcisante e protetora da mãe-ambiente/grupo de vida: que lá se façam festas! Festas bem cuidadas. A festa é a transgressão na segurança, juntas. É uma transgressão gozosa e passageira dos hábitos do cotidiano. As festas à fantasia permitem o jogo das identidades imaginárias, a céu aberto. Aproveitemos!

Essa qualidade de espaço potencial que o grupo de vida pode assumir permitirá recriar um sentimento de confiança. Mas que cada um se abstenha nesse lugar de dar uma interpretação (selvagem) a respeito do funcionamento de tal ou tal. Sobretudo se fosse justa, essa interpretação só poderia minar as defesas do sujeito para remetê-lo a defesas mais rígidas ainda (ou fazê-lo descompensar). E até no quadro da cura analítica, "o momento-chave é aquele em que a própria criança se surpreende e não aquele em que faço uma brilhante interpretação"[49].

Enquanto mãe-ambiente, o grupo de vida deverá negociar com os ataques da criança a ela resistindo e prestando-se também à sua reparação. Dos ataques das pessoas e dos funcionários, certos adolescentes violentos não se privam. E como enfrentar esses ataques indo além de reprimi-los? Preocupando-se em provocar a ligação dessa agressividade contra os educadores pelas pulsões de amor para com eles. E construindo protocolos para um trabalho que parta das passagens ao ato, como se verá mais adiante. Mas a única maneira de continuar a refletir apesar dessa agressividade é tudo pôr em prática para dela se proteger. Primeiro, pensando o quadro de vida por seu valor de pára-excitação50 em relação aos estresses vindo do mundo exterior. Disso acabo de mostrar alguns elementos nessa curta passagem em que falei de seu aspecto protetor. Lembro-me das palavras de Claude Balier, na época em que eu o encontrava regularmente e em que me surpreendera estourando em soluços ao evocar a violência institucional à qual me achara submetido. "Sabe, é muito mais difícil trabalhar em abrigos que na prisão; é muito mais difícil de se proteger. Na prisão, você pode baixar os braços... a prisão gira. Com seus ritmos imutáveis, suas grades que se abrem e se fecham, com os vigilantes que garantem uma presença dissuasiva, ela fornece o pára-excitação sem o qual estaríamos tão em perigo que não conseguiríamos mais pensar nosso trabalho, nem trabalhar. É bem mais difícil no abrigo." Após um longo período efetuado posteriormente na prisão, acho que ele não buscara apenas me reconfortar.

Outra maneira de se proteger é triangular todas as relações entre adolescentes e adultos. E nem sempre é suficiente que um adolescente tenha dois adultos, homem e mulher, como "referentes". A triangulação deve dizer respeito a todas as relações fortemente transferenciais. Com frequência, um desses meninos que viram o pai desertar a família e seus compromissos, e a mãe minar-lhes todas as tentativas de se identificarem com uma figura masculina valorosa, inscreve-se, junto a um educador de sua escolha, numa relação tão idealizante quanto exclusiva. A isso é conduzido pela fantasia de se filiar a esse educador, de se fazer enfim reconhecer como filho por um pai com o qual se construir em sua virilidade. E, é claro, ele vai se tornar detestável com (pelo menos) uma educadora, já que todas as mulheres, segundo ele, são suscetíveis de romper as rela ções pai-filho. Fantasiará que prova, assim, seu amor ao educador ao qual estará particularmente submetido. Para tirá-lo disso, este deverá solicitar a presença dessa mesma educadora entre o jovem e ele. E se não fizesse isso, entregue ao prazer de representar um eu ideal, o jovem prosseguiria sua obra de vingança sobre a educadora. E esta aí não poderia fazer absolutamente nada, porque ninguém pode ser para si mesmo sua própria legitimidade. Assim, será urgente que o educador, em tête à tête, diga ao jovem o que compreende de seu comportamento, para logo proibi-lo, em nome mesmo dessa transferência paterna: "Você acha que sou homem de deixar minha colega ser assim tratada? Você não entendeu que a sua educadora também era minha colega? Logo, em nome até da nossa amizade, peço-lhe que a respeite tanto quanto a mim!". E poderá interromper essa breve entrevista com essas palavras. E sem maiores explicações. Assim, o adolescente terá encontrado uma castração e vai na mesma proporção estar liberado para viver sua heterossexualidade sem temer desagradar esse pai escolhido. E se o educador não interviesse, esse mesmo jovem rapidamente seria inquietado por suas fantasias homossexuais para com essa nova figura paterna, pois essa transferência maciça é fruto de carências paternas dolorosamente vividas. "Vou chegar a me fazer mulher para esse homem, a fim de estar certo de guardá-lo?" E só lhe restaria praticar um ato decepcionante e transgressivo, obtendo assim que o educador o "recoloque em seu lugar" e restabeleça a justa distância que arriscava abolir-se entre filho e pai. São justamente essas derrapagens suscitadas pelos investimentos exclusivos que devem prevenir a triangulação das relações educativas.

Enfim, para nos protegermos da agressividade desses adolescentes, poderemos suscitar sua expressão... em outra parte. É judicioso favorecer as experiências em que essa violência que deve poder evacuar-se é permitida. Favorecê-las ali onde ela pode encontrar regras, ser canalizada sob formas admitidas. Ela será constitutiva, a esse título, de um ideal de domínio de si. Desse ponto de vista, a prática de esportes de combate permite um trabalho de integração da violência e saneia muito o ambiente dos grupos de vida.

Prestar-se à reparação no dia-a-dia

Vimos que o filho participa de sua colocação no mundo; a mãe se revela "boa" para ele porque ele tem boa vontade. Ele dá prova de que nele mesmo reside um potencial doador e criador; em suma, em sua reparação-criação, ele nutre seu narcisismo.

A instituição deve permitir o acavalamento entre aquilo que o filho fantasia de bom a ser encontrado e aquilo que ela própria traz. É preciso que durante muito tempo ele possa ali reviver a experiência do objeto encontrado-criado de Winnicott. E é por isso que ela deve se oferecer à reparação e fazer com que ele experimente o poder de suas potencialidades criadoras. É assim que ele reconstruirá as bases de um narcisismo são de que não dispunha ao chegar.

Para que brotem os sentimentos de segurança desses adolescentes, é preciso que a instituição lhes insufle a convicção de que dispõem do potencial reparador suscetível de atrair para si o mundo. Por isso, é preciso que ela se apresente como boa para fazer existir, que ela suscite seus investimentos reparadores.

Para que seja reparável, é preciso que não seja obcecada demais por seus pseudo-imperativos organizacionais nem voltada demais para a gestão da urgência e da penúria51. E, é claro, que os adultos não estejam demais em conflito uns com os outros nem desesperadores pelo fato de não terem de modo algum necessidade dos jovens que ali vivem. Pois para levar esses jovens a ficarem de novo em contato direto com seu potencial reparador e a reconstruírem todo um lado da imagem de si mesmos e de suas relações, é preciso que a instituição precise deles. É preciso que essa instituição encontrada torne-se uma instituição criada. Caso contrário, eles continuarão a nos dizer: “Ainda bem que existem jovens tão chatos quanto nós, caso contrário você estaria desempregado!”.

Então, para frente com as comissões cineclube, comitê de festas e convites, comissão “saber-viver”, cooperativas, diário político da casa, grupo de teatro ou coral que irão se apresentar fora. Parece surrealista? No entanto, Myriam Biodjekian remanejou completamente a imagem narcísica e o destino de muitos adolescentes. Com aqueles de um bairro quente de Romans amplamente tão destroyed quanto aqueles que recebemos nos abrigos, ela montou durante longos anos espetáculos de teatro de rua e corais dos quais o mais conhecido é “Evasão”. Esse coral adquiriu há muito tempo um nível profissional. As jovens que o compõem vivem de seu trabalho de artistas independentes que elas aprenderam a negociar no meio do show business e estão muito bem, agora, sem a educadora que elas introjetaram no dia-a-dia. Tornaram-se para si mesmas a própria educadora[52]... Num nível mais diretamente material, é preciso que a instituição também solicite o potencial criador dos adolescentes; será solicitando-os para trabalhos artísticos: afrescos em lugares bem à vista, vitrais, elementos de decoração, obras estéticas, exposições.

Mobilizar as fantasias e o potencial reparador internos também requer apresentar-lhes "objetos" estranhos à instituição e bons para serem reparados.

Os primeiros junto aos quais eles gostariam de reparar em geral são os pais (se o ódio em relação a eles tiver tido o tempo de ser vivido). No entanto, algumas famílias não são "reparáveis", e não se deverá convidálas para uma tarefa impossível. Mas, em outros casos, eles têm um desejo imperioso e realizável de reparar junto a elas (reparação da imagem aos olhos dos pais, reparação das representações ligadas à filiação etc.). E é da maior importância que realizem esse desejo, mesmo que seja só para melhor se separar sem romper. Então, que se evite convocar os pais quando o filho estiver insatisfeito. Aliás, isso costuma levá-los a renovar com ele, apoiando-o contra a instituição num modo demagógico... e é preciso dizer que ela terá bem buscado isso! Ao contrário, que os encontremos para lhes falar dos esforços e, se for o caso, dos progressos do filho, e sobretudo do orgulho que podem ter (diante deste, é claro). Que aproveitemos esse momento para significar explicitamente aos pais que se o filho dá satisfações ou, se tem êxito, é por causa daquilo que, apesar de tudo, os pais nele semearam. E se não encontrássemos nada a valorizar? Então que procuremos bem; seria suspeito nada encontrar. Se esperássemos que esses jovens merecessem elogios para lhes fazer, a maioria não receberia nunca.

Pois uma criança não pode acreditar em si se ninguém mais nela acredita, e os pais de uma criança "colocada" não podem mais acreditar nela nem em si mesmos. Que esses pais recebam, muito regularmente, uma nota de observação do filho, da qual este terá conhecimento (e que poderá até ter sido redigida com ele). Ela será decididamente otimista porque valorizará tudo o que dignifica esse adolescente. E tudo o que, através dele, dignifica sua família.

Enfim, que os presentes circulem abundantemente, e, é claro, nos dois sentidos. Que os jovens sejam solicitados a dá-los e que os adultos aprendam a recebê-los[53]. E que sejam de hábito presentes personalizados e fabricados nos ateliês de arte do abrigo.

Mas essas experiências e essas fantasias ligadas à posição reparadora e doadora também são, em outra parte, as que podem ser suscitadas. Nosso país a isso se presta através da ação humanitária. Que não se deixe os adolescentes pensarem que os pobres são eles! Logo, que dêem. Eles sentem um certo orgulho de participar das coletas e das distribuições dos Restos du cœur*, ou de trabalhar no plantão de atendimento dos Médicos do Mundo, como experimentou o Dr. Pierre Pouwels, em Bourg-en-Bresse. E aprendem a fazê-lo tão bem quanto outros.

Lembro-me do inverno glacial de 1984, quando vários sem-teto morreram de frio. O diretor do abrigo havia proposto a cada grupo de vida pôr à disposição de um deles um quarto do grupo, assim como a possibilidade de jantar e almoçar com os jovens. Eles aceitaram. Os semteto entraram no jogo: nada de álcool, nem de roubos, roupas corretas (o abrigo lhes emprestava um agasalho, enquanto as roupas eram lavadas e secadas para a manhã seguinte), e saída após o café da manhã para só voltar na hora do jantar. As noites eram ricas e calmas, e os jovens sentiram nesse gesto de solidariedade um grande orgulho. Perceberam que haviam esquecido de prevenir a direção da Solidariedade, o que lhe permitiu não fazer perguntas.

A identidade sexuada dos adolescentes participa fortemente do narcisismo deles, no momento em que começam a entrever com inquietude que a vida amorosa poderia desembocar na procriação e, portanto, na parentalidade. Ora, esse narcisismo na sexuação e na parentalidade potencial não é evidente entre esses jovens: construir fibra materna e paterna ainda está por fazer.

O desejo de relações amorosas e sexuais, o de ter um filho e o de ser pai correspondem a etapas de maturação diferentes, mas a eventualidade se apresenta de maneira simultânea no momento da puberdade.

* Associação humanitária fundada pelo comediante Coluche que visa dar ajuda alimentar a pessoas carentes. (N. T.)

Muitas jovens são muito pouco seguras de sua fibra materna no momento mesmo em que o corpo as convida para as relações amorosas suscetíveis de fecundidade. Assim, são ansiosas a esse respeito, e é o que faz com que apreciem as experiências que lhes são propostas em lugares onde fortificam essa fibra: os estágios nas creches e escolas maternais.

Confiar animais domésticos a adolescentes os ajuda muito a se sentirem protetores e maternantes. É verdade para os meninos, que disso precisam tanto quanto as meninas, já que essa dimensão de ternura participa de todos os sentimentos amorosos e paternos. Na prisão, aliás, é frequente os detentos chegarem a tomar conta, por meio do locutório, de camundongos brancos. Os vigilantes fecham os olhos, sabendo que a paz nos cárceres repousa em algumas dessas pequenas coisas. Permaneci favorável ao acolhimento de animais pessoais nos abrigos (contanto que os adolescentes cuidassem deles), ainda que, um dia, tenhamos descoberto que a companheira que dividia o quarto com um adolescente fosse uma cobra. Contanto que haja organização (canis e adestramento inteligente), a relação com um cão ajuda os meninos. É claro que alguns vão maltratálos. Talvez seja uma maneira de questionar a legitimidade de pais violentos que tiveram de suportar, e será o meio de fornecer-lhes o interdito de sadismo, uma oportunidade de exigir a sublimação de suas pulsões anais, mesmo arriscando retirar-lhes esse cão. Outros vão querer organizar lutas de cães. Muito bem. Proibir-lhes isso será a oportunidade de fornecer uma castração simbólica para com suas pulsões sádico-voyeuristas. Por que disso não fazer antes cães de avalanches e de sismos?

É forçoso observar que, com a puberdade, muitos garotos ficam embaraçados com uma virilidade que os homens da família só conheceram na destruição. A maternidade lhes terá parecido mais invejável porque a mãe terá sido protetora, pelo menos durante um tempo. A virilidade paterna, quando existiu, com excessiva frequência se exprimiu pela violência conjugal e familiar que em nada foi fecunda. O pai acabou desqualificando-se ao se submeter à polícia, ao juiz de menores, ou ao ser rejeitado pela mulher. Ou então foi banido do bairro, quando não fugia diante da paternidade e da violência.

Por isso, os mais caricaturalmente viris desses adolescentes, com frequência machistas por medo das mulheres, precisam ligar essa virilidade incômoda a experiências de reparação e proteção da vida.

Assim, vi alguns adolescentes se tranquilizarem quanto ao potencial benéfico inscrito em sua virilidade quando, após um estágio dito "gestos elementares de sobrevivência", animado por um socorrista dos bombeiros (que viera ensinar de uniforme, é claro), pudemos fazer com que alguns deles participassem de vigílias da Cruz Vermelha durante os finsde-semana prolongados nas beiras das autoestradas.

Constatamos a que ponto alguns podiam renarcisar-se seguindo, durante longos meses, estágios em corpos de bombeiros. Lá aceitaram exigências que com certeza jamais teriam aceitado em outro contexto. Por quê? Simplesmente porque diante das mulheres dotadas de um corpo mágico capaz de dar a vida, o corpo lhes tivesse parecido fadado à nulidade. Por meio das técnicas que aprendiam a integrar, eles se tornavam igual a ele: o corpo ia permitir que salvassem a vida. A virilidade se ligava a pulsões de amor e esse remanejamento os levava a uma identidade masculina renarcisada e socializada ao mesmo tempo.

E, é claro, o grupo de vida, como ontem a mãe, abrirá para o terceiro, levará a investir o exterior. Quanto mais a vida no interior tiver sido rica e tiver durado o tempo que for preciso, mais os jovens desejarão experimentar o mundo exterior.

Quando tivermos escutado as necessidades psíquicas desses jovens, se não tivermos caído no conto das pseudo-urgências, teremos preservado nossas possibilidades de pensar. Então, bastará deixar funcionar nossa imaginação para reinventar, regularmente, mediações que atendam a essas necessidades.

Seremos surpreendidos por tudo o que for possível imaginar com e para esses adolescentes que não estão, hoje, acessíveis a psicoterapias clássicas e cuja patologia do laço só é tratada por um desvio, e não diretamente pelo estabelecimento de um quadro psicoterápico codificado[54]. Para muitos, trata-se de propor mediações equivalentes ao que os clínicos oferecem a crianças mais jovens: "eles deverão passar pela mediação objetos reais; construir cabanas 'de verdade' durante meses com uma educadora antes de poder desenhar no papel; brincar com carrinhos de criança reais antes de se contentar em imaginar um roteiro; martirizar bonecas antes de poder falar do que sentem; passar por contatos corporais reais antes de eleger um objeto"[55].

Só em seguida é que ocorrerá o acesso ao símbolo. "É finalmente a um movimento de interiorização das modalidades de funcionamento do quadro que se pode chegar nos casos felizes."[56] As mediações oferecidas ao cotidiano vão ter assim se tornado a via de construção das representações internas.

CAPÍTULO 4
O ADULTO COMO DESAFIO DA RE-LIGAÇÃO DAS PULSÕES

Quem é você?" Com essa interjeição raivosa, dirigida aos adultos, o adolescente questiona sobre o nosso desejo sobre ele. Mas também interpela quanto à legitimidade de nossa posição junto a ele: o que é que nos autoriza? A partir de que ideal pessoal? E o que fizemos para ser credíveis?

Pois não há razão alguma para que esses jovens, com tanta frequência traídos e enganados, acreditem, a priori, em nossa legitimidade. Acostumaram-se a pagar muito caro a confiança que outrora haviam depositado naqueles aos quais a haviam dado. O que nos autoriza – políticas sociais e delegação judiciária, decisões, competência garantida por nossos diplomas –, a maioria dos jovens a isso são indiferentes. Eles são muito mais sensíveis às questões relativas ao ideal que é o nosso e às garantias que estamos dispostos a lhes dar em troca da indispensável confiança a ser obtida.

O ideal do eu vem do supereu familiar remanejado durante outros encontros. Participa do narcisismo e "puxa para cima". Pois, para não bascular na perversão ou na violência, é em seu ideal pessoal, nutrido de alguns elementos do nosso, que o adolescente gostaria de poder apostar. O domínio de si, a nobreza do dom e o controle das descargas destruidoras e predatórias fazem parte do ideal do eu de todos os adolescentes, ainda que desesperem por serem fiéis a isso. A ligação das pulsões está no cerne desse ideal de liberdade e de autoridade sobre si mesmo, no cerne das renúncias a dar livre curso à própria destrutividade. Os contos e os relatos épicos insistem nessa necessária ligação das pulsões de destruição pelas pulsões de amor. Ela nos é apresentada como parte de todo ideal do eu e fiadora da permanência da cultura. Na adolescência, o impulso genital implica uma erotização forte das pulsões de destruição, mas todo projeto amoroso pede para disso proteger a pessoa amada. Assim, o ideal do eu do adolescente é fortemente marcado por essa exigência que quer que as pulsões de domínio sejam ligadas pela ternura. A valorização dessa ligação veicula-se na cultura por meio de todas as canções e poemas de amor.

O domínio de si, a proteção do fraco e a grandeza do perdão alimentam o ideal do eu em todos os relatos legendários. Sempre que quer fundar a legitimidade do herói, o narrador a isso faz referência. É um dos componentes daquilo que, em todas as circunstâncias, é chamado nobreza.

O ideal do eu e a ligação das pulsões nas situações de guerra

As situações de guerra são aquelas em que a ligação das pulsões de morte pelas pulsões de vida é fortemente colocada à prova. Às vezes, o cronista insiste na grandeza daquele que, embora tivesse o poder de destruir, permaneceu fiel a um ideal erigido sob o primado das pulsões de vida.

Amin Maalouf descreve sob esse aspecto um dos heróis muçulmanos das guerras de cruzadas: Salaheddine (Saladino), em troca da promessa de lhes deixar a vida salva, recebe a rendição dos defensores francos muito inferiores em número, que ele acaba de sitiar longamente em Jerusalém. Esse pedido de rendição, aliás, é duplicado por uma ameaça do chefe dos francos, no caso em que não fosse aceito: estes projetam massacrar todos os prisioneiros muçulmanos, bem como as próprias mulheres e filhos (para lhes evitar o cativeiro), depois matar os cavalos e o gado, destruir as reservas de alimentos e incendiar a cidade e, enfim, sair para lutar com a energia do desespero: "Nenhum de nós morrerá sem ter matado vários dos vossos".

Saladino não recusava nada a um homem honrado, ainda que fosse o mais feroz dos inimigos, e está emocionado com o fervor de seu interlocutor. Para não mostrar que se enternece facilmente demais, ele se volta para seus conselheiros e lhes pergunta se, para evitar a destruição dos lugares santos do islã, ele não poderia ser desligado de seu juramento de tomar a cidade pela espada. Eles respondem pela afirmativa, mas conhecendo a incorrigível generosidade do mestre, insistem para que obtenha dos francos uma compensação financeira, pois a longa campanha em curso esvaziou totalmente as caixas do Estado. Balian (o chefe franco) aceita o princípio, mas defende o direito dos muito pobres que não podem pagar. Mais uma vez, o pedido é aceito, para furor dos tesoureiros. Satisfeito, Balian ordena a seus homens que deponham as armas. E Saladino faz sua entrada vitoriosa na cidade santa. Os emires e os soldados têm ordens estritas: nenhum cristão, franco ou oriental, deve ser inquietado. De fato, não haverá nem massacre nem pilhagem. Alguns fanáticos querem destruir a igreja do Santo Sepulcro, mas Saladino os põe no devido lugar. Mais que isso, reforça a guarda nos lugares de culto e anuncia que os próprios francos poderão vir em peregrinação quando bem quiserem.

Balian se esforça para juntar o dinheiro necessário para comprar a liberdade dos mais pobres. Para os humildes, uns vinte dinares por família representam a renda de um ano ou dois. Milhares de infelizes juntaram-se às portas da cidade para mendigar algumas moedas. Al-Adel, que não é menos sensível que o irmão, pede a Saladino permissão para libertar sem resgate mil prisioneiros pobres. Ao ficar sabendo disso, o patriarca franco pede outros setecentos e Balian, quinhentos. Todos são libertados. Depois, por iniciativa própria, o sultão anuncia para todas as pessoas idosas a possibilidade de ir embora sem pagar nada, bem como a libertação dos pais de família aprisionados. Quanto às viúvas e órfãos francos, ele não só os isenta de qualquer pagamento, mas também lhes dá presentes antes de deixá-los partir. "Se Saladino conquistou Jerusalém, não era para obter mais ouro, ainda menos para se vingar. Procurou, sobretudo, cumprir seu dever para com seu deus e sua fé. Sua vitória foi ter libertado a cidade santa do jugo dos invasores, e isso sem banho de sangue, sem destruição, sem ódio"[57], concluiu o autor, admirado.

Muito menos ficaríamos, se nos lembrarmos da tomada de Jerusalém pelos francos, um século antes, que se traduziu em grandes massacres.

Mais próximo de nossa atualidade e noutra cultura, no México, el Sub, o subcomandante Marcos, líder do exército zapatista de libertação nacional, deve seu sucesso a uma capacidade excepcional de midiatização

e ao desligamento operado em relação a uma retórica marxista antiquada. Mas também o deve a um discurso que mostra sua escolha de ligar as pulsões de morte pelas pulsões de vida. O que se traduz pelo fato de evitar a luta armada por preferir convencer e dirigir seus esforços para o desenvolvimento social, econômico e cultural nos territórios que estão sob seu controle. Seu exército evita fazer mortos e desfruta, por isso, de grande popularidade.

"O seu movimento é uma guerrilha? – Não, nós nos definimos como um exército regular. [...] É um exército muito estranho, que fala muito e combate pouco ou nada. Sua principal arma é a fala: ela aí obteve melhores sucessos do que no campo militar. Além disso, comparados aos guerrilheiros, somos, digamos, muito mais simpáticos."[58]

Num texto, que começa pela interpelação de "Irmão...", Marcos opõe o ideal das pulsões de vida, que é o de seus partidários, ao desencadeamento das pulsões de morte, que ele denuncia no exército mexicano. "Durante um ano, a lei dos zapatistas governou estas montanhas. Nesse governo, reduzimos a zero a taxa de alcoolismo, e isso porque as mulheres se mobilizaram dizendo que beber serve apenas para que o homem bata nas mulheres e nas crianças e se comporte feito um animal." Ele conta que as campanhas de saúde aumentaram a expectativa de vida da população civil, que o consumo e o tráfico de drogas cessou, que a taxa de mortalidade infantil tornou-se "tão minúscula quanto os próprios recém-nascidos", que as leis zapatistas foram aplicadas a todos, sem distinção de posição social ou de nível de renda, que acabaram com a prostituição, o desemprego e a mendicância.

"E estávamos nesse ponto, isto é, aprendendo, quando chegaram os tanques, os helicópteros e milhares de soldados. [...] E com os tanques veio a lei do governo e foi embora a lei dos zapatistas. E atrás dos tanques do governo voltaram a prostituição, a bebida, o roubo, as drogas, a destruição, a morte, a corrupção, a doença, a pobreza. [...] Mas não se preocupe com a serpente, a águia vai cuidar dela."[59] El Sub, aluno dos jesuítas, recusou explicitamente o recurso à violência. Apostou na nobreza de um discurso no qual se propunha como campeão da luta da vida contra a morte. Foi a essa aposta sobre a ligação das pulsões de morte pelas pulsões de vida que a opinião foi sensível.

Também nos lembramos dos relatos de jovens russos de volta do front da Chechênia ou daqueles dos jornalistas que cobriram o conflito de 1994-1996. Os combatentes tchetchenos ali eram o tempo todo qualificados de nobres. Aos gritos de "Allah ouakbar", partiam para o assalto, armados de bazucas, a cavalo contra os tanques que, em outros momentos, eles atacavam em emboscada. Pesadamente armados, as tropas e a aviação russas faziam em represália inúmeras vítimas civis para suas centenas de tanquistas carbonizados nos veículos. As opiniões internacionais ficaram sideradas de ver o governo russo imobilizado por cavaleiros caucasianos e seus exércitos leves. Se a palavra nobreza foi empregada com tanta frequência a respeito deles, foi em razão da audácia desses combatentes, desde sempre apaixonados pelas armas, precisos em seus tiros. Convencidos de que iam morrer por uma causa justa, teriam por isso um lugar especial no paraíso. Mas foi também a maneira como, segundo seus costumes, os guerreiros tchetchenos tratavam os prisioneiros: estes, mal eram desarmados, passavam a ser hóspedes. Não só não tinham de temer as execuções sumárias nem as torturas, mas eram postos em segurança, corretamente alojados e alimentados, e vestidos com muito mais calor do que haviam sido pelo exército russo. Isto, a despeito da maneira inversa como eram tratados os prisioneiros tchetchenos caídos nas mãos dos russos.

Essa fidelidade à tradição de hospitalidade forçou a admiração das mães russas que se opunham à partida dos filhos para o front tchetcheno: "Foi preciso esperar que nossos filhos fossem prisioneiros de combatentes que defendem suas terras para que cessassem de sofrer as humilhações de oficiais alcoólatras e que tivessem com o que se alimentar e se vestir normalmente". É verdade que um dos chefes independentistas tivera o cuidado de receber na Chechênia algumas dessas mães e fazer com que encontrassem os filhos prisioneiros.

O que forçou a admiração foi essa capacidade de pôr em prática com precisão e eficiência, na luta, as pulsões destruidoras e dominá-las pelas pulsões de vida, uma vez que a vitória tornara inútil essa violência. Esse ideal se desdobrava num fundo de espiritualidade, liberdade e sentido da vida. A popularidade da luta dos tchetchenos aumentou-lhes a eficiência guerreira. Os chefes de guerra tchetchenos salvaguardavam a honra salvaguardando a primazia das sublimações sobre as descargas pulsionais predadoras e perversas permitidas pelas situações de guerra (execuções e torturas de prisioneiros, estupros etc.). Dessa forma, também protegiam as jovens gerações contra a perversão e os riscos de dessublimação. Outros aí sucumbiram noutros lugares, como o "vencedor" das chacinas de Srebrenica na Bósnia, Ratko Mladic, empurrado pela febre nacionalista e por alguns compatriotas. Hoje tem de se esconder, depois de ter levado à terra o corpo da filha de vinte e três anos. Aluna brilhante de filosofia, ela não suportava mais ouvir falar dos crimes do pai e se suicidou.

Os sem-documentos de Saint-Bernard

Fim de junho de 1996, milhares de trabalhadores imigrados, depois de as leis Pasqua terem impedido a renovação das carteiras de permanência e de trabalho, tinham ficado sem documentos. Trezentos deles, africanos, recusando tornar-se clandestinos, reuniam-se em Paris na igreja Saint Bernard, cujo padre se comprometera em não pedir que fossem expulsos. Progressivamente, a luta de pobres para obter, sem violência, títulos de permanência tornou-se simpática. Encontrou o apoio de um grupo de mediadores de tendência políticas diversas e de várias associações de defesa dos direitos humanos. Dez desses estrangeiros começaram uma greve de fome. Na madrugada do dia 23 de agosto, no quadragésimo-nono dia da greve, a polícia invadiu a igreja.

Ababacar Diop contou, num belo texto[60], o contraste entre a dignidade dos ocupantes da igreja e a violência dos policiais.

Os mediadores denunciam, então, a brutalidade do poder para com os sem-documentos. O cônsul, em seguida o presidente do Mali, intervêm em favor deles, que ficam escandalizados com as condições de expulsão. Em 28 de setembro, milhares de pessoas manifestam pelo "direito de viver aqui". Em novembro e dezembro, uma caravana composta de sem-documentos atravessa a França para consolidar seu apoio. No Natal seguinte, organizam o "baile dos sem-documentos".

A progressiva popularização do movimento provém do fato de ter difundido uma atitude não violenta e digna e de ter sabido valorizar uma legitimidade e um domínio de si que interpelavam cada um. Eles souberam opô-lo à legalidade brutal do poder, sobre um fundo de valores religiosos ou leigos, aos quais muitos foram sensíveis. Os valores da vida protegiam contra as forças de morte e destruição.

A ligação das pulsões de morte pelas pulsões de vida é uma alquimia que participa de todo ideal do eu e de todo processo de humanização das pulsões.

E deve ser encarada como ponto central de todo trabalho com jovens violentos, pois as trocas que tiveram com os parceiros do jogo relacional que deveria ter presidido a essa ligação atuaram mal. Essa ligação foi mal feita. Aqueles que deveriam ter figurado os objetos de amor a serem protegidos não funcionaram como tais. E, para sobreviver, o sujeito teve de manter à distância o objeto fonte de vida, mas igualmente ameaçador. Foi preciso que estivesse vigilante, que continuasse disposto a destruir esse objeto para não ser destruído por ele. Como a mulher que matara com um tiro de fuzil o cônjuge que acabava de estuprar uma de suas filhas. Encontrei-a na prisão, e ela me contou a que ponto, desde sempre, os objetos de amor também tinham sido fontes de perigo para ela.

Esses filhos, desde as primeiras relações de objeto, raramente encontraram nos pais uma lei que os teria mostrado como donos da violência e orgulhosos de sê-lo. É, no entanto, a integração dessa lei que permite ensinar, por sua vez, a proteger os objetos fontes de amor contra a própria destrutividade. Ao contrário, aos olhos deles, essa lei foi desrespeitada pelos adultos; deve ser, portanto, desrespeitada. Foi assim que a ligação das pulsões de morte pela libido não pôde se fazer de maneira estável. Em relação a essa questão primeira, a lembrança às regras só tem interesse se se articular a esse projeto de religação.

Quem já esteve ou trabalhou numa prisão terá notado que muitos detentos se angustiam pelo medo de não estarem submetidos a nenhuma lei interna. E muitos criminosos censuram os mais próximos por não têlos mandado prender, ou os advogados por tê-los mandado soltar, antes que cometessem o pior; antes que o processo de desligação total das pulsões de morte os tivesse levado ao surto assassino irreversível.

O rapper americano Ice T. conheceu em Los Angeles as gangues, a violência e as feridas por bala antes de se tornar o inventor do "gangsta rap" (o rap dos gângsteres) que causou escândalo com a canção Cop Killer (matador de tiras). Ele diz em poucas palavras essa angústia (e sua fragilidade narcísica): "Se me perguntarem: 'Ice, fale da delinquência aos garotos', direi: 'Não se metam. Todos os meus amigos morreram e eu poderia ter sido morto.' Mas se vocês me perguntarem: 'Como era?', responderei: 'Cara, a gente tinha tanto dinheiro e garotas!'". Os álbuns de Ice T. mostram seu medo de cair na loucura. "Fui cafetão, fiz uns assaltos. Levei duas balas no corpo. São descargas de adrenalina que te deixam viciado nesse tipo de negócio. É muito excitante violar a lei, mas também pode virar uma espécie de demência."[61]

E Khaled Kelkal, dois anos antes da armadilha em que será morto pelos policiais nos quais havia atirado, explicava: "Eu estava num carro, sentia-me livre; tiras ou não, eu não estava nem aí. Os tiras, para mim, não eram nada. [...] É um delírio, é um jogo, a gente estava bem. [...] A gente quebrava as lojas, fazíamos o que eles chamam os carros-aríetes. A gente arrebentava as lojas, pegava tudo o que tinha dentro, enchia o carro, se mandava e depois vendia. Eles agarraram o cara, e o cara – meu chapa, hein! –, ele entregou nós todos, o filho-da-mãe. [...] Mas acho que é melhor. Porque, imagine, se eu não tivesse passado por aqui [a prisão], o que eu teria feito? Pode ser que eu fique na prisão por dez, vinte anos"[62].

Que alguém os prenda, de fora, é isso que tranquiliza os sujeitos violentos e que, no entanto, não resolve nada da problemática interna que desemboca na violência deles. E nem sempre vai haver alguém.

Um projeto que se responsabilize por esse trabalho de integração de um ideal do eu protetor, um projeto que leve em conta a questão da religação da destrutividade parecem os únicos projetos válidos a longo prazo. Mas como chegar lá?

Estilo de acolhimento e projeto de religação

Nada, no momento da admissão, dispõe esses adolescentes a sentirem as nossas leis como menos mutilantes, menos mentirosas, menos alienantes que aquelas que eles encontraram até então, e às quais tiveram de resistir. Nada que atinja a subjetividade que eles construíram nos anos anteriores: nem a decisão do juiz, nem nosso rosto acolhedor (se o for), nem a reputação do abrigo no bairro onde vivem. E não há razão alguma para que o adolescente que recebemos nos perceba a priori como menos traidor, manipulador ou sádico do que o foram aqueles por quem ele gostaria de ter sido apreciado desde muito tempo. E, portanto, nenhuma ra zão para que deseje nos proteger de sua agressividade. Ora, o essencial do serviço a lhe ser prestado de fato está aqui: que o sujeito faça, graças à sua permanência, um trabalho de religação. A nosso respeito primeiro, depois a respeito de todos os objetos de amor redescobertos. Isso, sem cair na inibição, mas guardando a capacidade de liberar a agressividade quando for legítima. Nada o disporá a priori a um tal movimento psíquico enquanto não tivermos feito algo de pensado para isso. Alguns dias após a admissão, a sorte estará lançada, em parte.

Desorienta ouvir dizer durante o acolhimento que um jovem vai passar algumas semanas a "testar seus educadores" ou a "testar o quadro". Com muita frequência, essa formulação pede para garantir algo (o quê, na verdade?), com mais rigidez ou mais presença dissuasiva de alguns educadores musculosos. Mas estes só a apaziguarão se o tiverem feito entender, com algumas palavras afetuosas e cúmplices, que a musculatura estava a serviço da contenção eventual, da proteção certa. É essa atitude que gera a segurança. Um adulto com o qual se identificar e no qual ter confiança porque mostra a integração de sua agressividade no seio de um ideal do eu que dá lugar ao amor e ao humor é um adulto que dá segurança.

O período de admissão é um momento privilegiado para iniciar esse trabalho de religação. Mas, aí ainda, trata-se de criar um dispositivo que permita isso. Se ninguém tiver pensado um processo de acolhimento particular, os adolescentes continuarão a ser admitidos de um dia para o outro e as condições serão impossíveis. Todos ficarão insatisfeitos: o adolescente que será mal acolhido, os educadores que não disporão do quadro necessário e, finalmente, os serviços que, acima, encaminharam o jovem, pois existem chances de que ele faça poucos progressos no abrigo e até que lá permaneça pouco tempo (a duração das estadas desses adolescentes de quatorze a vinte e um anos costuma ser breve, ao passo que a elaboração de suas dificuldades psíquicas pede longos anos).

As relações a serem estabelecidas são as que permitirão que os educadores passem a ser objetos de amor fontes de amor. Aquelas pelas quais eles vão se atribuir legitimidade suficiente para que meninos e meninas possam fazer deles os suportes de seu narcisismo e acreditar neles. Acreditar neles é acreditar que, com eles, vão poder revelar-se outros que o que foram até então. É nessa condição que poderão querer protegê-los da destrutividade e que começarão em relação a eles um trabalho psíquico de religação pulsional. Esse trabalho será em parte consciente e em parte inconsciente. Esse investimento novo, se for sustentado por bastante tempo, vai superar os educadores para difundir sobre outras pessoas e participará de um ideal do eu renovado.

Um trabalho como esse não se começa em qualquer quadro. O que pode ser mais desesperador para um educador que ver chegar, certa noite, com suas magras bagagens, um adolescente ao qual ele só vai ter alguns minutos personalizados a oferecer. Pois terá, com o colega de plantão, que terminar junto aos onze outros jovens os deveres que estão sendo feitos, que pedir que coloquem a mesa e esquentem o jantar, que entrem em acordo quanto ao programa de televisão da noite, que resolvam as questões da manhã seguinte e dos bilhetes de transporte de cada um para o dia seguinte, ter umas entrevistas individuais, pensar nas saídas no fimde-semana e nas atividades para os que vão ficar, dar uns trocados para os que não têm, preocupar-se com as roupas de uns e às vezes atender ao telefonema de pais ou amigos...

E o que pode ser mais desesperador para um jovem que acaba de deixar uma família cheio de decepção ou de violência do que ser acolhido do mesmo jeito. Com muita frequência, são os outros jovens que farão a acolhida real, já que esse recém-chegado não é um desconhecido para quem vem do mesmo bairro ou da mesma rede. Melhor para ele se for afetuoso, mas nem sempre vai ser o caso. Quanto às apresentações, se não forem feitas pelo educador, então melhor dizer que a fama desse jovem vai segui-lo no abrigo. Não é assim que ele poderá esperar revelarse outro junto a esses novos substitutos parentais. No entanto, teria gostado muito.

Logo, trata-se de oferecer, durante os períodos de acolhimento, um quadro radicalmente diferente daquilo que ele deverá ser em tempo normal. Um quadro que dispense provisoriamente os educadores de terem de lembrar demais os regulamentos e as obrigações do cotidiano comum. Um quadro de vida que permita que rapidamente se tornem preciosos aos olhos dos jovens recentemente admitidos.

No Centro Psicoterápico do Coteau, em Vitry-sur-Seine, onde fui analista de crianças, só havia uma entrada por ano. Mas ela fora precedida de um longo trabalho preliminar durante o qual os pais foram recebidos e preparados para aceitar o quadro exigente dessa separação de visada terapêutica. Eles haviam pedido essa separação, aconselhados por um serviço social ou psiquiátrico ou ainda em razão de uma decisão judiciária, mas deviam entender o sentido de certas disposições. As visitas ao filho só começariam após algum tempo e com duração limitada. Primeiro seriam intermediadas pela presença de um educador da criança. As cartas seriam abertas e lidas à criança, ou eventualmente censuradas; os telefonemas aconteceriam em datas regulares ou então improvisadas, mas as conversas seriam escutadas pelos educadores, eventualmente retomadas por eles ou até abreviadas. As visitas à família, no domingo, só poderiam começar no segundo ano da estada. Em compensação, os pais poderiam telefonar com frequência aos educadores e encontrá-los. Receberiam cartas e desenhos do filho.

Tal protocolo era destinado a fazer com que os investimentos da criança se deslocassem sem parasitagem excessiva de uma família muito patológica para os substitutos parentais, que são os educadores. E só podia ser aceito pelos pais se estes tivessem percebido que a única justificação era de ordem terapêutica; isto é, depois de lhes ter sido explicado longamente por que seria perigoso fazer de outro jeito. Depois que tivessem podido experimentar a benevolência e o cuidado terapêutico daqueles que impunham essas regras. Alguns recusavam, e o filho não era admitido. A criança, durante esse tempo preparatório, encontrava de maneira espaçada o médico-psiquiatra responsável por seu futuro atendimento, o psicólogo e seus educadores futuros. E aguardava a admissão, na família ou em outra colocação.

A admissão acontecia no início de agosto, um mês antes da volta às aulas, num lugar de férias onde havia outras crianças de seu grupo de vida. Ali, os educadores viam-se livres das obrigações ligadas aos ritmos de uma escolaridade a ser seguida, refeições e atividades de lazer em horas fixas, reeducações e psicoterapias às quais conduzi-los. Ficavam livres ao máximo de ter de regulamentar, porque o lugar escolhido não era perigoso; o próprio ambiente era continente e obrigava explicitamente ao respeito de algumas regras evidentemente protetoras. O horário não era pesado demais, já que eles tiravam licença no local e no domicílio próximo (e que tinham descansado em julho). Durante um mês, podiam se dedicar a proteger cada um da violência dos outros ou da dele, a lhe assegurar seu lugar e seus limites quanto ao interdito de se machucar e de machucar os outros. E era o único verdadeiro interdito. Assim, podiam dedicar-se a brincar, brincar, brincar; a garantir a cada um sucesso, criações, êxitos; a incentivar, a felicitar em privado e em público, a dar presentes, consolar, cuidar de um machucado, fazer um curativo, uma massagem, emprestar uma roupa, consertar outra, acalmar, apaziguar, resistir às agressões físicas e verbais, conter sem jamais (se possível) chegar a represálias. Um mês para fazer fotos, para escrever cartas aos pais em que diziam que as coisas iam bem mas que pensavam muito neles.

Logo, os educadores tinham um mês para ser experimentados pelas crianças e pelos pré-adolescentes como bons objetos, objetos vivificantes e também às vezes marcados de falta, objetos encontrados-criados, virtualmente a serem reparados pelas crianças. Tinham um mês para se tornarem aqueles que precisavam das crianças e sabiam acolher a reparação destas, aqueles que lhes davam provas de amor, interesse e competência. Um mês para se tornarem os suportes do narcisismo dessas crianças. E então, tinham se tornado suficientemente preciosos aos olhos de cada criança para que esta desejasse fortemente dominar suas pulsões destruidoras para com eles, para que quisesse protegê-los. Trabalho que devia permitir-lhe o acesso ou o retorno à posição depressiva e à ambivalência dos sentimentos.

Um mês mais tarde, os grupos voltavam ao Coteau, onde as obrigações e regras de vida tornavam-se um pouco mais exigentes. Mas sem esse mês em que havia começado esse trabalho de domínio do ódio e da destrutividade, a "volta" teria sido terrivelmente difícil e longa. E as renúncias teriam sido muito mais numerosas. Então, é claro, os serviços acima da colocação tiveram que se organizar para resolver seus problemas de urgência e aguardar que, elemento por elemento, se desenrolasse esse processo de admissão que concorria para o êxito da colocação. Aceitaram esperar (às vezes um ano), porque ficara claro que as crianças e os pré-adolescentes lá tinham ganhos. O trabalho de religação das pulsões deve ser imaginado desde os primeiros momentos da admissão. A entrada de um adolescente num lugar educativo de visada terapêutica deve ocorrer num quadro em que, muito rápido, ele percebe que esse trabalho merece começar. E esse quadro dificilmente pode ser o da vida cotidiana ordinária.

Assim, a entrada no abrigo ganharia acontecendo durante uma estada de férias. A oportunidade se repetiria uma vez ou duas por trimestre, não mais. Enquanto isso, um local de acolhimento de urgência poderia ser aberto, com os meios correspondentes ao tempo da urgência, da crise e de seu apaziguamento. Acolher de urgência e na crise é preocupar-se em fazer cair a sensação de crise e a de urgência. Logo: sempre uma excelente refeição pronta para entrar no forno; sempre um quarto pronto, um nécessaire de toalete e roupas para oferecer, um educador disposto a passar um tempo personalizado individualizado... Quem é acolhido de urgência deve poder sentir que era esperado há muito tempo. Quem é acolhido na crise deve poder bem rápido sentir que essa crise é pensável e que alguém vai poder pensá-la com ele.

As unidades de enquadramento educativo reforçado: impasses e lições

Certas estruturas realmente pensaram o acolhimento em vista do imperativo de religação. É o caso de certas unidades de enquadramento educativo reforçado com as quais trabalhei, por exemplo a UEER* da Minardière, dependente da Sauvegarde de l'Isère, dirigida por Mesbahi Rachid. Os adolescentes, acolhidos por terem preferido viver essa experiência em vez de serem encarcerados, tinham todos uma história traumática feita de inumeráveis traições, violências e demissões por parte daqueles que deveriam tê-los lançado na vida. Tinham o hábito de se defender da depressão por meio da violência. A experiência pessoal que tinham das leis, sempre encontradas em detrimento deles e que raramente facilitavam sua promoção, os havia arrastado para a delinquência. É nesse meio que haviam encontrado figuras narcisantes e identificatórias. Evidentemente, verbalizavam e mentalizavam pouco. Eram reincidentes múltiplos, e era por decisão judiciária que tinham vindo para a UEER. O desenrolar da estada poderia servir de modelo para um processo de acolhimento que tivesse por visada o início de um processo de religação das pulsões de morte pelas pulsões de vida.

Admitido por grupo de cinco jovens (que nunca tinham se encontrado antes) numa casa confortável, em plena montanha, lá ficavam dois ou três dias durante os quais se sucediam as entrevistas educativas e psicológicas. Depois, era a partida por dez dias, acompanhados por um educador (ou educadora) e um monitor esportivo (ou monitora). Em seguida lá voltavam para passar dois ou três dias, a fim de fazer o balanço dessa experiência, das descobertas e dos pensamentos novos sobre si mesmos. Faziam isso tanto de maneira individual quanto de maneira coletiva, com o psicólogo, o diretor e os educadores.

Depois voltavam para uns dez dias com novo acompanhamento, constituído como o precedente por dois adultos, homem e mulher, educador e monitor esportivo, para um novo raid a cavalo ou de esqui, uma série de caminhadas glaciais, descidas de rios em canoas, ou expedições em cavernas.

* Unidade educativa de enquadramento reforçado. (N. T.)

Várias estágios em ateliês artísticos e associações humanitárias também podiam ocorrer em fim de estada. Isso durante três meses, prolongáveis eventualmente uma vez.

Resultado: meses mais tarde, esses jovens viviam com os educadores e monitores relações relativamente harmoniosas, e atendiam, globalmente, às suas exigências. Tinham se tornado mais solidários, o vocabulário se multiplicara. Falavam sobre si mesmos. Estavam remanejando o ideal do eu e libertavam-se do reinado das pulsões não sublimadas sob cujo domínio até então tinham vivido. Os comportamentos violentos tinham se espaçado consideravelmente, sinal de que a religação das pulsões estava em curso.

No fim da estada, esses jovens eram encaminhados ao educador do serviço judiciário superior. Caso este não tivesse acompanhado as transformações operadas por cada jovem nem os processos que sustentavam essas transformações e caso o recolocasse em seu meio de origem ou numa estrutura educativa clássica, essas aquisições não duravam: o sentimento de continuidade com a progressão feita na UEER não era salvaguardado e o adolescente bem rápido voltava a seus antigos comportamentos. Os progressos prosseguiram quando um jovem foi encaminhado, diretamente pelos adultos da Minardière em quem ele tinha confiado, a um dos lugares atravessados precedentemente durante uma expedição: fazenda, casa florestal, abrigo equestre, centro de cavernas etc., talvez porque assim sentisse que permanecia no processo identificatório instaurado com os educadores da Minardière, e na continuidade do trabalho psíquico começado. Uma ou duas vezes por trimestre, um novo grupo passava novamente por esse lugar com os mesmos educadores, o que reforçava consideravelmente seu vivido de permanência do objeto e de continuidade narcísica. Aos olhos dos novos, ele aliás aparecia como aquele que passara do outro lado do inferno das drogas e das pequenas mutretas. Aparecia como um iniciado. E foi frequente jovens das estadas seguintes quererem, à semelhança dele, prosseguir seu trajeto pessoal num dos lugares anteriormente atravessados. Longe das injunções excitantes da cidade, um lugar continente para essas crianças do concreto, da desprivação, da perda de sentido e da depressão mal conjurada.

Mas, sobretudo, esses projetos duravam quando tudo estava instalado para que o jovem, que começara um trabalho de elaboração psíquica com a psicóloga da UEER (condição imposta), se comprometesse a prossegui-lo e pudesse fazê-lo. Com muita frequência, tratava-se, primeiro, de definir o tipo de cuidados psíquicos de que poderia beneficiar o adolescente em sua saída da UEER, depois encontrar as equipes psicoterápicas competentes, conscienciosas e motivadas que poderiam dispensá-los. E, em seguida, em seguida apenas, voltar-se para lugares de hospedagem e de trabalho que ofereciam o apoio relacional mais justo ao cotidiano. Tratava-se, então, de obter daqueles que animavam esses lugares que estivessem de acordo para exigir do adolescente esse trabalho psíquico no exterior, e que aceitassem eles mesmos ser apoiados por um psicólogo clínico devidamente formado.

Bem rápido ficou claro que o "após UEER", na concepção (ministerial) desse projeto, não fora pensado; daí numerosos fracassos. Teria sido preciso, entre outros, que as UEERs pudessem procurar o lugar destinado à etapa seguinte e negociar diretamente com o juiz a reorientação desses jovens. Assim, os investimentos positivos estabelecidos pelos adultos da UEER ter-se-iam deslocado para o lugar seguinte e a separação teria acontecido, não na quebra e no retorno ao assistente social de antes, mas na continuidade e na promoção. Teria sido preciso que as UEERs dispusessem dos meios de um acompanhamento transitório de alguns meses para o adolescente e para os adultos do novo lugar de acolhimento: o tempo para que um novo quadro relacional e de tratamento progressi vamente se instalasse e fosse investido.

Foi um erro ter pensado que, no fim da estada em UEER, fosse possível deixar o jovem nas mãos do educador que o acompanhara na época de seus atos mais delinquentes e que não participara de sua transformação pessoal. Sobretudo porque encontrar o olhar deste último só podia reativar no adolescente a imagem narcísica negativa dele mesmo. Em seguida, porque havia muitas chances para que esse adolescente só pudesse ver neste o Outro à espera de repastar-se de um novo ato delinquente a ser sancionado. Enfim, simplesmente, era enganar-se quanto ao funcionamento em clivagem desses jovens acreditar que aceitariam passar das mãos de um educador-aventureiro forçosamente um pouco idealizado àquelas de um educador-burocrata (vivido como protetor dos regulamentos contra os assaltos do desejo) forçosamente um pouco desprezado e que não havia nem suscitado nem sido testemunha do despertar de suas potencialidades. Uma vez mais, um projeto educativo generoso, que tinha visadas terapêuticas e que era muito custoso em energia, foi elaborado a partir de intuições justas, mas insuficientemente confrontadas com a observação e as práticas dos clínicos. Uma vez mais, levou-se pouco em conta a questão do funcionamento intrapsíquico dos jovens. E esse projeto, por poucos erros, decepcionou, reforçando a posição daqueles que, em relação a esses jovens, reclamam repetitivamente a internação63. E, no entanto, "não se pode internar todo mundo, já está feito", como diz Brigitte Fontaine64.

Mas a que eram devidas as mudanças constatadas nesses menores violentos e delinquentes, antes do fim de sua estada em UEER? Ao fato de terem se colocado em condições que permitem que um trabalho de religação das pulsões comece.

Como isso? Pelo fato de não terem nenhuma história comum, os adolescentes acolhidos estavam desobrigados de ter de permanecer fiéis a uma imagem pessoal e social construída na delinquência e nas posições defensivas violentas. Por estarem totalmente cortados de seus bairros (nem cartas nem telefonemas), não eram mais solicitados a praticar os atos violentos pelos quais costumavam ser reconhecidos.

Pelo fato de descobrir que conseguiam atravessar provas difíceis que nunca tinham imaginado vencer, construíam novos fundamentos

narcísicos. Esses fundamentos narcísicos mais sólidos faziam com que estivessem muito menos expostos à volta de pensamentos deprimentes e menos inclinados a deles se defender pela agressividade. Renarcisados, tinham podido começar a pensar sua situação presente e sua história passada, pois é a função principal da renarcisação: permitir escapar ao terror de pensar65 e abrir o campo da elaboração psíquica. Uma ampliação que participa da supressão de certos recalques, da identificação e da análise de certas fantasias, o que significa começar a perceber a existência do imaginário e o peso do inconsciente. E perceber o peso do imaginário e do inconsciente no que eles induzem à repetição é uma das condições prévias de uma demanda de psicoterapia.

Ao voltarem a pensar e a falar novamente, esses jovens puderam fazer passar por aí a expressão de seu próprio mal-estar interno. Com menos frequência precisaram das defesas agressivas para dissipá-lo. A obrigação, uma vez por dia, de debater o ambiente, os acontecimentos conflituosos que acabavam de acontecer, bem como os antagonismos, ajudou-os a chegar a isso. Vividos no início da estada, esses tempos de fala foram se tornando cada vez mais apreciados, pois desfaziam regularmente os conflitos nascentes. Cada um ali aprendia a se exprimir e ali encontrava prazer. Chamados "círculos", evitaram muitas passagens ao ato. Os adolescentes ali aprenderam a transformar suas sensações e a traduzir certos afetos em representações de linguagem. Esse trabalho de mentalização era retomado, a cada volta à base da Minardière, pela psicóloga clínica, de maneira individual e confidencial.

Enfim, o que foi determinante para os adultos se tornarem preciosos aos olhos dos jovens e para estes conseguirem protegê-los de sua destrutividade, decisivo para que começassem um trabalho de religação das pulsões de destruição experimentadas em relação a eles pelas pulsões de amor igualmente investidas sobre eles, foram as mediações educativas pensadas com esse objetivo.

Com efeito, essas estadas itinerantes eram concebidas como experiências iniciáticas, sem visões retrospectivas. O quadro natural dos lugares onde essas atividades aconteciam impunha suas próprias leis: sol, neve, chuva, frio ou vento; ladeiras fáceis ou perigosas, de esqui ou com grampos, neve estável ou não; etapas curtas ou longas, grotas fáceis ou delicadas de explorar, corrente calma ou rápida dos rios descidos, percursos equestres difíceis ou não.

Esse ambiente independente do bem querer dos adultos impunha suas próprias leis e exigia comportamentos adaptados (logo, regras a serem integradas), ainda que só para sobreviver. E liberava os educadores da tarefa de ter de editar leis que, no cotidiano de um abrigo, costumam parecer arbitrárias e gratuitas. Os trunfos maiores dos adultos eram o saber-viver em grupo e o domínio que tinham das técnicas esportivas por eles transmitidas. Sem estas, os adolescentes fracassavam, sofriam ou até teriam arriscado a vida.

Um educador que sabe mandar pôr o pé no chão no bom momento, passar segurança na montanha, prever um risco de avalanche, instalar uma escada metálica acima de um precipício ou avaliar o perigo de uma correnteza de rio é indiscutivelmente um educador protetor e precioso. Logo, torna-se um educador a ser protegido, ao qual se ligar, do qual interiorizar a função protetora. Os momentos de ensino de suas técnicas esportivas muito rápido passavam a ser o fundamento de fortes relações transferenciais (nem sempre fáceis de gerir, aliás), que, por vezes, se exprimiam em lapsos em que um educador ouvia ser chamado de "papai"; sinal de que a esperança renascia numa filiação simbólica e numa nova partida para a viagem que leva um filho a se tornar um homem.

Dessa maneira, os educadores eram preser vados do papel desesperador de ter de proteger os regulamentos e os muros de uma instituição. Enquanto o quadro natural da vida cotidiana impunha suas leis às vezes duras, eles transmitiam as regras que permitem, tanto ao nível do saber-viver quanto ao das técnicas esportivas, negociar com as leis desse ambiente. Tornavam-se aqueles que permitem o sucesso numa prova angustiante ou perigosa, garantindo que, com eles, a vida seria mais forte que a morte. Assim, esses educadores-iniciadores passavam a ser os protetores da vida dos jovens contra o sofrimento e o risco de acidente.

Esse saber-viver os levava a carregar a mochila de um jovem esgotado, a segurar dois cavalos pelo bridão, a emprestar um pulôver quente e bem seco, um par de luvas ou óculos. Eram os únicos ainda capazes, na chegada no refúgio, de ir buscar e serrar lenha para fazer fogo e preparar o jantar quente que cada um esperava, encolhido num saco de dormir ainda frio. Às vezes, eram os únicos ainda capazes de construir, com a pá, o iglu onde passariam a noite. Incentivavam cada um, sucessivamente, a enca beçar a tropa ou a identificar o itinerário do dia seguinte no mapa.

Enfim, convivendo dia e noite durante dez dias com esses jovens, passavam a ser, à custa de muito cansaço, objetos "bons e permanentes", como dizem os analistas. À custa de muito cansaço, é verdade; mas em seguida tiravam vários dias de licença, após terem permitido a transição com o duo educativo que os substituía. À custa de muito cansaço, é verdade, mas o que dizer do cansaço de um educador de abrigo que sua para preservar os regulamentos de uma instituição que não lhe deu condições de merecer a confiança dos jovens, nem de criar uma aliança com eles, nem de lhes devolver o orgulho deles mesmos.

Durante essas estadas, quantos educadores da UEER, homens vigorosos cuja força física dava segurança e que se achavam perfeitamente resolvidos em sua virilidade, viram-se certa noite tendo, recostada no colo, a cabeça de um garotão de dezessete anos que já tinha alguns assaltos em seu ativo e que acabava de discretamente segurar sua mão, enquanto chupava o polegar com a outra. Nem sempre foi fácil fazer esses educadores machões admitirem que, se pretendiam ser figuras de virilidade paterna indiscutível, aquele jovem acabava de convocá-los ao lugar da mãe tranquilizante que ele nunca conhecera; que eles só tinham que aceitá-lo o tempo que fosse preciso, e que a virilidade deles em nada seria afetada. Não foi fácil para muitos entender que a expressão, visivelmente homossexual, assumida pela afeição de um lourinho ladrão de quinze anos era apenas fruto de uma fantasia inconsciente, segundo a qual aquele lourinho poderia ter chegado até a se fazer mulher para tê-lo como pai... e que nem por isso devia se emocionar. Que se tratava simplesmente de mostrar o que esse pai escolhido queria viver afetuosamente com seu "filho", na liberdade mútua e fora do incesto, cada qual em seu lugar no encadeamento de duas gerações.

Uma educadora criou a surpresa: materna, feminina, desejável, era igualmente perita no adestramento de cavalos. Também conheceu a de ter regularmente o café da manhã servido na cama por jovens gângsteres. Eles acabavam de desinvestir as representações da mãe feiticeira e castradora, até então muito dissuasivas, para reatar com a história edipiana. E ela achou isso muito agradável. Todos ficaram satisfeitos, notadamente os cavalos, que passaram a ser tratados com amor pelos adolescentes.

É claro que isso tudo foi acontecendo de modo bem progressivo, e durante as primeiras semanas houve brigas e algumas fugas, sem olhar para trás, de volta ao concreto urbano detestável mas conhecido. Mas não durou.

Por isso é que dá tanta pena não ter pensado a separação final para que não fosse vivida da maneira já dolorosa e frequentemente experimentada do abandono, da demissão ou da rejeição parental. Mais de um adolescente que, durante três meses, fizera progressos e esforços tão importantes quanto frágeis voltou aos antigos mecanismos de defesa da tendência antissocial por causa deste erro: convencido agora de que desta vez havia encontrado bons educadores, mas de que continuava sendo desesperadamente mau!

No entanto, esse protocolo de trabalho particular a essa UEER merece ser citado como exemplo de um quadro excepcional fornecido aos educadores para que se tornassem preciosos aos olhos dos jovens e favorecessem os processos de religação das pulsões. A esse título, os elementos que compõem esse quadro deveriam poder participar de todos os tempos de entrada nas instituições que têm visadas de remanejamentos psíquicos. E se provas de interesse e amor puderam ser aceitas por esses jovens, de hábito muito desconfiados, é porque o contexto suscitava e justificava realmente dar essas provas. Um contexto um pouco extraordinário que permitiu o que o ordinário da vida no abrigo raramente permite.

A prática de esportes de risco nas equipes que acolhem adolescentes perturbados tornou-se corrente e merece uma reflexão.

Há muito tempo estamos constatando as condutas suicidas de certos jovens que assumem riscos gratuitos e ficam em perigo de morte repetido, por exemplo ao se lançar a toda velocidade numa moto ou num carro roubado, ou ao tentar a sorte numa overdose ou na roleta russa. A esse tipo de jovens, intuitivamente, alguns tiveram a ideia de propor a prática de esportes de risco: pára-quedismo, parapente, alpinismo, motociclismo etc. Na verdade, o risco que buscam esses jovens só é gratuito na aparência. E o comportamento que têm coloca muitas questões. Por exemplo, por que se tornar aquele que poderia morrer? Para quem morrer pode passar a ser uma tentação?

Falar do risco de morte leva a falar da vida e da morte em sua dimensão imaginária de troca recíproca. É disso que nos falam os africanos quando definem uma "boa morte" e uma "má morte". E acredito poder extrapolar essas definições no que chamarei o "bom risco" e o "mau risco". O que servirá de introdução às problemáticas inconscientes que com muita frequência estão na origem dessas condutas de risco e desembocará em algumas referências metodológicas para assumir, da melhor forma possível, os movimentos transferenciais que sempre se desenvolvem por parte desses jovens em intenção do monitor de esportes de risco.

A BOA E A MÁ MORTE AFRICANA

"Os brancos conhecem todas as coisas... um único negócio lhes escapa: a morte", diz um adágio tchadiano. E os diolas do Senegal afirmam: "A morte é irmã gêmea da vida: moram na mesma casa, têm a mesma porta de entrada e de saída, o mesmo vaso de barro, o mesmo fogo para cozinhar, a mesma cuia de arroz, o mesmo morteiro de pilar, a mesma plantação, a mesma mãe, o mesmo pai. A morte é o fruto da vida; a vida é o fruto da morte".

O africano deve à sua cultura uma excepcional disposição para manejar os símbolos para transcender a morte exaltando a vida. Na África, a angústia de morte não é o horror do nada. É apenas o medo de uma ruptura que, mesmo assim, é apenas uma passagem para outra vertente da vida. Essa vitalidade africana vai muito longe. Assim, o interrogatório do morto e as cerimônias de sepultura obedecem a uma ideologia funerária que permite transformar o morto, que era impuro e perigoso por seu poder de vingança sobre os vivos, num ancestral protetor e reverenciado. E a morte reforça finalmente a vida dos vivos.

O ideal que propõem as culturas africanas é dominar a morte individual, assumi-la plenamente, prevê-la se possível e prepará-la para fazer dela um momento de transmissão da vida entre as gerações. Uma espécie de antimorte que será, para o grupo, a origem de uma vitalidade renovada.

É o que ilustra o mestre da lança dos dinkas do Sudão. Esse reisacerdote, mediador privilegiado entre o deus e a sociedade, é fiador da vida de seu povo, e sua morte natural é impensável, pois acarretaria a morte deste. Por isso, ao sentir que suas forças declinam, ele pede para ser enterrado vivo após ter maduramente calculado as modalidades, o lugar, o dia e a hora. Enquanto se cumpre o ritual, ele não cessa de cantar e de consolar e dar conselhos. Ninguém na assistência exprime tristeza. O povo está feliz porque o rei-sacerdote lhe concede assim que prossiga sua vida sem ser perturbado pelo mal.

Louis-Vincent Thomas, que relata esses costumes, conclui que, ao tomar voluntariamente, livremente, a decisão de morrer, o mestre da lança priva a morte de sua incerteza quanto à hora e ao lugar. Sua morte voluntária constitui uma vitória da comunidade. Ao enfrentar a morte e ao abraçá-la com firmeza, ele ensina ao povo algo sobre a vida66. Não há mais desordem, não há mais, portanto, morte: tudo foi instalado para que se operasse, sem falha, a passagem do poder. Não se trata aí de um ritual clássico de sacrifício; esse rei-sacerdote, o povo o quer, dessa maneira, imortal. Pois não é sua vida individual que conta, mas sua vida simbólica e sua função social. O fosso no qual é colocado é menos uma tumba que um quarto, onde ele é instalado confortavelmente sobre uma cama e sob um teto, de onde partirá para a grande viagem. Subjetivamente, pela prova do rei-sacerdote, toda a comunidade terá enganado a morte: vai tê-la utilizado para renascer para um estado de vida social regenerada. Outros exemplos vão no mesmo sentido, como a iniciação de puberdade em que o iniciado deve morrer simbolicamente para a vida da infância para nascer para a vida adulta, autorizado a novas prerrogativas (bem particularmente, o direito e a responsabilidade de uma sexualidade fecunda).

Se o africano está mais bem paramentado que o ocidental para enfrentar a morte, ele deve isso a duas características culturais. O sentimento do eu [moi] individual raramente é exacerbado, e o indivíduo existe por e no grupo. Por sua vez, um jogo de crenças apaziguadoras permite que ele imagine vida e morte numa continuidade em que defuntos e vivos permanecem em relação em múltiplas oportunidades, os mortos tendo apenas se tornado invisíveis. Exceto nos sonhos, é claro, em que podem tornar-se novamente visíveis. É verdade que o africano, como cada um de nós, teme a morte, mas algumas mortes lhe parecem menos trágicas que outras, e ele diferencia uma boa e uma má morte.

Para todas as etnias africanas, a boa morte resulta de vários critérios. É morrer em casa entre os seus: a totalidade dos ritos de acompanhamento poderá ter sido realizada, assistência ao moribundo, higiene e puri ficação, interrogatório do morto, sacrifícios diversos... O moribundo que deixa os seus nada terá a lhes censurar. Terá até podido dizer as razões de sua morte e, se necessário, poderá ser vingado como convém.

Para um jovem guerreiro, a boa morte é morrer na flor da idade e no combate, a serviço de uma vida a ser defendida, a do grupo. Se jovem e belo, se corajoso, os ancestrais não hesitarão em acolhê-lo no além. Para um ancião, é morrer repleto de anos, amplamente provido de sabedoria, bens e progenitura. Muito idoso, dele diremos que já está conversando com os ancestrais, e suas obséquias darão lugar a uma verdadeira festa. Seus bens lá serão consumidos ou destruídos com ostentação. Para um velho, a boa morte também é morrer de usura, lentamente, tão naturalmente quanto possível. É ter podido preparar a passagem, nela ter pensado, ter comprado pareôs e mortalhas, posto os negócios em dia, liquidado os contenciosos que o opunham a outros, pagado as dívidas, confiado seus erros, pedido perdão. É ter podido reunir os seus e recolher suas mensagens para os ancestrais. E, sobretudo, é morrer deixando muitos filhos que poderão efetuar suntuosamente as cerimônias do funeral, a fim de que o defunto seja paramentado para atravessar sem incômodo a estada da morte.

Nessas culturas em que tudo é sinal e em que nada é deixado ao acaso, para que a morte tome sentido e se torne aceitável, vida e morte devem se engendrar. A boa morte é aquela em que o defunto regenera a vida do grupo. É o preço a ser pago para que a vida prossiga. Nascimento e morte se trocam: "Temos bem que morrer, se quisermos que nasçam bebês". O recém-nascido recebe a vida em razão da morte de um dos avós. É ao passar de vida a trespasse que esse pai lhe terá permitido reencarná-lo quatro gerações mais tarde. Logo, a boa morte é fertilidade.

A má morte é justamente o contrário. É morrer longe dos seus e das terras da aldeia. O moribundo não terá sido maternado, não presidirá a seus funerais, seu interrogatório será impossível e, se tiver sido morto, a família não poderá vingá-lo. Os seus permanecerão em dívida com ele, já que não terão podido efetuar os rituais viáticos prescritos pela cultura, e o defunto com certeza voltará nos sonhos para lhes censurar isso e persegui-los: talvez até, do país da morte, usará de seus novos poderes para se vingar deles.

Um guerreiro será um mau morto se tiver sido morto ao fugir, ao abandonar a luta pela vida dos seus. Para um adolescente, a morte mais grave será aquela que o tiver surpreendido durante a estada iniciática em que ele ia se tornar portador de vida. Para uma mulher, o pior é morrer de parto sem dar à luz um filho vivo: a morte matou duas vezes, dizem então os diolas. E, é claro, a pior morte é morrer sem filhos: o defunto não poderá nunca reencarnar; estará condenado a se tornar um espírito errante, à mercê de mágicos e feiticeiros. Ainda bem que os dons de crianças em geral vêm impedir que se cumpra um destino tão trágico. Assim, a má morte é aquela que é perigosa e contagiosa, bem como o é aquela que é estéril. Nisso parecendo com o risco gratuito, ela nada fecunda: poderíamos tê-lo evitado para nos dedicarmos à vida. É uma morte que não se transforma em vida. É odiável, pois o grupo espera de cada um que permaneça em boa saúde, que mantenha boas relações com pais e vizinhos, que se apoie nos ancestrais e, se for preciso, que desfaça as más sortes e os malefícios de um feiticeiro.

Agora estamos em condição de abordar a questão desses jovens que fascinam pela relação particular que têm com a morte e são vistos correndo riscos mortais. O rapaz que vemos arriscar a pele num carro roubado ou numa moto lançada em alta velocidade, numa overdose ou na roleta russa, o que busca trocar pela morte? O que o incita, o que o tenta, o que o faz agir, ele que se tornou, para os que o olham, aquele que poderia morrer?

Trata-se, realmente, de um risco gratuito? O risco assumido nem sempre significa a simples denegação dos limites e da morte; também se articula com a busca de vida. Isto de duas maneiras: vamos arriscar a morte para melhor enganá-la, e aí ganhar em força de vida. Ou então vamos arriscar a morte para encontrá-la realmente, e assim resgatar a vida.

Sabendo disso, os monitores de parapente, alpinismo, motociclismo, pára-quedismo vão dever assumir duas realidades incontornáveis. A primeira é que todo o interesse e toda a dificuldade desses esportes utilizados para fins de mutação pessoal residem justamente em sua proximidade com a passagem ao ato suicida. A segunda dificuldade, inevitável e fecunda, está ligada à transferência que o jovem estabelece sobre a pessoa do monitor. Assim é que este último torna-se, involuntariamente, aquilo que todos esses jovens inconscientemente esperam que ele seja para eles, o que às vezes vai levar o monitor, sem perceber, a lhes dar respostas esperadas a partir de suas próprias posições inconscientes.

Se insisto na palavra inconscientes é porque esses jovens falam muito pouco sobre o que os incita a passar ao ato: se pudessem falar, não seriam forçados a agir. E são essas passagens ao ato (parte manifesta de roteiros mortíferos inconscientes) que os animadores esportivos escolheram levar em conta ao enquadrar as pulsões que ali se investem e as fantasias que conduzem o jogo. Escolha que os compromete muito. Vão fazê-lo por meio das técnicas rigorosas que ensinam, e aceitando articulá-las com o movimento transferencial que os jovens lhes endereçam.

A ORIGEM DAS CONDUTAS DE RISCO É UMA PROBLEMÁTICA INCONSCIENTE

A análise de algumas condutas suicidas mostra uma vontade deliberadamente inconsciente de se entregar ao destino para decidir a sobrevivência ou a morte. É preciso que a questão "viver ou morrer" seja imperativa e recalcada a um só tempo para que um jovem chegue a teatralizá-la e disso tomar como testemunhas os mais próximos, sem nada poder dizer!

O sintoma aqui não é a rapidez, o roubo de carro ou a droga, mas o risco assumido. O sujeito convida terceiros a assistirem a essas condutas ordálicas, embora permaneça inacessível. E esses terceiros ficam siderados e atravessados por questões múltiplas: "Que resposta ele espera de mim, já que me coloca na impossibilidade de permanecer indiferente? Por que eu, por que ele me escolheu; em que lugar de seu roteiro ele me pôs? De que peça, de que outra cena é tirada essa réplica "conduta de risco"; com que questão estou confrontado? A que resposta minha está suspensa sua sobrevivência ou sua morte?"

Logo, já foi um laço transferencial que teceu quem assume o risco com seu testemunho e este último permanece quase sempre marcado de mutismo. Pois o que, sem querer, busca quem assume o risco é abordar em sua colocação em ato uma problemática inconsciente, em geral de forte tonalidade narcísica, cujos protagonistas pertencem à sua história passada, ela mesmo impensável. Como sua história fez dele alguém que assume riscos? E para quem ele se tornou aquele que poderia morrer?

Talvez assim tenha se tornado para tal parceiro de sua vida afetiva precoce que ele sentiu pousar sobre si um olhar mortífero: esse sentido que permaneceu sem elaboração, ele teve de recalcá-lo imediatamente. Ou então assim se tornou para tal outro personagem junto ao qual nunca pôde encontrar lugar, mas pelo qual pôde fantasiar que seria, enfim, amado por sua morte, embora desesperasse de sê-lo por sua vida. Assim se tornou também às vezes para reencontrar na morte um dos parceiros de sua infância, falecido (às vezes por suicídio), e sem o qual para ele parece impossível viver. Assim, a sequência "conduta de risco" é uma sequência-questão que pede uma sequência-resposta. Resposta que a testemunha convocada supostamente pode dar. A questão seria: "Como remanejar minha história antiga e como modificar minhas relações atuais com aqueles sobre os quais repousam minha imagem narcísica e minhas relações mais significantes?". Questão que se tematiza assim: "É preciso morrer ou arriscar a vida para mudar algo em minha história antiga, escapar à imagem na qual fui aprisionado, e ao jogo de relações atuais que repete minha história antiga? Será preciso matar essa parte maldita para renascer para a vida?"

Intimar o outro a responder "se ele quer ou não que eu viva" costuma ser a motivação inconsciente de quem assume o risco. Tornar-se aquele que poderia morrer permaneceu a única carta a ser jogada numa partida em que os dados estão viciados. Um jogo em que o supereu, um jogo em que o Outro não deixaram alternativa. O desafio por vezes é ser visto por ele mesmo e por aqueles perante os quais quer ser reconhecido como o herói de uma morte heroica e grandiosa: uma solução que conseguiria inverter radicalmente a imagem que quem assume o risco deixará de si para aqueles que permanecerão. "Vocês deverão continuar sem mim... Mas vou ter-lhes obrigado a guardar de mim essa imagem grandiosa, essa imagem compensatória que enfim terei podido dar com a minha morte, embora não pudesse dá-la com a minha vida..."

Pois esses jovens costumam ter a convicção mais ou menos consciente de que destruíram ou decepcionaram todos aqueles por quem gostariam de ter sido amados. Sentem-se culpados por não terem sabido manter um pai, por não terem sabido impedir a decadência de uma mãe. Sentiram-se incapazes de suscitar e de merecer os pais valorosos que teriam feito deles crianças valorosas e preciosas. E lhes enviam sua última mensagem: "Vocês viverão bem melhor sem mim, e guardando de mim uma imagem transcendida pelo estilo de morte que me terei dado!".

É esta a tela de fundo sobre a qual se desenvolvem muitas passagens ao ato que são outras tantas questões.

Essas questões colocadas em ato parecem muito com aquelas que outros se colocam em palavras junto a um analista. Como fazer passar ao nível consciente as questões que os obcecam? Uma vez tornada consciente, a questão "devo viver ou morrer?" encontraria uma resposta a ser assumida conscientemente. E não seria mais necessário arriscar a vida para se provar que é permitido e possível vivê-la. Mas aqueles que assumem riscos vão muito raramente ver os psicanalistas. Quanto a mim, sobretudo não quero opor "resposta psicoterapêutica" e "resposta animativa", mas antes articular as duas. E penso que a prática dos esportes de risco pode fazer parte das mediações educativas de visada terapêutica.

No caso de uma transferência sobre o monitor de pára-quedismo ou de alpinismo, este último costuma se tornar, no imaginário dos jovens, o detentor da resposta à questão "devo viver ou morrer?". Logo, deve se lembrar que existe um bom risco e um mau risco. O mau risco é a tentação de compensar uma vida sentida como malograda por uma morte fantasiada como bem-sucedida e de repousar em paz, como propõe a pulsão de morte. O bom risco é aquele que é preciso assumir para defender a vida. Na pior das hipóteses, o monitor pode se tornar o grande sacerdote sacrificador que convida para o acidente ou para uma morte grandiosa, prova de uma dívida imaginária assim quitada. Na melhor das hipóteses, pode se tornar o iniciador que garante enganar a morte graças à técnica indefensável que ele ensina, ou aquele que saberá acompanhar o "passante" sem dano (senão sem medo) até uma certa renascença; aquele que terá impedido as fantasias pelas quais a pulsão de morte fazia seu caminho.

As relações transferenciais se enraízam em muitos outros lugares que os consultórios dos psicoterapeutas. Enraízam-se muito bem nos campos de esporte. Mas existem formações profissionais e lugares que permitem analisar a transferência, outros que não o permitem. Os campos de esporte não são quadros propícios à análise da transferência.

Por conseguinte, é preciso que cada um esteja no lugar que aceitou ocupar e que ali se limite. O monitor de esportes de risco, muito embora seja por sua vez analista, deve assumir a castração que lhe impõem sua função e sua escolha; vale dizer que deve sentir-se comprometido em seu ato profissional por um único objetivo: garantir, pela técnica que ele transmite, que, ao se apoiar no laço estabelecido com ele, o sujeito enganará a morte.

É assim que o jovem acabará cada dia um pouco mais com as angústias de morte e as demandas de proteções fusionais que ele pudera buscar até então junto a múltiplas mães imaginárias. Ao integrar as técnicas de esporte em questão, ele aprenderá a assumir sua própria proteção e a depositar em si mesmo a confiança que até então tinha depositado no monitor. Ele interiorizará a função protetora para melhor se separar. E, rechaçando os limites habituais entre o corpo e o espaço, entre o corpo e a velocidade, entre o corpo e o vazio, descobrirá outros limites, incontornáveis estes, que ele deverá assumir. Se o monitor fizer bem o seu trabalho, descobrirá em particular o interdito de assassinato que é, antes, interdito de assassinato sobre si mesmo. E não é pouco para esses jovens que, com tanta frequência, muito cedo perceberam um desejo mortífero por parte de um de seus próximos. Talvez isso modifique suas relações com a questão que o habitava: "Devo viver ou morrer?"

Mas poderemos fazer mais para que essa questão que os obceca – "Tenho o direito de viver?" – chegue à consciência deles e passe a ser o ponto de partida de uma problemática pessoal a ser gerida. Pois um jovem que vimos correr riscos suicidas depois tornar-se adepto da prática de esportes de risco poderia ir mais longe. Ele merece ser acompanhado por um psicanalista para poder nomear as emoções que está vivendo no esporte de risco, a fim de pôr em palavras suas fantasias relativas ao possível acidente e à morte, às mudanças que deseja operar em suas relações com aqueles por quem quer ser amado, ou com aqueles dos quais não fez o luto.

O esporte de risco é para ele a oportunidade, talvez única, de ouvir a proposta de um trabalho de elaboração psíquica. Será, talvez, a única vez em que a problemática inconsciente que o levava ao ato poderá se tornar uma problemática consciente, logo solúvel. Pode ser uma porta de entrada para essa outra iniciativa.

É claro que é preciso que o psicanalista e o monitor de esportes de risco não se encontrem para falar do jovem. Um estará à escuta de sua contratransferência, ao passo que o outro garantirá a transmissão de técnicas pelas quais protegerá a vida e proibirá o risco sacrificial. Enfim, é preciso que o adolescente possa pôr um termo tão logo o deseje na prática desse esporte: que nem a pressão do grupo nem a do monitor venham dissuadi-lo disso. Dessa maneira, o monitor terá permitido que ele viva sem perigo emoções próximas daquelas que ele buscava conhecer quando escapava por pouco da morte em seu comportamento de risco. E o trabalho psicanalítico permitirá que torne consciente o desafio escondido de seu comportamento suicida.

Ao separar completamente trabalho educativo e trabalho terapêutico, teremos permitido que o sujeito articule um ao outro, em vista de transformações intrapsíquicas, respeitando suas possibilidades e seus ritmos pessoais. Sem deixar de evitar acidentes.

CAPÍTULO 5
AS PASSAGENS AO ATO COMO MENSAGENS A SEREM DECIFRADAS

Temos agora de abordar a questão da mensagem veiculada por certas passagens ao ato. É a partida de todo projeto terapêutico que encare a retomada do ato pela fala.

Freud interessou-se pela colocação em ato quando para ele ficou evidente que alguns pacientes atualizavam na transferência uma fantasia recalcada de que não tinham consciência e que esse "agir" vinha no lugar de um "rememorar-se". Assim, o ato durante a cura interessa os psicanalistas porque toma sentido em função da transferência e que esclarece as fantasias do paciente.

No entanto, outros atos impulsivos, que levam ao assassinato ou ao suicídio e parecem ter sido colocados fora de toda transferência, há muito tempo interrogaram tanto psiquiatras quanto juízes.

Em seu Seminário X, A angústia67, Jacques Lacan diferenciou dois tipos de passagens ao ato. Certas passagens ao ato oferecem apenas poucas possibilidades de interpretação; participam de um jogo cego e costumam mostrar a fuga diante de uma escolha imaginária impossível: a castração ou a morte. Celebram o triunfo da pulsão de morte e do ódio, ainda que também tentem, desesperadamente, uma posição de domínio. São aqueles de que já falamos.

Mas outras passagens ao ato apresentam-se como comportamentos dirigidos a um outro para que os decifre. Assim, a colocação em ato de Dora recobria toda uma manobra que mostrava que ela não ignorava (ainda que não as soubesse conscientemente) as relações que seu pai mantinha com a Sra. K; e sua manobra tendia a mascarar esse saber recalcado[68]. Quanto ao acting-out da jovem homossexual, ele consistia em passear sob as janelas do escritório do pai com a bem-amada[69]. Esse comportamento revelava e escondia ao mesmo tempo, segundo Freud, seu voto inconsciente de conceber um filho com o pai.

Esse tipo de passagem ao ato é uma mensagem em busca de decifração. E é sobre um vetor transferencial que ela se desenvolve, ainda que o destinatário não seja um psicanalista. Algo é mostrado, fora de toda rememoração do processo que conduziu a essa "monstração". Entretanto, o fato disso ser mostrado não acarreta a supressão do recalque do sujeito sobre o que ele procura dizer. "O acting-out dá a entender a um outro. É uma demanda de simbolização, exigida numa transferência selvagem. [Aquele que age no acting-out] não sabe o que está mostrando. [...] É ao outro que é confiado o cuidado de decifrar, de interpretar os roteiros. É o outro que é obrigado a saber que se calar é equivalente a deixarse morrer".[70]

Mas como esse outro poderia decifrar o acting-out se não for buscando primeiro entender em que lugar de seu imaginário o sujeito o instalou. Na falta disso, aquele que foi tomado como testemunha e intimado a responder à passagem ao ato arrisca forte não poder ali voltar com o sujeito. E será bem difícil para ele descobrir o sentido disso. Em suma, uma passagem ao ato pode continuar sendo um bilhete de ida simples se a testemunha (o educador, o psicanalista, o assistente social, o professor) não responder pela proposição de uma procura de sentido. Em compensação, se sustentar essa posição, o sujeito poderá ali encontrar uma ida-evolta, isto é, descobrir o discurso atuado que ele tentava sustentar e ali retomar a fala. Então, esse discurso poderá ser examinado conscientemente por ele.

É que o acting-out é um golpe de loucura destinado a evitar uma angústia violenta demais[71]. Essa angústia é aquela com a qual o sujeito teria sido confrontado se tivesse tido de assumir conscientemente um pensamento que ele reprova. O acting-out é a encenação, tanto quanto a rejeição, daquilo que o sujeito teria tido de dizer e que ele considera inaceitável. Na colocação em ato, o sujeito tenta mostrar e esconder de si, a um só tempo, as fantasias que nunca puderam se tornar pensamentos ou questões tidas por aceitáveis, negociáveis e partilháveis (ver mais adiante o exemplo de Nadia).

No que nos diz respeito, a cena na qual ele as restitui é a de uma instituição educativa. Aquela de um lugar que reúne homens e mulheres formados a um só tempo para aceitar figurar os parceiros da história antiga do sujeito e para lhe dar respostas novas. Adultos formados para acolher e partilhar os pensamentos e as questões inaceitáveis. Esses pensamentos e essas questões são inacessíveis e o sujeito deles não dispõe conscientemente. Mas a passagem ao ato começa a mostrar algo disso.

É uma constatação difícil de admitir, mas incontornável: muitos sujeitos só poderão começar um trabalho de elaboração psíquica relativo à dolorosa história pessoal que viveram a partir de uma passagem ao ato. Alguns mantêm à distância fantasias que são para eles tão dolorosas e inaceitáveis que eles não imaginam poder pensá-las, e menos ainda dizêlas. Acham-se, então, na imperiosa necessidade de praticar um ato em laço com esses pensamentos. Dessa maneira, tentam circunscrever no espaço desse ato esses mesmos pensamentos que eles haviam temido não poder conter em seu invólucro psíquico se os tivessem tornado conscientes.

É o que traduzia bem uma jovem mulher que me falava de seu medo de um impulso de estrangular uma menina de cinco anos que ela carregava no colo. “É preciso ser louca para ter ideias assim”, repetia ela com ânsia. Na idade de seis anos, essa jovem mulher fora estuprada e exprimia aí seu medo de ter incorporado seu agressor, ao mesmo tempo que se perguntava: “Não estaria eu buscando, dessa maneira, evitar a essa menina de cinco anos o que aconteceu comigo aos seis?”. Não vou lhes dizer quantos atos aparentemente aberrantes ela precisara praticar antes de ousar explorar as fantasias que os moviam. Ela precisara desenvolver durante anos comportamentos desconcertantes pelos quais dizer disfarçando (e até arriscando ser punida por isso) as fantasias que a assediavam. Isso até que tivesse encontrado testemunhas capazes de propor uma leitura nova, inaugural de um trabalho de pensamento. Durante anos, a compulsão de repetição funcionara com testemunhas que haviam permanecido sideradas ou reprovadoras.

Como pode se explicar esse retorno do recalcado sob comportamentos tão inconscientes quanto significantes?

Acontecimentos subversores e acontecimentos traumáticos

As crianças que entram nos abrigos quase sempre têm a sensação de terem sido enganadas. É claro que se defendem fortemente contra esse sentimento. E é verdade que fomos todos crianças enganadas, pois todos quisemos nos achar saídos de pais idealmente valorosos e protetores, e que eles mesmos gostariam, por meio de nós, de ter acreditado nisso também. No entanto, alguns têm boas razões para instalar defesas rígidas para lutar contra os afetos deprimentes e os pensamentos que se enunciariam como: "Não mereci que eles fossem fiéis à fala, ao compromisso que assumiram comigo!".

As perturbações psíquicas de uma criança não são proporcionais aos acontecimentos dolorosos que ela viveu. Dizem que algumas os superaram. Outras, não. Poderia ser uma das visadas terapêuticas do trabalho educativo superar esses acontecimentos dolorosos para que só permaneçam na memória do sujeito enquanto acontecimentos subversores, suscetíveis de ser desinvestidos depois esquecidos, porque não deverão ter sido recalcados.

Por que um acontecimento pode continuar sendo um acontecimento subversor, doloroso, mas geralmente fecundo para quem o atravessa? E por que o mesmo acontecimento pode se revelar traumático e acarretar uma patologia do funcionamento psíquico?

Um acontecimento traumático é um "acontecimento da vida do sujeito que se define por sua intensidade, a incapacidade em que se encontra o sujeito de a isso responder adequadamente, a subversão e os efeitos patogênicos duráveis que ele provoca na organização psíquica. [...] o traumatismo caracteriza-se por um afluxo de excitações que é excessivo, relativamente à tolerância do sujeito e à sua capacidade de dominar e elaborar psiquicamente essas excitações"[72]. Freud havia concebido o aparelho psíquico como uma "vesícula viva" em que o eu [moi] era mantido ao abrigo das excitações externas por uma membrana protetora que filtrava quantidades de excitação de maneira a que permanecessem toleráveis.

Na situação traumática, essa membrana sofre um arrombamento extenso e perde sua função de pára-excitação; em vez das defesas habitualmente utilizadas contra um acontecimento penoso, o acontecimento traumático obriga a uma defesa radical num duplo nível: o da repressão das emoções que não são aceitáveis e portanto não serão sentidas, e o do recalque das representações, dos pensamentos e imagens suscitadas pelo acontecimento que não são toleráveis e não chegarão à consciência ou lá não permanecerão.

O mesmo acontecimento pode permanecer simplesmente subversor quando o sujeito atravessar essa mesma prova sem dever reprimir suas emoções nem recalcar os pensamentos e as representações que o assaltam, ainda que muito dolorosas. Ele fica então transtornado pelo sofrimento, mas sem que este acarrete disfunções psíquicas duráveis. Como não teve de mutilar sua sensibilidade nem reprimir suas emoções, ele manterá as mesmas capacidades de expressão que seus semelhantes. Como não teve de recalcar seus pensamentos, não terá de suportar os efeitos do "retorno do recalcado", sob a forma habitual de sintomas ou de comportamentos não adaptados.

Mas o que permite ou não o acolhimento dessas emoções e desses pensamentos pelo aparelho psíquico?

Didier Dumas, que nos fala da transmissão genealógica dos impensados traumáticos, nos põe no caminho: "O trauma da criança se representa, nas estruturas do inconsciente, como um acontecimento que ela não pôde simbolizar[73]. Mas o que causa essa violência pela qual o símbolo se ausenta não deve tanto ser buscado na prematuração da criança quanto no Outro[74]. Como o Outro é o lugar de que dependem as introjeções do Sujeito, o acontecimento é traumático na medida em que revela, não a imaturidade da criança, mas a do Outro"[75]. O que vai fazer com que um acontecimento subversor permaneça ou, ao contrário, passe a ser traumático é que a criança possa ou não fazer com que suas emoções e seus pensamentos (sejam quais forem) sejam acolhidos e partilhados por aqueles que têm a seus olhos o poder de legitimá-los.

Logo, um acontecimento poderá permanecer "simplesmente" subversor se essa criança, esse adolescente, esse adulto encontrar à sua volta pessoas junto as quais chorar, dizer sua decepção, seu ódio, seus desejos de vingança, sua vergonha ou o desprezo de si mesma e dos outros, tal como os terá experimentado ao vivenciar esse acontecimento. E poderá permanecer simplesmente subversor se, no mesmo momento, encontrar um ambiente que acolha seus pensamentos, que lhe permita falar do sentido do que lhe aconteceu, e até que descubra que isso não tinha sentido algum. Isto é, de pensar, de partilhar sua história e de historicizála. Assim, essa história permanecendo acessível à sua consciência, ele não será submetido ao retorno dos pensamentos recalcados oriundos dessa história e poderá inscrever algo novo em sua vida. Então, dessa história dolorosa, sua sensibilidade ficará marcada, é claro, mas esta poderá se tornar fonte de criatividade e de trocas.

Ao inverso, um acontecimento subversor vai se tornar traumático se esse mesmo sujeito não encontrar ninguém junto a quem exprimir, partilhar, legitimar as emoções de desespero, ódio, vergonha, cólera, revolta. E não poderá mais experimentá-las nem valorizá-las em termos de comunicação inter-humana em todas as situações ulteriores que ele associará, inconscientemente, a essa experiência traumática. Ou então, ainda, essas mesmas emoções vão irromper de maneira intempestiva em situações ulteriores tão logo estas evocarem a situação traumática. Essas emoções, aí restituídas, aparecerão incongruentes e inaceitáveis. E o mesmo acontecerá com os pensamentos e fantasias suscitados pelo trauma quando vierem se manifestar a respeito de uma situação nova.

Laura

Laura, que tem aproximadamente vinte anos, está vivendo num centro de hospedagem e de readaptação social quando fica sabendo da morte de seu irmão apunhalado numa rixa. Ela estava em ótimos termos com esse irmão que ela havia durante muito tempo ajudado e continuava a se preocupar com ele. No entanto, recebe a notícia com bom humor, atravessa um episódio de grande alegria e não vai ao funeral. Repete que o irmão está bem ali onde está, mas se inquieta com o destino que aguarda o assassino. Acha ele simpático, embora não o conheça. Espanta-se por sentir, pela primeira vez, ódio do irmão.

Independentemente da dimensão antidepressiva de sua reação, não ficaremos espantados de saber que os pais deles haviam feito de Laura a prótese desse irmão, tornando-a sistematicamente responsável por seu devir. Durante muito tempo, ela fora tentada a acompanhar até na morte esse ir mão toxicômano, confor me fantasias oriundas das injunções parentais. Ele também a havia empurrado para a cama de um de seus amigos soropositivos. Compreendemos, então, o surgimento de um ódio durante tanto tempo reprimido, a alegria que se apossa dela, a solidariedade imaginária com essa escolha assassina que poderia ter sido a dela, e que ela havia recalcado.

Se as reações de Laura pareceram incongruentes e inaceitáveis no momento em que perdia o irmão, é que manifestavam afetos e pensamentos que haviam sido experimentados mas recalcados durante acontecimentos anteriores. E sempre acontece assim quando um comportamento manifesta uma resposta jamais dada anteriormente e que retorna na realidade atual.

Josiane

Josiane foi deixada no berçário por uma mãe que não podia imaginar outra solução após a gravidez. Foi adotada por um casal que achava ser estéril. Graças à cumplicidade de um amigo médico na DASS, esse casal pôde adotá-la contornando os procedimentos habituais. Depois, ficou fértil meses mais tarde. Josiane nada conseguira saber das razões e das condições de seu abandono por sua mãe genitora, e menos ainda falar disso: o conformismo social e o constrangimento dos pais adotivos proibiram que tocasse no assunto. Só lhe restou, então, "tudo" imaginar, depois "tudo" recalcar das questões e dos pensamentos suscitados por sua filiação particular.

Já na escola maternal, Josiane sentiu-se à vontade com as meninas mal cuidadas, as mais sujas. Acontecia-lhe sair andando reto sem poder dizer aonde ia. Falaram de fugas. Depois, foi nos bairros mais mal-afamados que escolheu os amigos. Na adolescência, após alguns episódios de anorexia, teve precocemente relações sexuais que a faziam correr o risco de uma procriação irresponsável. Seguindo conselhos unânimes, passou então a usar contraceptivos. O dinheiro, entre ela e os amantes, assumiu um lugar desproporcionado. Ficou grávida e, seguindo conselhos, fez aborto... várias vezes.

Na época em que encontrei sua educadora, esta acabava de levá-la para conhecer uma creche, pois Josiane, de novo grávida, pensava em pôr no mundo um filho, mas, por causa de sua condição de vida, perguntavase se não seria melhor ele ser adotado.

Em dezoito anos, jamais a levaram a procurar entender que imagi nário construíra para si a respeito de sua mãe de nascimento! Sequer uma vez alguém procurou decriptar seus comportamentos ou se perguntar que fantasias a conduziam! Sequer uma vez alguém teve a ideia de traduzir seus atos em pensamentos e questões que ela só podia colocar em "atuações"! Pois, é claro, esse "tudo" que ela havia imaginado sobre a mãe era aquele mesmo "tudo" que o Outro, a família adotiva, transpirava no cotidiano, mas se proibia de exprimir, com certeza culpada pela fantasia de ter cometido um rapto de criança: "Só uma puta para abandonar a filha... e as filhas de putas tornam-se apenas putas". Mito coletivo, tornado para Josiane fantasias e questões pessoais, que ela praticava e colocava em ato sob o olhar daqueles de quem esperava que permitissem que passasse do ato à perlaboração da história de sua mãe tal como ela a fantasiava. Esse trabalho psíquico lhe teria permitido integrar ao registro consciente os acontecimentos e as fantasias recalcados a respeito de sua filiação. E ela se teria assim livrado dos mecanismos repetitivos que a levavam a desempenhar o papel da mãe assim fantasiada para não perdê-la por completo.

Como se pode ser puta e mãe? Como se pode ser mãe e abandonar o filho? Devo odiar e desprezar a mãe que trago em mim? Tenho o direito, será que mereço encontrar outros homens que homens pouco confiáveis e demissionários como foi meu genitor? Como permanecer fiel à minha mãe, senão parecendo com ela? Conservar minha mãe e para isso lhe dar razão a qualquer preço; até ao preço de abandonar, eu também, meu filho! Sou culpada de ter deixado, abandonado minha mãe ao desprezo de todos, e devo reparar impondo-me o mesmo destino que o dela? Etc.

Josiane, sustentada por uma escora educativa de qualidade e comprometida num trabalho psicanalítico, poderia ter revelado suas questões e fantasias. Depois, de repetições em repetições cada vez mais espaçadas e diferentes, poderia ter progressivamente se livrado do peso de um imaginário que a levava a sofrer pela mãe. "As crianças sem família são ávidas de suas origens, até arriscando fantasiá-las e inventar, sem saber, seu estilo de vida baseadas nessas fantasias."[76]

Então, nesse trabalho de elaboração, ela teria descoberto que podia a um só tempo e com razões odiar e amar a mãe. Não são bons nem ruins os sentimentos experimentados. Ela teria descoberto que uma mulher, que corre o risco de uma gravidez após a qual abandona o filho, dá razões para ser detestada, mas também que uma mulher que se prostitui nunca é apenas uma prostituta, que ser levada a se prostituir é uma coisa que pode acontecer, bem facilmente. Que uma mulher que tem a coragem de carregar por nove meses o filho, que tem a inteligência do coração de se dar conta de que não poderia dar a ele todas as suas oportunidades mantendo-o consigo e que encontra a força de dá-lo à custa de sua maior tristeza, é possível achá-la respeitável. Teria aí descoberto que querer amar a mãe ou querer manter-se fiel a ela não é bom nem ruim. Sobretudo, teria entendido que querer guardá-la, ser amada por ela e conhecer o que ela experimentou não implica obrigar-se ao mesmo sofrimento e à mesma vida que ela. Teria descoberto que o desejo da mãe, ao "dá-la", era fazer com que escapasse aos riscos aos quais ela a teria exposto e que, após ter-lhe dado a vida, ela quis lhe dar a liberdade; que se estava ávida de suas origens para nelas enraizar o futuro, estava no direito de conhecêlas de outra maneira que passando ela mesma por onde fantasmava que passara a mãe. Se tivesse encontrado pais adotivos (ou outros adultos) capazes de acolher esses afetos de vergonha, desprezo, cólera em relação à mãe, de depressão e recusa de viver, ela os teria considerado legítimos e deles teria feito emoções comunicáveis. Não deveria, então, ter recusado alimentar um corpo que, tão logo ficara púbere, ela havia fantasiado como destinado a procriar de maneira irresponsável. Não teria sido forçada a sair sem destino, nem a se considerar suja e a se juntar a meninas sujas, nem a ter por amantes indivíduos sujos. De sua história de sofrimento, teria guardado uma sensibilidade e uma riqueza de comunicação maiores que outras.

Se tivesse encontrado, na idade em que toda criança sente que os adultos "sabem o que temos o direito de pensar e o que não devemos pensar", pessoas para escutá-la longamente esmiuçar todas as ideias que lhe vinham à mente quanto à sua filiação; se tivesse encontrado pessoas para escutá-la dizer o desejo e o medo que sentia de partir em busca da mãe, dizer seus projetos de ir ajudá-la a mesmo assim se tornar novamente sua mãe, e dizer também seus projetos de ir insultá-la, de censurar-lhe seu abandono e de afirmar-lhe que se tinha virado bem melhor sem ela; se tivesse podido fazer entender seu desejo de ser solidária com ela e de vivenciar o que a mãe havia vivenciado, então Josiane poderia ter elaborado a dor de sua história e a da perda de sua mãe. Teria guardado perante si mesma um sentimento de dignidade e teria permanecido intacta em sua sensibilidade emocional. Por esse trabalho de pensamento, teria examinado suas preocupações permanecidas conscientes e partilháveis. Estas não teriam tomado, por trás da barreira do recalque, a força das fantasias que retornavam no real e a mantinham na escravidão de ter de repetir a história da mãe e o traumatismo da separação mãe-filho, como ia fazer ao abandonar, também, aquele que ela carregava.

Ela teria sofrido com sua história, sim, mas sem cair na repetição em atos neuróticos. Teria, de pensamento em pensamento, historicizado essa história, seu romance genealógico, teria feito a versão dele, as versões que lhe convinham, aquelas com as quais podia viver. E com certeza essa história teria sido a fonte de uma criação pessoal que ganharia valor no campo social: talvez tivesse se tornado juiz de menores, ou educadora, ou detetive particular partindo em busca das verdades escondidas, talvez tivesse aberto um hotel maternal!

Um programa de televisão recente dava a palavra a um homem cuja mãe dera à luz incógnita. Ele fora rapidamente adotado, e enxertara-se nos pais adotivos que o haviam, sem temor e com respeito, informado de sua dupla filiação. Eles lhe haviam dito a que ponto, sem conhecê-la, amavam sua mãe porque ela tinha tido a coragem de se separar dele apesar da tristeza que tinha sentido e que, assim, graças a ela, eles tinham conhecido a sorte de ter um filho que tinha tornado a vida deles bem mais interessante. Depois, tinham-no deixado em paz com isso, celebrando todos os anos dois aniversários: o de seu nascimento e o de sua adoção.

Graças à sua fortuna pessoal, esse homem, uma vez adulto, pôde depois dedicar, todos os anos, algumas semanas de seu tempo a acolher em casa, e com a própria companheira, mulheres que haviam decidido dar à luz incógnitas, nos períodos que precediam a entrada no serviço de obstetrícia. Dizia guardar assim, por meio delas, uma aliança com a mãe de nascimento, e achar-se bem desse jeito.

Logo, é menos a intensidade de um acontecimento subversor que faz dele um acontecimento a ser recalcado, e por aí traumático, que a ausência de um ambiente humano que partilha com o sujeito os afetos que ele experimenta e os pensamentos que o assaltam para que não tenha de recalcá-los. É esse ambiente que deve ser restituído a uma criança acolhida em instituição. Aceitar os pensamentos diversos que atravessam seu espírito não significa, é claro, aceitar que ela os atue. Trata-se, antes, de lhe oferecer para confrontá-los com a possibilidade e o interesse de realizá-los. O que tampouco significa que seja preciso impor falar regularmente com ela desse acontecimento, que veio subverter sua vida. Às vezes, é a respeito de acontecimentos relativamente similares e que aconteceram com outros que ele conseguirá de modo mais simples esse trabalho de elaboração. Os momentos mais favoráveis costumam ser esses momentos informais em que a criança que vive com o adulto realiza algo muito concreto com ele. Pois quando a subversão foi muito violenta, o que a criança precisa falar disso pode ser tão inquietante para ela que só muito progressivamente, ou a respeito de outra coisa, é que ela poderá abordá-lo sem medo. É aí que as relações educativas ganham todo seu valor, pois a criança precisa de um outro que acolha as emoções até então proibidas de estada e os pensamentos mais ou menos convenientes, até mesmo enlouquecedores. Aqueles dos quais ela só poderá falar com um psicoterapeuta quando tiver sido assegurada de que não são tão perigosos, porque ela os terá primeiro confiado a um educador.

Um acontecimento subversor pode continuar sendo quando o sujeito estiver cercado de pessoas que acham legítimos os afetos e os pensamentos mais contraditórios e os mais imorais: "É plenamente humano sentir e pensar isso tudo; eu, no seu lugar, com certeza também teria sentido as coisas assim... Temos o direito de tudo pensar... Não é igual fazer realmente". Não temos o direito, em compensação, de fazer tudo, mas para renunciar a isso, é preciso nisso ter pensado conscientemente.

A fortiori, um acontecimento subversor torna-se traumático quando os pais, suportes do ideal do filho, também estão sob efeito de choque. "Qual é, pois, a natureza do trauma efetuado, na vida psíquica de um filho pequeno, pelo corte representado pela perda de um irmão mais novo? O trauma não reside para o filho tanto no real da morte quanto na ausência de palavras que, prendendo os adultos, os impede de dar conta delas e de simbolizar esse real. Se a morte de um irmão mais novo pode brutalmente derrubar a mãe do lugar divino onde a instalou seu filho, não é tanto ligado ao fato de que ela possa, na oportunidade, ser pensada má quanto à violência representada, para o filho vivo, pelo confronto com a impotência radical dessa deusa que para ele é a mãe. [...] Privado de suas próprias palavras, o Outro delas priva o filho vivo, que arriscará ver-se herdeiro da impotência dual que caracteriza, então, a de sua mãe."[77]

Por trás da barreira do recalque, talvez sejam as fantasias de involução que comandarão o devir do filho: voltar ao estádio de desenvolvimento em que estava o filho antes de morrer. A menos que ele se invista fortemente na reparação da mãe, o que poderia impedi-lo de ter acesso a seus próprios desejos se uma reparação sem fim devesse ser priorizada nos processos de separação. Pois também acontece de o trauma inscrever o filho num estatuto tal que não lhe serão mais fornecidas as castrações simbolígenas necessárias à humanização de suas pulsões. Por exemplo, quando o filho que se devota a aliviar o sofrimento da mãe é filho de idade edipiana e que ninguém ousa mais lhe fornecer a castração genital edipiana[78], abandonando-a a seu papel de prótese e, por meio deste, a suas pulsões incestuosas não "castradas".

Do recalque ou da foraclusão dos pensamentos nascerão fantasias que serão mantidas inconscientes, mas que retornarão na realidade, de maneira insidiosa ou violenta, sob forma de sintomas ou de colocações em ato. São os efeitos de retorno do recalcado, com frequência chamados distúrbios do comportamento, passagens ao ato ou conduta de fracasso, que temos de considerar, uma vez que percebemos que alguns jovens instalam um jogo relacional conduzido por esse retorno do recalcado.

As passagens ao ato, uma oportunidade para a fala

Os comportamentos desconcertantes e as passagens ao ato oferecem à terapêutica uma abordagem mais fácil que aquelas oferecidas por certos sintomas. Que esta se desenrole no consultório ou que seja a ação de "terapeutas do cotidiano"[79], o essencial é que ele não acarrete outra passagem ao ato destes[80].

Com efeito, se um sujeito escolheu inconscientemente certos adultos para colocar em ato um roteiro fantasmático, em geral é que percebeu que podia esperar que eles decifrassem. E ele espera que estes lhe dêem uma resposta nova que o livre da rotina da repetição. O retorno do recalcado é submetido a alguns parâmetros, por exemplo a compulsão de repetição. A forma que ele assume depende muito do impacto de um supereu tirânico. Ele vai surgir preferencialmente ao longo de situações que evocam a (ou as) situação(ões) traumática inicial. E, enfim, o sujeito desloca os investimentos estabelecidos com personagens de sua história anterior sobre os parceiros fortemente investidos de hoje.

Nos casos mais favoráveis, é o sujeito que, sem querer, reuniu os elementos e os personagens de uma situação que repete a situação patogênica antiga. E se tenta reeditá-la, é para encontrar para ela novas resoluções, ainda que não o saiba. No entanto, às vezes a instituição é levada a recriar a própria situação contra a qual ela propusera ser um recurso. Uma situação clássica é aquela em que ela se abole como espaçoterceiro, no caso de Jacky, por exemplo.

Jacky

Quando Jacky foi admitido no abrigo, ele tinha dezesseis anos e uma lembrança extremamente nebulosa do pai que se separara da mãe quando ele ainda era bebê. Em compensação, lembrava-se bem do padrasto com o qual havia estabelecido fortes laços afetivos. Mas este, em conflito com sua mãe, os havia deixado e só escondido desta é que Jacky pudera revê-lo. Foi então que suas relações ficaram tensas com as professoras que a seus olhos tinham se tornado muito perseguidoras. Entretanto, esses conflitos com os professores e os animadores da casa de jovens só adquiriram um tamanho importante pelas repercussões que a mãe lhe havia dado. Ela havia considerado irrisórios os êxitos que ele havia obtido pela mediação desses personagens: esses êxitos tinham se tornado raros. Assim, ela havia apagado, para Jacky, todos os terceiros e todos os suportes identificatórios masculinos.

Com a puberdade, até então submisso, ele se tornara desagradável com ela, depois violento. Passara a faltar à escola, cometera alguns furtos e, num movimento, idêntico talvez àquele desse padrasto que havia abandonado o campo fechado onde reinava essa mulher, ele deixara o domicílio materno. Foi assim que encontrou, sob os ares de um juiz de menores, o terceiro legiferante que sua mãe havia evitado, para ela como para ele, há tanto tempo. Daí sua entrada no abrigo.

Ali, ele havia desenvolvido relações harmoniosas com a educadora: nem autoritária, nem sedutora, nem manipuladora, ela se situara à justa distância e tivera simplesmente por ele um interesse real. O mesmo aconteceu com seu educador referente.

Mas eis que a direção fora interpelada por essa mãe sacrificada que se indignava com a ingratidão do filho e reivindicava seu direito a "obrigá-lo a passar fins-de-semana em casa", como o juiz havia imprudentemente "ordenado". Jacky, até então, os havia passado com os colegas do abrigo. Assim, no fim-de-semana seguinte, saiu em direção ao domicílio materno e chegou ao de um amigo onde ficou. Escândalo. A mãe ameaçou o abrigo e foi recebida pelo diretor, que se enganou ao ponto de introduzi-la no território do adolescente: seu grupo de vida. Ali, em presença da educadora e do educador, ela descreveu da maneira mais humilhante os defeitos do filho, lembrou os conflitos entre os dois que mais o desvalorizavam, e concluiu que estávamos muito errados em ainda nos interessarmos por um menino como ele. Em suma, ele viu sua imagem demolida pela mãe, aos olhos daqueles para os quais quisera contar. Errou em não ter aberto a boca e seus educadores erraram em não contradizê-la; talvez esperassem um posicionamento firme do diretor em favor do menino. Este não veio. Quem cala, consente!

Alguns minutos após a partida da mãe, Jacky tentou estrangular a educadora. Foi difícil arrancá-la de suas mãos e ela ficou com várias vértebras cervicais fora de lugar. Confrontado com seu ato, Jacky só encontrou para ele uma explicação de que ele mesmo duvidava: a educadora o teria olhado com um ar gozador e cheio de desprezo! O que pensar disso?

A dinâmica do desejo exige que o filho disponha, no limiar da vida, de dois polos relacionais. Caso contrário, cativo da rede afetiva, dos significantes e das demandas conscientes e inconscientes da mãe, viverá a angústia de dependência que esse lugar de "criança-falo" suscita. Está em jogo o nascimento de seu desejo, pois o filho objeto das demandas do Outro se angustia, já que não pode escapar a esse Outro sem cair no vazio. É apoiando-se num terceiro que ele consegue isso. Se a mãe não fizer com que encontre esse terceiro, ele o encontrará ali onde puder.

Jacky não pudera encontrar esse terceiro junto ao pai, mas havia fortemente investido o padrasto até que a partida deste o deixasse sem apoio separador nem mediador, já que ele havia recebido a interdição materna de continuar a vê-lo e que ela lhe havia repetido que aquele padrasto "não era nada para ele... diante da lei". O mesmo jogo materno ocorrera em relação aos terceiros professores ou assistentes sucessivos: ela os havia desqualificado. E fizera isso igualmente quando se tinham mostrado iniciadores, graças aos quais Jacky se autonomizava. Toda referência deveria, para ele, ter passado apenas por ela mesma: insustentável sobretudo quando a puberdade vem acrescentar à angústia da dependência a da proximidade incestuosa!

Daí a necessidade imperiosa de manter essa mãe à distância, tornando-se desagradável com ela. Daí a necessidade imperiosa de encontrar um terceiro legiferante para não se perder: Jacky fizera o que era preciso para acabar diante de um juiz de menores, e para ser defendido num abrigo.

Ele havia investido com uma transferência muito positiva esses terceiros encontrados nos educadores e no diretor. E fora com alívio que constatara que a educadora não coincidia com a imagem de mãe manipuladora que ele tendia a deslocar sobre ela. Ele tinha tido a esperança de que com estes ele poderia se revelar outro que o que fora até então. Logo, Jacky precisara deslocar na instituição o jogo relacional em impasse com sua mãe para experimentar que ele podia desejar com ou contra esta, e sobretudo que tinha o direito de desejar conforme seus próprios desejos.

Por que algumas instituições querem que os filhos gostem dos pais? Será por causa de uma culpa mais ou menos consciente de tê-los raptado de uma família decaída?

O fato é que a mãe pudera prolongar na instituição a situação perversa contra a qual esta tinha missão de proteger Jacky: desqualificandose como terceiro e fundindo-se com sua mãe, o diretor havia abolido, ao introduzi-la em seu lugar de vida, a distância que representava seu direito de se diferenciar dos desejos desta. Abolidos como terceiros mediadores e diferenciadores, os adultos do abrigo tinham em seguida permitido a humilhação daquele que acreditara neles. A manipulação de sua mãe e o silêncio cúmplice de seus interlocutores tinham acarretado o deslocamento de todas as imagos oriundas de relações perversas precedentes sobre os personagens atuais. E a situação de hoje repetia precisamente as feridas e os impasses de ontem. Os adultos tinham se deixado instalar na continuidade desses acontecimentos que haviam impedido a identificação de Jacky com um terceiro valoroso e o haviam privado de modelos de virilidade. Como o pai e o padrasto que não tinham ficado junto dele, diretor e edu cadores demitiam-se; pior, seu crédito aos olhos deles estava destruído sem que eles parecessem querer se opor a isso. Uma vez mais, a mãe ia desviar dele aqueles nos quais ele queria se apoiar. A barreira do recalque cedeu: como Pierre Rivière[81], só lhe restou colocar em ato a fantasia do assassinato da mãe para poder, enfim, crescer e viver.

Foi assim que sua educadora lhe apareceu sob os traços da feiticeira castradora que ele sempre havia temido, e que, por meio dela, ele estrangulou a mãe.

Eis como a compulsão de repetição havia prolongado no abrigo a situação na origem de todas as dificuldades e de todos os sofrimentos de Jacky. O que teria permanecido sem consequências graves se este não tivesse tido tempo de investir seus educadores, como se precisasse disso, de um sólido laço transferencial. Foi por causa desse laço que ele acabou colocando em ato contra a educadora a fantasia de assassinato que por tanto tempo havia nutrido e recalcado em relação à mãe. Acompanhado, é claro, dos afetos de ódio, também eles reprimidos de longa data. Uma instituição que acolhe pais no lugar de vida dos adolescentes não está mais infiltrada por procedimentos que refletem a lei simbólica, e tem todas as chances de acompanhar a repetição de traumatismos anteriores, uma vez que esses traumatismos já provinham de pais que não tinham podido integrar por si mesmos as castrações simbólicas.

Assim funciona a compulsão de repetição que, bem ou mal, acolhemos no abrigo ao mesmo tempo que o adolescente. Inexorável energia, ela leva o sujeito a retornar às mesmas situações traumáticas ou às mesmas relações patogênicas, girando em círculos como um disco arranhado82. Trata-se de um "processo incoercível e de origem inconsciente, pelo qual o sujeito se coloca ativamente em situações penosas, repetindo assim experiências antigas sem se lembrar do protótipo e com, ao contrário, a impressão muito viva de que se trata de algo que está plenamente motivado no atual"[83].

Ela às vezes carrega o sujeito para posições cada vez mais danosas e cria as condições de sua rejeição e de seu isolamento. Freud aí reconhecia a tendência habitual do recalcado de retornar sob forma de sonhos, sintomas, colocações em ato. Primeiro deplorara essa tendência à repetição que, na cura, resistia ao trabalho de rememoração, via real da análise[84]. Depois, descobrira a função terapêutica da repetição transferencial.

A repetição, notadamente nos sonhos consecutivos a traumatismos, lhe aparecera como uma estratégia do eu [moi] para reencontrar a angústia ausente durante o acontecimento traumático, assim como para dominar e ab-reagir às tendências excessivas, num modo fracionado. Outros autores evidenciaram uma versão da compulsão de repetição que não está a serviço da pulsão de morte e que mereceria ser chamada "compulsão de restituição". Por isso é que a psicanálise se interessou por todas as formas de repetições atuadas, chegando até a suscitá-las no psicodrama analítico.

Assim, pois, os adolescentes nos restituem, mediante certas colocações em ato repetidas, um material clínico que eles não poderiam trazer de outro modo e que diz precisamente respeito a seus conflitos internos oriundos de experiências anteriores. E essa restituição representa a única via para a conscientização progressiva, por permitir ao sujeito que ponha em cena esses conflitos. Esforcemo-nos para que as respostas de seus educadores venham se diferenciar daquelas que haviam enquistado o conflito infantil e que essas respostas venham a contrario de suas fantasias: então, a colocação em ato repetida poderá desembocar numa distinção entre essas fantasias e uma realidade percebida como cada vez mais diferente destas. Assim, a saída depende da implicação consciente e inconsciente dos parceiros do jogo relacional, os educadores e os assistentes sociais.

"O que somos convidados a (e tentados a) repetir; como dar uma resposta radicalmente diferente da resposta traumática inicial, uma resposta que não encerraria o conflito sobre ele mesmo?". Eis uma questão que merece voltar ao longo do trajeto de uma criança em instituição. "Como poderíamos dar uma resposta nova, inaugural, sob uma forma que faz pensar?". A situação de Jacky e de seu enquadramento mostra o interesse de acolher o que é repetido para considerá-lo "restituído" a partir do qual trabalhar, isto é, inovar.

O IMPACTO DE UM SUPEREU TIRÂNICO

Os efeitos do supereu tirânico são observáveis nas inibições como nas passagens ao ato mais violentas. O título "supereu" aliás é discutível, já que o supereu tirânico desempenha um papel contrário àquele do supereu normal. Logo, temos que diferenciá-los bem e bem diferenciar lei e poder do Outro. O supereu normal é protetor. Herdeiro do complexo de Édipo, ele vem articular o interdito do incesto aos interditos previamente interiorizados. Instala-se após a idade de cinco anos. Ao abandonar todo projeto de incesto com cada um dos pais e ao deslocar sua curiosidade e seus desejos sexuais sobre os parceiros de sua idade, o filho finaliza outras renúncias anteriormente consentidas. Em razão destas, ele já descobriu sublimações, isto é, maneiras lícitas de realizar seus desejos, e para realizá-los encontrou objetos permitidos conforme a ética humana. Logo, já terá renunciado a certas realizações para investir sua energia pulsional em outros projetos. É isso a humanização das pulsões, e ele chega a essas renúncias em razão das castrações simbolígenas (ou castrações simbólicas).

O termo castração simbólica impôs-se entre os psicanalistas em razão da zona erógena envolvida pelo interdito edipiano e em razão da confusão feita pelo filho macho entre a prova da renúncia e a ameaça imaginária de lesão de seus órgãos genitais. Há castração simbolígena para um sujeito "quando outro ser humano lhe significa que o cumprimento de seu desejo, sob a forma que ele gostaria de lhe dar, é proibido pela Lei. Essa significação passa pela linguagem, seja esta gestual, mímica ou verbal. A recepção desse interdito ao agir, que ele cobiçava com ardor, provoca no sujeito que o recebe um efeito de choque, o reforço de seu desejo diante do obstáculo, às vezes uma revolta, ameaçado que se sente de anulação de seu desejo, diante da inutilidade total de perseguir o objeto"[85].

Em seguida, o sujeito canaliza as pulsões envolvidas e sublima-as, colocando-as a serviço de realizações de desejos lícitos, desta vez, em relação à ética humana. Contanto que saiba bem que o adulto está igualmente marcado por esse interdito, a criança suporta a prova. Nesta, um sentido humanizante se revela, em razão da confiança recíproca, e a criança aceita o que o adulto lhe impõe. Ela integra o interdito sem muita dor porque esse adulto participa da imagem acabada de sua pessoa futura e porque sente um excedente de dignidade a integrá-lo por outras razões que a simples submissão. "Não pode nunca ser a Lei de tal adulto que a profere contra a criança."[86] Logo, é pelo interdito que a criança é iniciada na humanização das pulsões. A Lei simbólica acarreta uma mutação e um reforço de seus desejos, ela reprime seus atuações perversas para posicionála na comunidade dos humanos.

No momento do declínio do complexo de Édipo, o filho interioriza o interdito do incesto, como teve de ter acesso a outros interditos. Renunciou a destruir pura e simplesmente aqueles que sustentam projetos opostos aos seus (interdito de assassinato). Aceitou rivalizar conforme regras terceiras, e a negociar antes na paz que na violência atuada (interdito de predação). Renunciou ao prazer de fazer o outro sofrer, como seus pais se proibiram o de fazê-lo sofrer. Logo, foi castrado de suas pulsões assassinas, de suas pulsões sádicas e de suas pulsões incestuosas que ele sublimou de acordo com os ideais da família e do grupo. As leis que os pais fizeram respeitar na família pareceram-lhe legítimas, fecundas de harmonia, promissoras de realizações sociais, valorosas e nobres, à imagem que ele se fez destes. Por isso é que as integrou. Um supereu, tornado a sede dessas leis interiorizadas, permitiu integrar as funções parentais: tornarse para si mesmo a própria mãe; tornar-se para si mesmo o próprio pai. Esse supereu protetor proíbe não o desejo sexual, mas o gozo incestuoso para o qual tendia o filho, e que ele também sentia como um perigo enlouquecedor. Esse supereu exalta o desejo ao mesmo tempo que exorta a encontrar projetos lícitos, valorosos ao olhar do ideal do eu que se instala. Esse supereu protege o filho do sofrimento ao qual as transgressões o teriam exposto: sofrimento da angústia de castração (ou de evisceração vaginal para a menina) e sofrimento da culpa inconsciente e consciente. Também o protege do sofrimento externo já que, ao respeitar o interdito, ele o coloca ao abrigo das represálias que suas transgressões lhe teriam custado.

Assim se instalou o supereu-consciência. É a parte de nossa personalidade com a qual regramos nossas condutas, nos julgamos, nos propomos práticas valorosas e um ideal pessoal. Sua função é essencialmente protetora quanto às tensões devidas a enormes conflitos internos. E é igualmente protetora porque integra harmoniosamente o sujeito entre os membros de seu grupo social.

Mas esse supereu protetor raramente é o dos jovens que acolhemos. Vítimas inconscientemente indutoras e atores de violências repetitivas, eles vivem sob a férula do supereu tirânico que não proíbe, mas condena de modo desmedido às punições extremas; ele exorta de modo desmedido ao gozo absoluto e a ignorar todo limite; e protege excessivamente, vale dizer que impõe a impotência e a inibição. Esse "outro supereu, cruel e feroz, é a causa de grande parte do desamparo humano e das absurdas ações infernais do homem (suicídios, assassinatos, destruições e guerras). O 'bem' que esse supereu selvagem nos manda encontrar não é o que é bem do ponto de vista da sociedade, mas o próprio gozo absoluto; ele nos ordena infringir todo limite e atingir o impossível de um gozo sem cessar roubado. O supereu tirânico ordena e nós obedecemos sem querer, ainda que isso costume comportar a perda e a destruição daquilo que nos é mais caro"[87].

Lacan dissera: "O supereu é o imperativo do gozo. Goze!"[88]. Por isso é que certos delinquentes nos parecem submissos a um supereu esmagador, que denega o sentimento de culpa para tomar a forma de um semblante de lei, inconsciente e insensata, que "leva ao crime" e que se impõe, neles mesmos, com toda a força de uma intimidação violenta. Paradoxalmente, o supereu tirânico também é desmedidamente proibidor do prazer e do êxito. Ele conduz a manifestações absurdas de autopunição. Tudo se passa como se esse supereu patológico gozasse com um prazer sádico da crueldade das sanções que ele impõe ao eu [moi]. Enfim, o supereu tirânico sufoca; é responsável pela maioria das inibições, entre as quais frigidez e impotência sexual, seja qual for a legitimidade da união dos parceiros.

Daí provém o supereu tirânico?

De uma experiência traumática. Pois ele não é nem um pouco o herdeiro do complexo de Édipo. É o herdeiro de "todo traumatismo primitivo seja qual for, sofrido pelo filho independentemente da idade, quando suas fantasias o fazem ouvir a voz de um adulto como uma injunção brutal e dilacerante. Atordoado, o filho sente o peso da autoridade e da intimidação parentais sem compreender sobre o que se refere realmente o interdito proferido pela voz real ou fantasiada dos pais"[89]. "O sentido do interdito, sentido que pode ser veiculado por meio de toda fala simbólica e estruturante, é anulado pelo som perfurante da vociferação parental."[90]

A ordem fantasiada ou real perde todo sentido humanizante e se torna, no seio do eu [moi], a sede mórbida do supereu tirânico. Recalcado ou foracluído, esse comando insensato que condena desmedidamente, exorta desmedidamente ou sufoca desmedidamente voltará para incitar repe tidamente o sujeito a praticar na realidade atos conformes às suas ordens.

Por que esse supereu tirânico se automantém?

Porque tem a ver com a culpa inconsciente e com a pulsão de repetição.

A culpa inconsciente existe "erroneamente": com efeito, do ponto de vista da consciência, o sujeito é totalmente inocente, já que ninguém o acusa e que ele não cometeu nenhum erro. Mas do ponto de vista do inconsciente, acontece de outro jeito: essa culpa inconsciente pode ter nascido no fato de ter experimentado, inconscientemente, um desejo proibido, ou então pode provir de um traumatismo precoce que acarretou a formação de fantasias acusadoras.

Tudo se passa como se o eu [moi] acreditasse ter cometido um erro desconhecido, pois está fortemente dolorido por uma culpa que ele não percebe como tal, já que é inconsciente. E essa tensão é tão intolerável que pede, para relaxar, a ação tranquilizante de uma autopunição mórbida. A tensão da culpa inconsciente exige, para ser aliviada, uma dor obtida pela punição provocada. O eu [moi] prefere pôr-se em posição de sofrer para não sentir mais a opressão da culpa inconsciente.

A transgressão real que o sujeito é levado a cometer lhe permite, a ele que se sente inconscientemente culpado, localizar o erro, nomeá-lo enfim, e esperar, após a punição, ser considerado quite. Inutilmente, no entanto, pois, em relação ao erro imaginário, a culpa persiste seja qual for o lugar onde o sujeito buscou cometer um erro real para por ele ser punido. Por isso, algum tempo após a punição, a tensão se restabeleceu, tornando-se novamente intolerável e pedindo outra punição. Freud falou de uma "pura cultura da pulsão de morte" quando descobriu o domínio da compulsão de repetição ligada ao supereu tirânico. Ela explica o percurso de certos multirrecidivistas que encontrei na prisão. Filhos muito espancados na aurora da vida por um pai pouco seguro de sua virilidade, eles tiveram orgulho em resistir, em desafiar, em não ceder aos golpes que sentiam como uma vontade de submissão homossexual. Com frequência fantasiaram que assim ajudavam o pai a se sentir homem. É cansativo ouvi-los, vinte anos mais tarde, ainda proteger a imagem paterna e, do fundo da cela, assumirem a culpa dessa filiação fracassada. E são esses filhos espancados que encontramos pequenos delinquentes por volta dos doze anos, cheirando cola aos quatorze, colocados em abrigos aos dezesseis, usuários de cocaína e de heroína aos dezoito anos, encarcerados em seguida repetitivamente por crimes sem envergadura, e soropositivos mais tarde.

Pois, apesar de tudo, "o pai sabe o que é bom ou ruim, o pai comanda, meu pai sabia o que fazia, a culpa era minha, eu merecia apanhar"; e o sentimento inconsciente de culpa perdura. Para se aliviar, ele vai levar o filho a ser punido bem além da correção paterna. Ao mesmo tempo, a "necessidade de nomeação" quanto à culpa imaginária vai levá-lo a transgredir de preferência ali onde, indiscutivelmente, a sociedade indica o erro e a decadência (o uso de drogas, por exemplo), desculpando ao mesmo tempo o pai. Freud havia mostrado que "existem muitos criminosos, cujo sentimento de culpa motivou o ato assassino, como para poder ligar esse sentimento e tratá-lo a partir de algo real e atual"[91]. E acrescentava: "... e, na verdade, o supereu consegue com bastante frequência levar o eu [moi] à morte"[92].

Nadia

Por muito tempo vou me lembrar de Nadia cujo funcionamento psíquico e o comportamento infelizmente ilustram o duplo efeito do supereu tirânico e da compulsão de repetição. Quando a atendi de urgência, Nadia tinha quinze anos e se apresentava como uma criança interessante e refletida, um pouco mal à vontade em seu corpo de mulher bem jovem. Foi discreta, primeiro, quanto à situação familiar de que quisera fugir: apanhava muito. "Contei isso mais em detalhes ao juiz", acrescentou sobriamente.

Durante algumas semanas, sua inserção no abrigo se fez da melhor forma possível. Ela evitou sair, embora alguns rapazes tivessem vindo chamá-la. Foi escolarizada na classe interna desse abrigo; estabeleceu relações de confiança com todos e uma relação transferencial muito clara e um pouco idealizante com a educadora referente. E aliás foi por isso que ela lhe endereçou sua primeira repetição transferencial: durante uma saída ao cinema com os adolescentes de seu grupo, ela deixou a sala em plena projeção, para não voltar. A educadora, inquieta, também saiu, pensando que ela passara mal no banheiro. Mandou abrir a porta e descobriu Nadia trancada com dois jovens adultos que ela estava masturbando. Como a compulsão de repetição operara, e o que Nadia pudera tentar restituir?

Na transferência, ela fizera da educadora, mãe de família por sua vez, aquela que poderia lhe indicar que muralha colocar entre ela e a violência masculina dessubjetivante... e ela a intimava a responder.

O conjunto de suas fantasias referia-se a essas questões, assediadoras e, no entanto, proibidas de pensamento e partilha, ela acaba de restituí-lo num banho de afetos os mais contraditórios de acolher e partilhar: ao mesmo tempo de ódio, culpa, vergonha, resignação e revolta contra todas as exigências de submissão feitas às mulheres.

"Olhe em que ponto estou, você que sabe como se tornar mulher e mãe como eu gostaria de ser um dia; pare-me e fale comigo!", parecia formular sem querer. Ao mostrar sua questão colocada em ato à educadora, Nadia confiava nela para fazê-la ir na direção de suas próprias respostas.

A compulsão de repetição acabava de restituir, de maneira extremamente condensada, todo um material psíquico que Nadia não poderia ter entregue de outro modo. O atendimento, em sua dimensão terapêutica, podia começar.

Pois Nadia, nas entrevistas seguintes, ia ligar esse ato com a situação que, diz ela, "a deixa meio louca": cada atraso na volta da escola, cada saída não justificada eram suspeitas de serem motivadas por seu desejo de encontrar rapazes. Assim, davam razão aos irmãos mais velhos para amarrá-la e espancá-la bastante e com a violência que achassem "justa". A descrição que ela faz dessas "punições" é tão breve quanto sórdida, pois sinto que teme excitar meu desejo supostamente sádico ao me falar disso.

O pai não era um recurso para ela, pois fora ele quem iniciara esse gênero de prática, surrando a mulher e queimando com cigarro o corpo inteiro das irmãs mais velhas de Nadia, pelos mesmos motivos. A mãe chorava, sem conseguir se opor.

Após cada um desses maus-tratos, Nadia, que, diz ela, "dá valor à família", busca "ser perdoada". Quer ser "boazinha mesmo assim" com os irmãos, e a melhor maneira de conseguir isso é dar-lhes uma parte do dinheiro que ela ganha fazendo serviços na vizinhança.

Finalmente, os irmãos, com o motivo de dominar sua vida sexual e sob a bandeira da "honra familiar", gozam de seu corpo sempre que sen tem vontade. Difícil poder encontrar mais incestuosos e mais perversos e, como com frequência, é ao abrigo da bandeira de um valor intangível que a perversão se repasta. Ainda mais que, a pretexto de proteger Nadia dos riscos da prostituição, o imaginário familiar já a inscreveu nela: faz com que viva uma moral de submissão do corpo à violência masculina; faz com que sinta toda realização amorosa fora da família como fonte de depravação, e Nadia é obrigada a reparar financeiramente. Assim, a prostituição se instala no próprio leito da honra familiar com os irmãos maiores que prefiguram os proxenetas de amanhã.

É claro, não era uma culpa real que ela expiava, mas uma culpa imaginária, talvez até a culpa de ser mulher, já que, tendo visto desde sempre a mãe e as irmãs tratadas assim, com isso provavelmente se identificara. O imaginário familiar no qual sua economia psíquica se organizara a conduzia, em seguida, a desempenhar, no campo social, o papel de uma perfeita vítima sacrificial.

Nadia era convidada pelos irmãos, de maneira implícita, a transgredir para lhes dar o gozo da punição deles. Era em seguida levada a apaziguar seus sentimentos de culpa no sofrimento de ser espancada e espoliada de seu dinheiro. Uma criança a quem se repete que ela é má, dizia Freud, muito rápido acaba acreditando nisso e torna-se "ruim". Em seguida, Nadia seria convidada a retornar a seu papel nesse roteiro tão logo a pressão desse sentimento inconsciente de culpa se fizesse de novo sentir: vítima sacrificial retornando por si mesma para seus torturadores, em razão do mecanismo da compulsão de repetição e sob o efeito do supereu tirânico, esse carrasco agora instalado em sua cabeça.

Esse roteiro fantasmático, parte interessada de um supereu tirânico, instalara-se nela por causa de seus irmãos sádicos. E esse mesmo roteiro, agora, do interior dela mesma, incitava-a a submeter-se a quem quer que a convidasse, como ontem os irmãos maiores, a fazer-se objeto sexual desprezível para um gozo sádico. Fora assim que ela cedera à injunção tão indiscutível quanto discreta daqueles que ela havia encontrado no banheiro. "O inconsciente é o desejo do Outro." Aqui, o Outro era sádico e Nadia a ele se dobrara como masoquista. Para que Nadia pudesse confiar suas questões, teria sido necessário que pudesse pensá-las. Mas seus pensamentos tinham ficado inacessíveis à consciência, com medo de não poder contê-los e por não poder contar com ninguém para contê los consigo, aceitá-los. Fora o encontro com essa educadora sobre a qual ela pudera deslocar uma figura materna protetora, e à qual ela emprestava o poder de pensar que lhe faltava, que permitira o dizer en atos dessas questões, na falta de serem formuladas verbalmente.

Ressaltemos que Freud emprega o termo fantasia em vários níveis: ora é sinônimo de imaginário consciente: sonhos diurnos, cenas, romances, ficções que o sujeito conta a si mesmo; ora remete ao pré-consciente – devaneios subliminais que poderão se tornar conscientes ou se tornar os precursores de sintomas histéricos; ora corresponde a fantasias que permanecem numa relação muito íntima com o inconsciente. É este último sentido que nos interessa aqui. Trata-se, então, de roteiros, ainda que não enunciem uma única frase, isto é, de cenas suscetíveis de serem dramatizadas, sob uma forma tão visual quanto possível. O sujeito sempre está presente em tais cenas, ainda que possa parecer excluído.

Descondensação, supressão dos recalques e trabalho relacional

É claro que Nadia, Josiane e Jacky teriam tido muito a dizer a um analista. Mas teriam podido de imediato fazê-lo? E, num primeiro tempo, o essencial não é que possam encontrar meios de dizer isso a si mesmos, pelo desvio de um outro suficientemente formado e posicionado para poder escutá-lo, seja ele psicanalista, assistente social ou enfermeiro corretamente supervisionado.

É verdade que, em certas confidências íntimas e aparentemente escandalosas, um interlocutor não analisado poderia opor a rigidez de sua própria censura. Assim, iria inoportunamente no sentido do recalque daquilo que poderia ter sido dito.

As passagens ao ato violento ou toxicomaníaco constituem a colocação em ato de uma representação fantasmática que "condensa" muitas outras: essa "representação única representa sozinha várias cadeias associativas na interseção das quais ela se encontra. Do ponto de vista econômico, é então investida das energias que, ligadas a essas diferentes cadeias, se adicionam sobre ela"[93]. Esse processo de condensação das energias de várias cadeias de fantasias que convergem numa mesma representação explica a desmedida da agressividade liberada em certas passagens ao ato.

Por isso é que são delicadas as entrevistas que conduzirão a um desejo de psicoterapia. É preciso que os diferentes estratos de fantasias ligadas à mesma representação possam se traduzir separadamente e que as energias desmedidas que se liberam na violência ou na transgressão sejam transformadas em pequenas quantidades que permitam a produção de pensamentos.

E é preciso que se organize o espaço do imaginário para que o sujeito não seja forçado a revelar numa colocação em ato real o próprio conteúdo de fantasias que ele toma por certezas. É a pobreza do espaço imaginário que força o sujeito a passar ao ato suas fantasias: "Se o assassinato se tornou necessário, sob uma forma ou outra, na vida de nossos pacientes, talvez seja a consequência de não ter atravessado uma dessas crises de ruptura ao longo das quais o filho, que de repente se tornou incompreensível em seu comportamento e furioso em seus ataques, manda dizer à mãe, se ela pode assumir a angústia criada por seu movimento interior: 'Nessas horas, eu o mataria.' O condicional dando conta da capacidade de organizar o imaginário"[94]. Organizar o imaginário pede que o sujeito tenha aprendido a diferenciar suas fantasias da realidade. Os jovens mais violentos também são aqueles aos quais mais falta o acesso à metáfora, ao humor, ou à ambivalência dos sentimentos, em suma à dimensão do imaginário. É o que nos indica que a travessia da posição depressiva não ocorreu de modo satisfatório.

Essa questão da condensação é primordial quanto a poder encarar, ou não, uma psicoterapia clássica. Com efeito, para esses sujeitos, descobrirem-se habitados por fantasias que eles imediatamente tomariam por verdades irreversíveis e que tocam no mais inaceitável deles mesmos, é assumir o risco de ficar louco ou de desesperar. A denegação de sentido às vezes é ainda mais selvagem porquanto a leitura da passagem ao ato parece fácil para o terapeuta.

David

Quando o encontrei na prisão, David tinha vinte e quatro anos. Após alguns dias de liberdade, acabava de ser encarcerado pela enésima vez; o que lhe custava muito, pois tinha uma companheira e uma menina de dois anos às quais era muito ligado. Ele queria compreender por que, uma vez que fora recentemente libertado, tinha, sem a menor premeditação, seguido uma mulher para arrancar-lhe a bolsa e jogá-la algumas ruas adiante sem nada ter roubado, voltando para a prisão para longos meses. Uma passagem ao ato condensadora entre outras.

Esse homem era o segundo filho da família. A mãe perdera seu irmão mais velho quando ele tinha oito meses. Assim, ele tivera uma mãe de luto, o que não lhe havia facilitado a travessia da posição depressiva: todos sabem que uma criança experimenta dificilmente como "bem-sucedidas" as atividades fantasmáticas reparadoras que ela endereça a uma mãe de luto porque esta não pode acolhê-las, e que ela faz com que ele viva o fracasso de sua iniciativa reparadora. Logo, ele com certeza deve ter tido que instalar certas defesas maníacas, já que se tornara o enfant terrible da família.

O pai, por isso, o surrara muito, violenta e repetitivamente durante longos anos – "porque eu merecia", acrescentava ele protegendo este de toda censur a. No entanto, David, que não acr editava em suas potencialidades reparadoras, resistira a ele e continuara a desobedecer de maneira provocante. Por orgulho, talvez, interrogava-se. Mas por que, perguntava-se, não ter obedecido, embora até o que seu pai lhe ordenasse lhe parecesse justo e que amasse o pai? A maneira como em seguida se confrontou com todas as figuras de autoridade que contém o campo social mostra que ele prosseguira com elas a queda-de-braço começada com esse pai. Quando a depressão ameaçava, o consumo de álcool então o segurava.

Ele acabara de passar quinze dias no xadrez: certa manhã, um vigia lhe havia dito "que cuidasse de sua vida". Aquilo ficou na sua mente o dia inteiro, e, de noite, por nada, ele havia xingado outro vigia de veado... Apareceu o diretor da prisão para quem ele enviou uma banana.

Toda a primeira entrevista foi semeada de observações que indicavam claramente sua fragilidade narcísica e sua angústia quanto a qualquer representação homossexual que lhe dissesse respeito. Seu funcionamento psíquico o forçava a aliviar uma pesada culpa inconsciente ao ser punido de modo tão selvagem hoje quanto tinha sido ontem pelo pai.

Recusou a segunda entrevista. Na terceira, contou-me que ia fazer dezoito meses de prisão por um outro: "para não ser alcaguete". Um amigo próximo arrombara uma casa com um comparsa. Surpreendido pela polícia, esse amigo fora preso, enquanto o comparsa conseguia fugir. Seu amigo não havia denunciado o comparsa, tanto que foi sobre David que a investigação se dirigiu. Este conhecia o comparsa, mas também não o havia "dedurado", e por isso é que fora acusado e condenado. Esse comparsa que ficou livre deveria, segundo ele, ajudar financeiramente sua mulher e a filha...(ou mais). E, é claro, estava orgulhoso daquela mágica com a lei jurídica: "Está vendo – disse-me –, nós, bandidos, temos as nossas leis, mas não são as da sociedade!". Esse orgulho de ser fiel a uma lei pela qual ele protegia outro delinquente pareceu-me vinda diretamente daquela que ele experimentava, ontem, quando considerava um ponto de honra proteger o pai que o maltratara. Mas, é claro, ele não poderia têlo ouvido...

As primeiras sessões de trabalho foram muito cansativas: ele se instalava numa transferência de tipo queda-de-braço que eu só podia interpretar pondo ali muito humor. A rivalidade violenta ressumava de todas as suas observações. O tempo todo eu tinha que lhe mostrar de modo bem explícito respeito e incentivos, sem fazer demais, caso contrário ele sentia isso como uma tentativa de sedução. Se eu me calasse, ele sentia o meu silêncio como desprezo. Toda interpretação era vivida como uma intrusão, até mesmo uma humilhação; toda interrogação a respeito de sua relação com o pai era sentida como um insulto feito a este. Ele sentia meu trabalho de relacionamento de diversos elementos de seu discurso e de busca de sentido como uma tentativa de tomada de poder. E, mesmo assim, raramente faltava às sessões.

Para renarcisá-lo, tive de começar fazendo-o falar durante muito tempo de todas as experiências em que ele soubera ser benéfico para um outro. Felizmente, ele conhecera! Quando um de seus comportamentos antigos lhe parecia inexplicável, eu quase sempre costumava tomar como exemplo uma situação clínica próxima da dele, mas que dizia respeito a outro de meus pacientes. Ele podia então se interessar por isso, já que se tratava de outra pessoa, e entre duas sessões, ele "matutava" quanto a alguma similitude entre o funcionamento psíquico desse outro paciente e o dele. Era assim que se fazia uma certa descondensação. Assim, ele aos poucos conseguiu criar para si um espaço imaginário e fazer um certo trabalho.

O cotidiano pouco narcisante de David acontecia na prisão numa grande pobreza de relações e iniciativas pessoais, e suas conversas permaneciam limitadas pelo discurso combinado entre detentos. Ele no entanto devia o retorno do pensamento à privação das passagens ao ato e do recurso ao álcool que lhe fora imposto pela prisão. Mas, então, as representações inconscientes tinham se tornado tão transparentes quanto condensadas, e era o que lhes tornava o sentido tão dificilmente acessível.

Eu teria gostado muito, então, que David tivesse dez anos menos e que eu pudesse encaminhá-lo a um abrigo educativo. É que ali, mediante os ateliês de expressão e atividades culturais, essas representações inconscientes poderiam ter sido descondensadas. Abordadas sob diversos aspectos, talvez tivessem se tornado parte interessada de um espaço imaginário onde teriam estado acessíveis, logo suscetíveis de ser trabalhadas, mais tarde, em psicoterapia. Sem contar que, por meio das experiências reparadoras e renarcisantes, ele poderia ter aliviado sua culpa inconsciente e ligado sua agressividade explosiva a poucos, depois a muitos eros.

O exemplo de David mostra a dificuldade de fazer funcionar rápido uma psicoterapia quando a culpa inconsciente leva à passagem ao ato, que as representações são muito condensadas e o imaginário tão pouco organizado. Ora, é o caso em abrigo de certos adolescentes, que fogem das psicoterapias. Independentemente da inquietude de ser considerado louco, como foi tal ou tal membro da família, elas só são possíveis se, na instituição, for aceita e formulada a ideia de que, em cada um de nós, jovens ou adultos, coexistem duas pessoas: uma que conhecemos, a parte consciente, e a outra que não conhecemos, mas que comanda nossos sentidos e nossos atos, à qual às vezes obedecemos feito escravos, e que é a parte inconsciente.

Num primeiro tempo, a diferenciação do imaginário e da realidade, a renarcisação e a dissolução de certos recalques resultam das relações com os adultos do cotidiano. A psicoterapia virá em seguida, o que requer que essas relações não se desenvolvam exclusivamente por si mesmas, mas se midiatizem em atividades culturais, que levam a um trabalho de elaboração psíquica e a sublimações pulsionais. A entrada num abrigo separou o adolescente de seu grupo natural em que, com frequência, as passagens ao ato se encadeavam, ao passo que a fusão e o interdito de pensar faziam pacto tácito e lugar comum. São, agora, as regras de vida, as exigências das atividades e os posicionamentos triangulados que vão tornar mais fácil o trabalho de cada um sobre si mesmo.

Apesar de tudo, o que seria difícil para um psicoterapeuta continua sendo para os educadores e os veríamos mal animando um ateliê "Religação" ou "Eros contra Tânatos". No entanto é o quadro de uma atividade, com seus próprios objetivos, que permite que o educador tome lugar no vetor transferencial do "resignar-se" e que ouça o que ainda não estaria dirigido a um psicoterapeuta. É esse laço particular que vai permitir, no momento que convier ao adolescente, que ele seja escolhido para partilhar uma descoberta significante ou uma confidência apenas pensável. Graças a essa aliança, o adolescente terá superado o medo de uma reação como aquelas que ele suscitara quando, precedentemente, quisera confiar-se.

Pois, de hábito, "os adultos levam a criança a calar seus pensamentos de várias maneiras. Pela gulodice sádica: fazem um monte de perguntas sobre a sexualidade, o estupro, a brutalidade, o roubo... e o pequeno sente que esse homem tem prazer em considerá-lo um dejeto humano. Então, a criança se cala. Pela incredulidade moralizadora: o adulto bem socializado, normal logo amputado, não pode acreditar nessas aventuras. Não se ouvem tais histórias em seu mundo. Elas a angustiam um pouco. Então, a criança se cala. Pela indiferença gelada: o adulto surpreso, desorientado, não quer deixar a criança triste mas, para controlar seu malestar, escolhe gelar suas emoções. Acredita, então, permanecer neutro. Às vezes chama essa reação de 'neutralidade benevolente'. Não é malevolente, mas isso não permite estabelecer uma relação. A criança então se cala"[95].

Na verdade, os traumas que terão sido intensos e precoces, aqueles diante dos quais o sujeito terá ficado sem recurso algum, engendrarão as fantasias mais cruas, as mais difíceis de mentalizar, aquelas que deixarão o sujeito entre inibição e passagem ao ato.

A clínica educativa e curativa no cotidiano

Para entender melhor o interesse do cotidiano informal, deixemos por um instante o âmbito das instituições para ir ao encontro do teatro de outra cena: a guerra. "Crianças traumatizadas pela guerra, pelo abandono de uma mãe violentada que prefere entregá-las ao acaso ao invés da miséria ou do ressentimento, adolescentes não escolarizados, espreitados pela delinquência... Em vez de exprimir o indizível, os jovens bósnios e croatas emparedaram-se no mutismo." Na ex-Iugoslávia de 1993, enquanto mais longe caem as bombas, psicoterapeutas prestam ouvido. O que ouvem? "Com frequência, o silêncio. O impensável surrupiou essas crianças: para elas, falar disso imediatamente corresponde a se infligir novos machucados na alma. Por que Farouk iria falar de cacetadas com o vizinho? Ele também está saindo de um acampamento. E como Emira, oito anos, poderia contar que a obrigaram a ver o pai ser retalhado?"[96]

Igor gagueja desde o início da guerra, acorda de noite, inundado de suor gritando "Papai!". Crescimento lento, distúrbios do sono e do comportamento. Os próprios bebês. Há também a agressividade dos adolescentes: torturas de animais, violência, alcoolismo, agressões sexuais; restituição dos traumatismos. E, além disso, há meninas virgens bem jovens, de qua torze ou quinze anos, que, fulminadas por um estupro, desconectaram a mente do ventre; renegação de gravidez e até de feminidade.

"Encontramos num acampamento perto de Zagreb uma jovem de treze anos, em farrapos e grávida de oito meses. Só falava da família, jamais de si mesma. Quando eu lhe disse: 'Agora, vocês dois estão em segurança', ela se espantou: 'Mas eu estou sozinha', respondeu-me." Difícil pensar que o fruto de um estupro possa se tornar positivo para a mãe. Em tais situações, as pulsões infanticidas e a tentação de maus tratamentos são possíveis. Dar o filho é, então, mais que nunca um gesto de amor: dar-lhe sua chance[97].

Nesse caos traumático, as equipes psiquiátricas humanitárias formam os professores de todo o país para escutar o indizível, por meio do desenho, da música, do teatro e da escrita. "Isméta, sete anos, foi testemunha do massacre de sua família. Impossível fazê-la comunicar. Buscamos entrar em contato com ela por diferentes meios. Finalmente, foi uma prece noturna que deu o estalo: Isméta identificou-se com o anjo. E como ela havia encontrado o reino dos mortos, aceitou falar de novo aos vivos".

Kan, dezesseis anos, ficou trinta dias num bairro bombardeado de Sarajevo; hoje, desenha para "tentar fazer com que saia todo o horror que [o] habita". A Unicef criou kits de jogos que permitem que qualquer adulto cuide de um grupo de crianças com sugestões para fazer com que compreendam que a guerra não é uma situação normal. "Apostamos nas virtudes curativas da fala. As crianças reaprendem a dividir brinquedos, a respeitar uma regra do jogo, a rir e a dormir de noite. Quando se sentem confiantes, vêem até nós para contar suas histórias."[98]

A angústia costuma passar sem filtro da mãe ao filho, e proteger os pequenos implica falar com as mães: "As mulheres estão numa extraordinária necessidade de falas, contanto que não sejam forçadas. Fato revelador, consultar um psiquiatra não é mais sinal de loucura. Ainda que não possam vir para longas curas, destinar um tempo a ouvi-las já é reconhecer-lhes a história... À força de cuidar delas, de lhes enviar uma imagem positiva, as mães aceitam sair da cama. Maquilam-se de novo, interessam-se pelos pequenos, reencontram atividades comuns com eles. Contam a raiva e a culpa que sentem por ter fugido da terra dos avós e do combate, mas também explicam que tinham de salvar os filhos".

Saem do mutismo quando podem afirmar que não estão nem doentes nem loucas, mas que são os acontecimentos que estão. Os bloqueios e as inibições desaparecem graças às conversas informais em torno de um café, de um tricô ou de um livro de imagens, no mais próximo da associação livre. "Pouco a pouco a fala impedida circula novamente, palavras são colocadas sobre coisas até então incomunicáveis. Está aí em jogo todo o desafio da elaboração dos traumatismos."

Tudo o que se pode dizer da clínica do cotidiano acaba de sê-lo por esses praticantes do impossível, confrontados com as sequelas imediatas de traumatismos extremos. A elaboração dos traumas de fato pede para maternar, paternar e renarcisar. Exige partilhar o cotidiano e "resignarse" para encontrar a fala. Pede que se respeitem os silêncios e as defesas, que se contornem as resistências ao passar por atividades de expressão, que relancem o pensamento a partir do jogo. Leva a abordar coletivamente e de maneira geral os temas que dizem respeito a cada um pessoalmente: é a esse preço que o sujeito poderá ouvir, no momento em que puder suportar, aquilo que ele precisa dizer a si mesmo para avançar na mentalização de sua história.

Colocar um adolescente em situação de elaboração psíquica é afirmar que não é ele que é anormal, mas a situação com a qual foi confrontado e da qual se livrou como pôde. É ainda notar seus sentimentos de culpa e deles rir com ele para que deles se libere. É ajudá-lo a desviar sua agressividade para o exterior em vez de voltá-la contra si mesmo; a desviar para o exterior, segundo certas regras, é claro, que permitem sublimá-la e socializá-la.

A clínica educativa é tudo isso: inteiramente banal e inteiramente determinante, inteiramente difusa e cotidiana e inteiramente precisa. Inteiramente profissional, ainda que de hábito seja a partir do inconsciente que o assistente social responde. E, no entanto, dificilmente avaliável por seus efeitos a curto prazo; avaliável de maneira global e no só-depois.

Quando a elaboração psíquica é sustentada por relações que colocamos em falas sempre que for preciso, a compulsão de repetição progressivamente se atenua para dar lugar ao pensamento e às sublimações. As crianças começam repetindo os distúrbios do comportamento pelos quais foram colocadas. Em vez de obterem punições ou uma demissão dos adultos equivalendo a um abandono, encontram pessoas que, embora limitem suas devastações, permanecem bem dispostas para com elas e lhes proporcionam numerosas fontes de satisfação em âmbitos variados; o comportamento agressivo torna-se ele mesmo a oportunidade de estabelecer novas relações positivas. Uma vez estas suficientemente colocadas à prova pelas agressões, estas últimas passam para segundo plano, depois desaparecem. Paralelamente, as inibições desaparecem[99]...

As experiências de renarcisação mencionadas no capítulo 3 são a condição para que possa ocorrer o trabalho de pensamento que esses adolescentes têm de fazer.

Mostrei em outra obra como jovens delinquentes tinham efetuado um trabalho de releitura de sua história familiar e pessoal para dela se apropriar e, assim, cessar de repetir seus acontecimentos traumáticos. Foi graças a uma viagem arriscada e generosa que eles se renarcisaram. Em consequência, puderam ousar olhar para trás. Sem a condição prévia da renarcisação, esse trabalho de pensamento teria permanecido impossível[100].

A clínica educativa consiste em "resignar-se" para se falar. Isto é, deixar o campo livre para aquilo que o adolescente precisa dizer e ouvir, sem ter de assumir imediatamente que aquilo lhe diz respeito. O que às vezes pede que se ofereça um aparelho psíquico àquele cuja expressão e mentalização ainda estão em pane. Diante da enunciação pobre e sem afeto de certos relatos, é emprestar-lhe palavras para pensar, exprimir para ele as emoções que, há muito tempo, ele reprime. É oferecer sentido ali onde os acontecimentos são encarados como gratuitos ou ainda reconhecer que não há sentido algum ali e que o jeito é esquecer. O momento escolhido pelo adolescente para falar é aquele em que ele está pronto para ouvir.

O ateliê teatro é uma mediação extraordinária. Autorizando-nos a ser um outro, ele permite que ousemos exprimir essa parte de nós mesmos de que ainda não podemos saber nada. Contanto que os adolescentes possam escolher o papel e o modo de interpretação, o teatro permite que façam coincidir representação no sentido analítico e representação aos olhos do público. Assim, eles podem se apropriar novamente de uma fala e de afetos que lhes haviam sido proibidos. "É isso a ilusão teatral: a gente faz como se, e é assim que somos em nossa verdade."[101] Foi no teatro que Gérard Depardieu encontrou a formidável terapêutica que o protegeu da delinquência e de uma certa destruição de si mesmo. Escolhendo apaixonadamente os papéis mais diferentes, ele os ensaiava até encontrar no fundo de si mesmo as fantasias e os afetos permanecidos até então escondidos[102]. Da mesma forma, vimos no programa "Que fim levou?", Valérie, com uma mecha de cabelos jogada sobre o olho cego, desnarcisar-se e marginalizar-se em razão de feridas precoces até que reatasse, pelo teatro, com uma parte desconhecida de si mesma, e que assim renascesse[103].

O IDEAL DO EU

A clínica educativa é libertar-se da culpa e da angústia de castração para integrar os interditos fundamentais de que decorre a estima de si mesmo. Também é integrar as regras de vida dos humanos da sociedade na qual vivemos. O que pede a elaboração de um ideal do eu. O que também requer que esses jovens, junto aos quais com tanta frequência fizemos passar por lei o abuso de poder, aprendam a distinguir as leis legítimas das leis injustas e das injunções insensatas. Somos todos seduzi dos, e os adolescentes ainda mais, pelas figuras do justiceiro ou do rebelde que têm a inteligência e a coragem dessa distinção. O mais delinquente de nós continua a buscar um interdito cujo respeito seria o sinal indefectível de sua honra salvaguardada.

"Que tratado o branco respeitou que o homem vermelho tivesse rompido? Nenhum. Que tratado o homem branco jamais fez conosco e que tivesse respeitado depois? Nenhum. [...] Que lei violei, então? Estou errado por gostar da minha própria lei? É ruim de minha parte ter a pele vermelha? Porque sou sioux; porque nasci ali onde meu pai vivia; porque morrerei por meu povo e meu país?"[104]. Assim, o índio reivindica suas leis contra aquelas que ele julga iníquas, do branco. Submeter-se a uma lei justa e renunciar a comportamentos infra-humanos desemboca no orgulho.

Na prisão, todo detento sempre me falou, desde nossos primeiros encontros, dos interditos que ele soubera respeitar e que o tornavam respeitável. Distinguir as leis legítimas daquelas que não o são (ainda que sejam legais) é um desafio a um só tempo educativo e terapêutico. Pois não se tem de educar em vista da submissão à norma enquanto ideal. Por sua vez, exigir certas renúncias pulsionais dá segurança. Distinguir entre as leis legítimas e aquelas que não o são exige um treinamento ainda mais longo porquanto aqueles que representaram as primeiras leis as perverteram.

A lei simbólica (interdito de assassinato e interdito do incesto) apresenta-se muito raramente de maneira direta em sua enunciação como em sua transgressão. Aliás, não há inscrição legal do interdito do incesto em nossa sociedade, e sua abordagem jurídica só se efetua pela formulação de corrupção de menor com circunstâncias agravantes. Quanto ao interdito de assassinato, ele é legalmente flutuante: legítima defesa, situações de guerra, crimes passionais e algumas "causas justas" permitem contornálo sem chocar a opinião.

São as leis familiares depois sociais que levam as crianças a interiorizar ou não os interditos estruturantes da lei simbólica, contanto que esses interditos infiltrem o funcionamento familiar depois social. Seria bem útil enunciar o interdito de assassinato, de predação e de incesto, bem como o direito à diferenciação do desejo dos pais, desde a escola maternal, dizendo claramente que os adultos devem ser os fiadores disso.

E que alguns não receberam dos próprios pais aquilo que é preciso para sê-lo. Na maioria dos casos, as leis perversas às quais foram submetidos os adolescentes que atendemos não acarretaram, na realidade, a violação de um desses tabus. Essas leis nem por isso deixavam de estar copiosamente infiltradas pelas fantasias incestuosas, sádicas, predadoras e às vezes mortíferas daqueles que representavam as regras familiares, pedagógicas ou sociais. Só que não o eram de maneira flagrante; por isso é que quando as crianças não puderam insurgir-se contra elas, acharam bom interiorizálas. Neste último caso, elas nem sempre perceberam com clareza onde estava a perversão à qual se recusavam, e às vezes se censuraram por recusá-la.

Quando queremos permitir que adolescentes distingam entre leis justas e injustas, podemos debater as perversões sociais ordinárias. Aí descobriremos justamente como a lei simbólica é desrespeitada. Não faltam mediações. Um diário dos jovens, comentando os acontecimentos sociais e políticos que lhes interessam como filhos e filhas, como cidadãos e como futuros mães e pais, pode apresentar muito interesse. Por que esse trabalho não é feito com mais frequência? Seria porque, pelo fato de esses jovens oporem com tanta frequência sua recusa a todas as leis, acreditaríamos assumir o risco de ir no sentido delas ao mostrarmos que algumas não são legítimas? Ou então seria porque, ao vê-los dispor de tão poucas referências, temeríamos desestabilizá-los ainda mais ao lhes propor uma crítica social? Mesmo arriscando fazê-los crer nas virtudes do conformismo e da submissão a qualquer figura do poder? Elaborar um ideal do eu implica ter podido examinar do ponto de vista da lei simbólica a legitimidade das leis indicadas pelo supereu parental e pelo supereu social. E tornar-se para si mesmo o próprio pai implica esse mesmo trabalho. Como não sugerir a Nadia, Jacky, Josiane e David que interroguem a legitimidade do supereu familiar?

Os acontecimentos traumáticos e as relações perversas a que foram submetidos acarretaram a instalação das defesas de que eles sofrem. O retorno das representações recalcadas pode acarretar um sentimento de estranheza: "De tanto escutar pacientes, acabei pensando que o comportamento mais bizarro sempre é endereçado a alguém [...] Eu pensava que não somos apenas dois numa análise; há aquele terceiro que fala pela via do inconsciente, e também todos aqueles a quem somos ligados, 'all my relatives', como dizem os índios. Quantas vezes estive às voltas, além daquele que vinha me falar, com pais, amigos, tocados pela loucura..."[105].

Elaborar com educadores é jogar com, resignar-se com, sentir com, e algumas vezes falar do sentido tomado por aquilo que fazemos. Nas mediações, o quadro da própria atividade obriga cada um, e o educador em particular, a se inscrever ele mesmo no lugar que lhe é dado pela regra do jogo, caso contrário o prazer da atividade é perdido. O futebol, a espeleologia e os esmaltes sobre cobre obrigam uns e outros, cada qual em seu lugar, a fazer passar a espontaneidade pulsional pelo quadro e o conhecimento que conduzirão ao êxito. Não se goza de qualquer jeito quando decidimos realizar um projeto. O quadro de uma atividade, bem como a castração, obriga a canalizar as pulsões na direção de um objeto lícito a ser atingido, e obriga a sublimações. O quadro de sua atividade pode ser frustrante para o educador, mas o preserva de ser conduzido de modo fácil demais a repetir os impasses relacionais a que o levaria a relação transferencial na qual o inscreveu tal ou tal jovem. Sua técnica disso o protege e o obriga a permanecer inscrito em sua função, que é de levar a contento sua atividade. A lei dele, as limitações que ele assume, é o que permite que continue sendo uma figura identificatória, pois só nos identificamos confortavelmente com a castração e com a limitação narcísica do outro. É porque ele as assume que os jovens poderão aceitar as que têm.

Quando, na convivência, a disponibilidade dos adultos é maior, as conversas mais informais, então o saber inconsciente em cada um também se deixa mais facilmente entrever. E, algumas vezes, uma iniciativa cai bem, ali onde uma emoção pode se sentir, onde uma lembrança pode ocorrer. Isso costuma acontecer na porta de casa, no momento de se separar.

Foi o que aconteceu com Anny Duperey. Num magnífico livro sobre o luto, ela mostrou como, tendo perdido brutalmente os dois pais na idade de sete anos, fizera com que caísse entre ela e essa perda a cortina da indiferença, recalcando maciçamente pensamentos e emoções. Muito tempo depois, sua avó deixou caída "por inadvertência" uma foto deles, em evidência na cama. O choque a colheu em pleno movimento. Pregada no chão, recebeu os rostos sorridentes dos pais. Sem ter tido tempo de se defender, desatou a chorar. A avó precipitou-se para apaziguar sua dor. "E nunca fiquei com raiva dela por causa desse dilúvio de lágrimas... uma vez passada a crise, minhas lágrimas secadas e a foto recolocada no fundo de um armário, estou certa de que não tive rancor e que, ao contrário, se houve conivência e amizade entre minha avó e eu, devíamos isso ao que se passou naquele dia." Só trinta anos mais tarde é que o autor compreendeu que a avó lhe dera ali um inestimável presente. "Ela me deu, num único gesto aparentemente cruel e desajeitado, a oportunidade de dar livre curso à dor acumulada há meses bem no fundo de mim, de senti-la e de exprimi-la, mas, acima de tudo, ela me permitiu reconhecer que 'eu sentia alguma coisa', saber que eu também não era um monstro, e ficar profundamente tranquilizada por isso."[106]

Faça as crianças chorarem, concluiu Anny Duperey, "é o mais caridoso serviço a lhes prestar"[107].

Gostaríamos muito de seguir esses conselhos, mas, aí ainda, nenhum programa possível, nenhum "ateliê luto" a ser proposto. Só nos resta deixarmo-nos atravessar e surpreender, como a avó de Anny Duperey, por nosso inconsciente que sabe mais do que acreditamos sobre o sofrimento daqueles que nos cercam. Às vezes ele nos leva a acertar, ali onde nunca teríamos decidido fazer. Primeiro machuca, depois alivia: sofrimento de uma dor anestesiada que desperta e que dá novas possibilidades de exprimir, de comunicar, de fazer aliança. São trocas e acontecimentos aparentemente fortuitos que, no cotidiano, podem acarretar a abreação dos afetos, o acolhimento de emoções ontem ainda proibidas de partilha e a liberação do pensamento. Vão ocorrer se os educadores souberem deixar-se levar por falas espontâneas de efeitos às vezes surpreendentes.

> **As palavras que vão surgir**
> **Sabem de nós**
> **O que ignoramos delas**
> **Um momento seremos**
> **A tripulação dessa frota**
> **Composta de unidades rebeldes**
> **E o tempo de um grão aguaceiro**
> **Seu almirante**[108]

De maneira mais organizada, é o papel dos debates. Quando, num ateliê cineclube, debate-se o que foi sentido e o imaginário exposto num filme, isso permite que o adulto que o anima redescubra o que cria uma lei humanizadora. A função de um debate é permitir pensar e falar, a partir de acontecimentos próximos dos traumatismos e das fantasias de cada um. À medida que se tornam pensáveis e faláveis, esses traumatismos e essas fantasias perdem seu impacto angustiante e sua destrutividade. Então, torna-se aceitável que possam se referir a nós. O momento em que o sujeito disso toma consciência a ele pertence com exclusividade, bem como lhe pertence o tempo durante o qual ele terá, antes de virar a página, que berrar seu ódio, seu horror e seu nojo.

Mas, então, a psicoterapia individual ainda apresenta um interesse? Um ambiente relacional como o que tracei poderá bastar para elaborar uma história dolorosa. Mas também poderá se revelar totalmente insuficiente para isso. Em todos os casos, a experiência de uma psicoterapia analítica será de grande riqueza e com frequência será indispensável. Ela se tornará desejável, contanto que a instituição para isso tenha preparado a criança.

Comparativamente à clínica educativa, o que faz um psicanalista? Ele retoma os fatos traumáticos, à medida que a criança revive em relação com ele, na transferência, os estados emocionais que ela sentiu sem poder integrá-los. Na sessão, o sujeito traz elementos de sua vida imaginária: "Ao me referir à teoria psicanalítica, à minha experiência com jovens, à minha própria análise, ao que me contaram e ao que sinto, tento dar um sentido aos sinais que identifico ao nomear esses sinais e ao aproximá-los dos fatos históricos vividos ou conhecidos como que fazendo parte do romance familiar. É o que se chama a análise da transferência... No melhor dos casos, a criança poderá enfrentar essas verdades, rememorar, se assim desejar, suas lembranças a título de lembranças e não de feridas corporais constantemente hiantes ou prestes a se abrir na menor oportunidade", escreve Caroline Eliacheff a respeito de análises de crianças traumatizadas[109]. A clínica educativa no cotidiano permite as trocas de linguagem e de afeto que participam da perlaboração e da supressão de certos recalques; elas relançam a mentalização, e isso às vezes pode até bastar. Mas um trabalho psicanalítico permite a interpretação personalizada e a construção de sua história até nos confins do desejo infantil, ali onde as lendas familiares e as perplexidades infantis, os silêncios, o acorrentaram[110]. Essa elaboração que se faz num quadro em que a transferência, diferentemente de clínica educativa, é analisável aqui e agora, faz que "o que aparece como realidade é o reflexo renovado de um passado recalcado"[111]; não é a liquidação desse passado, mas sua simbolização e, às vezes, sua reconstrução: "o que está em questão é menos lembrar-se que reescrever a história"[112] no registro consciente. Mas se o cotidiano de um adolescente não for escorado por adultos suficientemente ancorados em suas pulsões de vida, e em suas próprias castrações, este não pode nem querer uma psicoterapia nem prossegui-la. Pois fazer a parte do imaginário entre as forças que nos governam pede que os parceiros da vida hoje não venham repetir carências e perversões relacionais parecidas demais com as de ontem. Quando a instituição é ela mesma traumática, o imaginário persecutivo constituído no passado vê-se prolongado, no cotidiano, por uma realidade equivalente àquela do passado. E as defesas construídas acabam então justificadas e permanecem necessárias. É o que acontece quando vêm reforçar-se mutuamente esses dois malogros da simbolização que são as passagens ao ato dos adolescentes e, em espelho, o revide puramente regulamentar e repressivo dos adultos. Ao inverso, quando um adolescente faz uma psicoterapia mas permanece condenado a viver num meio onde reinam relações perversas, suas sublimações novamente adquiridas afastam-no dos usos e costumes desse meio. Ele só pode então desejar mudar de meio. Resta concluir por uma evidência: a ação educativa no cotidiano e o trabalho psicanalítico merecem caminhar juntos. Evidência que muito raramente é traduzida na prática.

CAPÍTULO 6
RETOMAR AS PASSAGENS AO ATO: ELABORAÇÃO PSÍQUICA E REPARAÇÃO

Não é porque alguém praticou um ato punido pela lei que esse sujeito não o fez a partir de um ponto de "loucura" sobre o qual tem bem pouco domínio.

Uma vez que a punição não favorece a canalização das pulsões daquele que é punido para desejos lícitos, no máximo permite acreditar que estamos protegendo a paz do grupo, o que é necessário, é claro; mas se for à custa da eleição de um bode expiatório? ao qual deverá suceder outra vítima expiatória?

A violência existe em cada um, é suscetível de nele ser despertada em todas as situações em que não percebemos outro recurso. Tornou-se uma resolução ainda mais frequente e alienante porquanto o sujeito a experimentou precocemente: ou porque fez dela, como Minh, uma solução relativamente salvadora contra perigos maiores; ou porque a experimentou, como David, quando era manejada contra ele mesmo. Ou ainda porque, pelos golpes recebidos ontem, ele, inconscientemente, se achou o agente "privilegiado" do gozo sádico do outro, como Nadia.

Esses adolescentes tiveram a experiência de um simulacro de lei, de uma injunção berrante, opressora ou intimidante, de um abuso de poder, que se fizeram passar pela lei[113]. Essa pseudolei, que só se justifica por ser a lei do mais forte, eles não a esqueceram. E ela pode levá-los a recusar todas as leis como a abusar de todos os poderes, quando têm; a gozar de dominar para não se angustiar por sê-lo; a ser punidos e humilhados para que perpetuem, inconscientemente, o gozo do Outro.

A violência tem todas as chances de levar as equipes educativas ao esgotamento, ao talião, ao estouro ou às exclusões, exceto se instalarem um dispositivo para pensar a passagem ao ato como um "dizer em ato", cujo sentido e origem devem ser buscados pelo sujeito: da passagem ao ato à fala, à simbolização[114].

"Ora, todo comportamento esconde um sentido, ao mesmo tempo que o revela, pelo menos para o psicanalista. O interesse não sendo apenas o sentido em si mesmo, mas a iniciativa para chegar a ele, mediante de um encontro que passa necessariamente por remanejamentos econômicos."[115] Por sua vez, o inconsciente nunca é culpado, e no entanto aquele em quem ele se constituiu continua sendo o único responsável por gerar a herança disso.

Quais são as características subjetivas dessa situação que vai levar à passagem ao ato?

O contexto externo é aquele que evoca experiências traumáticas precoces ou mais recentes. O sujeito delas não tem mais lembrança. Ou então ainda as conhece, mas sem ter elaborado a maneira como delas se defendeu, nem que estratos de fantasias construiu para sentir com menos força o sofrimento imposto.

Hoje como ontem, no momento em que vai atacar, ele sente que não pode contar com um meio que o teria dispensado dessa custosa violência. Ele está em face à face dual, sem recurso a um terceiro; pois ainda que existam terceiros, segundo ele não são terceiros. Logo, ele só tem como alternativa a da submissão humilhante e inquietante ou então da transgressão violenta e esplêndida que o protegerá da angústia de castração, de dessubjetivação ou de morte.

Permanece sem recursos diante de uma lei respeitável, imparcial e protetora, e que poderia ter sido uma base de negociações honrosas.

Não crê numa fala que ele não pode fazer nascer em si, e que lhe parece irrisória porque não percebe nenhum acolhimento para essa fala.

O sujeito está em situação transferencial: sobre os parceiros de hoje se deslocaram os investimentos e as imagos associados aos parceiros das experiências traumáticas de ontem. Mas ele raramente tem consciência desse deslocamento.

E, é claro, erra o alvo ao mesmo tempo que perde a liberdade sobre si mesmo. Quanto à sua culpa, de origem inconsciente que era, ei-la que agora poderá levá-lo a reclamar para ser punido ou para "pagar e que não se fale mais disso". A menos que ele racionalize um comportamento do qual, pouco tempo depois, não entende mais muita coisa. Não é raro ouvi-lo dizer: "Sou eu... Sei, mas eu não quis... É como se não fosse eu..." e acrescentar, por exemplo, que "essa educadora (que agredi), justamente, era a mais legal, aquela de quem eu mais gostava!... Não entendo isso!".

Esse acting corresponde a esse tempo entre parênteses durante o qual a barreira do recalque desabou, deixando, na passagem ao ato, todo poder de realização às fantasias mais cruas. Não se trata de agressividade ordinária, mas de uma troca pulsional que supera o sujeito, ainda que, às vezes, o comportamento mostrado seja rico de sentido.

Christian

Antes de conhecer o pai encarcerado por assassinato, Christian vivera alternativamente com uma mãe toxicômana e avós depressivos. Ele aguardara o encontro reunindo todos os artigos de jornais que falavam do assassinato e comparando-os às memórias de Jacques Mesrine. Aguardara a libertação como um renascimento, o início de uma filiação. O pai em seguida o hospedara e com frequência o surrara violentamente antes de expulsá-lo de casa. Aos quatorze anos, admitido num abrigo, Christian se comportava como um menino excessivamente dócil, em grande demanda afetiva, depois, brutalmente, era tomado por uma onda de violência. Quando o pai confirmou sua recusa de acolher Christian a ponto de ser mandado embora, este, no mesmo dia, assaltou com uma arma branca uma joalheria e fugiu com o roubo. Com violência, arrancou de um carro um motorista e fugiu ao volante, escapando dos perseguidores. E, por volta de uma hora da manhã, despertou o diretor para lhe entregar as joias, em razão das quais, estava seguro, seria mantido no abrigo.

Mais tarde, descobriu ter sido levado pela ideia de que se o pai não queria mais saber dele, é que ele não se tornara um verdadeiro delinquente. Deslocando essa fantasia[116] sobre a relação que tinha com o diretor, fora conduzido a lhe provar o contrário, para reconquistar seu lugar junto a ele.

Em todos os casos, essa atuação tem um sentido que não pôde ser pensado nem falado. Esse sentido às vezes está muito longe daquele que se poderia lhe imputar conforme um enfoque puramente social. Convém buscá-lo para revelá-lo na fala e, assim, escapar da escravidão da colocação em ato. Para isso, é preciso que alguém sustente que uma mensagem tenta se dizer, que resta ser decriptado, e que é expondo-se ao pensamento que se recupera a liberdade. Em todos os casos, essa atuação foi devastadora do quadro de vida e das relações precedentemente estabelecidas. Está fora de questão negá-lo ou considerá-lo desprezível, pois uma equipe também tem de representar exigências socializantes e de garantir a segurança. É o vetor de sua eficácia e a principal fonte de suas dificuldades. Pois o sujeito, ao fim de sua passagem ao ato, ainda pode acreditar que algo de benéfico possa nascer dele? Há tanto tempo ele percebe sua existência como fonte de problemas e decepções múltiplas naqueles por quem gostaria de ter sido amado e até, com bastante frequência, aliviado o sofrimento. Lembremos que as crianças são tentadas a ser "psicoterapeutas precoces". Elas precisam ter êxito nisso, na melhor das hipóteses na imaginação (na pior, realmente), e se deprimem e se desesperam se não conseguem chegar a isso. Como escreve Harold Searles: "Entre as forças inatas mais poderosas que empurram o homem para seus semelhantes, há, desde os primeiros anos da vida, e até desde os primeiros meses, a tendência essencialmente psicoterápica"[117]. Segundo Searles, se essas tendências psicoterápicas permanecerem insatisfeitas, se não forem reconhecidas, aí se mistura inveja e ódio, elas são recalcadas e o paciente fica doente.

Ao termo da passagem ao ato, não resta ao sujeito nenhuma razão para crer em sua vertente reparadora. E terá ficado muito difícil para ele, ele que se mostrou nessa violência fascinante, escapar à imagem na qual terá sido preso pelo grupo. Tem todas as chances, ao contrário, de ser prolongado nesse papel tanto pela compulsão de repetição quanto pelos outros jovens. Como a criança na aurora da vida, ele terá, portanto, que encontrar alguém que acreditará nele e que sustentará (e exigirá dele) uma reparação. Ela terá por duplo efeito fazer com que ele deixe a imagem grandiosa, mas destruidora, que constitui sua armadilha preferida e fazer com que reate com uma fantasmática de reparação, dom e criação permanecida em pane há muito tempo.

É o objetivo do protocolo de trabalho a que vou chegar após ter lembrado que também é possível prevenir as violências de maneira mais clássica, por exemplo pela triangulação das relações.

Também podem ser prevenidas graças a regras de vida explícitas e respeitadas porque respeitáveis (e discutidas em grupo, já que não parecem mais prestar os serviços esperados). São prevenidas pela garantia (e a imposição) dos tempos de fala regulares em que as tensões são colocadas em palavras. São prevenidas pela escansão de um modo de vida fusional demais por separações com a instituição: elas conduzirão a se desprender de relações transferenciais tornadas densas demais, sem ter de fazê-lo por transgressões espetaculares: viagens, estadas linguísticas no exterior, estadas em outros grupos... Também são prevenidas quando os educadores tornam-se mediadores de atividades nas quais os adolescentes se renarcisam, afastando assim a ameaça de depressão, logo a necessidade das defesas maníacas. São ainda prevenidas quando os educadores podem tornar-se preciosos auxiliares nas negociações de leis exteriores e incontornáveis[118]. As representações persecutivas que habitam esses jovens se deslocarão com mais dificuldade sobre esses educadores. Além disso, também são prevenidas pela manutenção entre os jovens acolhidos de uma certa heterogeneidade quanto ao funcionamento psíquico deles: nada de jovens violentos demais juntos, evidentemente.

Independentemente dessa prevenção bem conhecida, trabalhar com as passagens ao ato é um projeto que pode ser muito facilitado por certos dispositivos, como o que virá a seguir, e que se instala desde o processo de admissão.

O PROCESSO DE ADMISSÃO, PACTO DE HONRA

Testemunho de uma alteridade radical com as representações sociais, o processo de admissão simboliza um momento em que o chefe de família delega uma parte de autoridade ao chefe de estabelecimento. Pois, sejam quais forem as aparências, a colocação é a vergonha.

Os pais sentem-se culpados por uma falência ainda mais forte porquanto o ideal familiar é arcaico e a moral rígida. As famílias em mais dificuldade geralmente cultivam ideais familiares míticos e acabam descobrindo a que ponto seu funcionamento efetivo está afastado disso. Em particular, cada um teria desejado indefectível sua aliança com o filho, sobretudo se ela tiver sido fruto da evicção do outro pai e, sobretudo, quando a vida tiver se mostrado tão dura. É claro que a revolta do adolescente, mesmo delinquente, é justa, ele que preferiu os riscos da ruptura familiar em vez de servir de muleta (com frequência fantasmaticamente incestuosa) ao pai que permaneceu só... mas ainda não está em questão ressaltar isso, pois esse tempo de acolhimento da história familiar tem de ser um tempo de respeito e renarcisação. E é um tempo em que a instituição vai significar, da maneira mais distinta, sua diferença radical com a leitura social das coisas: a moral da instituição não é a visão social normativante e objetivante esmagada pela vergonha.

Acabar com o sentimento de vergonha para recolocar em circulação as emoções supõe oferecer um sentido novo, uma luz que modifique as representações vergonhosas, que explique as defesas instaladas e que relance o pensamento. Haverá que sublinhar a que ponto, a partir de uma história pessoal e um contexto com frequência difíceis, os pais se liberaram, no entanto, de muito em relação ao filho. É justiça mais elementar valorizar tudo aquilo que – apesar de tudo – os pais souberam trazer. Mas também é porque a instituição poderá ter reconhecido isso que esses pais poderão investir essa instituição: ela terá significado que ela os reveza sem os substituir. Os educadores em nada são substitutos parentais, mas revezadores, numa sociedade em que não são mais acessíveis os revezadores de outrora, tios e tias da grande família rural de ontem, por exemplo. Revezadores nem melhores nem piores que os precedentes.

Mas, então, os pais destruidores insidiosamente e aqueles que o são mais radicalmente: pais que maltratam, incestuosos?

Que saibam que a justiça se encarregou de julgá-los e que só temos em relação a eles uma posição de busca de sentido. Que saibam que, de modo algum, reduzimos um pai (nem um filho) a seu sintoma: uma mãe prostituída, um pai alcoólatra, um pai incestuoso, um filho libertino... isso não existe! Toda mulher, todo homem tem um funcionamento pessoal bem mais complexo, de que esses rótulos simplificadores buscam preguiçosamente nada saber.

Por respeito, não deixaremos de falar de suas enormes derrapagens simbólicas e dos limites que eles encontraram no exercício de suas funções parentais. A esse respeito, também merecem que falemos com eles dessa parte de nós mesmos, constituída à nossa revelia durante a infância

(que esses pais falem disso, da infância que tiveram!), e que, às vezes, irrompe do mais insuportável de nós mesmos e nos conduz a comportamentos que não queríamos. Que aprendam conosco que é possível ir contra essas forças e esses pensamentos; eles só têm tanto poder porque nos surpreendem. Que aprendam conosco que existem especialistas do trabalho de desvelamento dessa prisão do imaginário, e que poderiam, como outros, experimentar.

E os adolescentes em pleno conflito com os pais? Aqueles que se opõem violentamente ou que fogem com frequência? Debruçados numa dura queda-de-braço com a autoridade parental ou social, não mostram um vigor que justamente esses pais lhes transmitiram?

Esse pai ficaria tão mais satisfeito de encontrar no filho um adolescente submisso, conformista, incapaz de resistir ao poder estabelecido? Ajudemo-lo a reconhecer em sua capacidade de revolta algo que ele mesmo transmitiu, que atualmente se exerce contra ele, mas que talvez permaneça para esse filho o bem mais precioso. Não poderia ele encontrar no filho aquilo que semeou?

Essa mãe que durante tanto tempo apoiou e protegeu sozinha um filho que (menino ou menina) pôs tudo em prática para escapar à armadilha incestuosa, não poderia ela descobrir que só será tão fortemente sua mãe no momento em que se separarem: o filho a convoca a se tornar a mãe que dá a liberdade. Um filho que reclama a liberdade é um filho que recebeu dos pais interioridade suficiente para nisso se arriscar, e não é pouco! Temos de lhe dizer isso, pois ela não é mais capaz de nisso acreditar.

A respeito das fugas, em nossas sociedades que não garantem iniciação, poderíamos evocar a maneira como se resolvem os jovens piegans.

A FUGA DO ÍNDIO PIEGAN

"Eu tinha mais ou menos quatorze anos, conta um velho índio. Um dia, eu estava brincando fora do acampamento com meu arco e flechas, quando vi um grupo de homens levado por Running Buffalo que partia para o sul. Como pensava que aqueles homens estavam indo visitar acampamentos que ficavam rio abaixo, segui-os." Embora o adolescente não tivesse direito de participar do que era, na verdade, uma expedição guer reira, os homens deixaram que viesse com eles com medo das represálias do pai.

O antropólogo que colheu essa história duvida muito que o índio não tenha sabido desde o início que era uma expedição guerreira que ele estava seguindo, mas ele não podia confessar isso, mesmo anos depois, porque um ritual tradicional envolvia a primeira expedição guerreira de um jovem piegan. Esse ritual não deixa de fazer pensar no que acontece entre nós hoje em dia, entre pai e filho, nos anos que se seguem à puberdade. Com efeito, nessa sociedade em que a iniciação era individual e tinha a ver com uma transgressão ritualizada, "o rapaz pedia permissão aos pais de se juntar a uma expedição guerreira, embora soubesse que eles recusariam seu consentimento. Os pais proibiam invariavelmente o filho de ir à guerra, embora esperassem que fosse. Caso não fosse, considerava-se que ainda não era homem o bastante para tomar sozinho uma decisão. Ao voltar, o rapaz explicava aos pais que o assunto era um malentendido e que ele tinha respeito demais por eles para desobedecê-los deliberadamente. Os pais dali por diante ficavam muito orgulhosos do filho guerreiro"[119].

Existe melhor roteiro iniciático para significar que sair da adolescência é não ser mais permeável às angústias dos pais[120]?

O que também vão descobrir os pais é que o abrigo não escolhe a força parental contra a liberdade da criança, não mais que a revolta do(a) adolescente contra a família. O todo-poder institucional tampouco vai convencer de impotência um dos dois. O abrigo aposta na filiação: a filiação só pode prosseguir na diferenciação, isto é, no remanejamento pessoal das contribuições familiares estimuladas, relativizadas e completadas por todos os que terão apoiado a busca de ideal do eu da criança. E o tempo maior dessa diferenciação é a adolescência. O ser humano nunca é, salvo neurose grave, o prolongamento narcísico de um dos pais!

Assim, a entrevista de admissão funciona a um só tempo como uma reabilitação e como uma limitação narcísicas. Limitação pelo fato de ouvir lembrar que uma criança tem direito aos dois pais, pois, em todos os casos, haverá um esforço para receber os dois pais, caso contrário, seria desrespeitar, na criança, essa parte recebida e esperada do pai au sente; e desmentido, também, do todo-poder parental do qual a criança quis escapar. Pois, na adolescência, os laços de filiação se regeneram na liberdade, ou não se regeneram; e a instituição só apoiará os pais e o adolescente na negociação de suas diferenças; limitação da instituição que recebe apenas uma parte de responsabilidade, e que regularmente acolherá os pais para lhes dar notícias do filho, sem introduzi-los diretamente em seu território. Ela não os substituirá, é claro, junto aos professores da criança e os ouvirá em vista de toda decisão relativa a seu futuro.

No entanto, ela nunca forçará o filho a encontrá-los. A decisão do juiz de menores pode bem prescrever a visita à família a cada fim-desemana, pouco importa; o tempo da ruptura com a família e o do rancor ou do ódio devem poder ser vividos plenamente. Só após tê-los atravessado é que o filho poderá encontrar, se considerar justo, os pais, e da maneira que considerar a melhor.

Não faz parte da missão de um abrigo fazer com que os filhos amem os pais. E quando estes tiverem se conscientizado de que só poderiam satisfazer a família à custa da renúncia a seus próprios pensamentos, a suas próprias emoções, a seus próprios desejos; quando tiverem podido recusar a ela se submeter ou "muletá-la"; embora nenhum discurso moralizador venha incomodar esse imenso trabalho de renúncia. Não é bom nem ruim amar a família, mas é particularmente doloroso a ela renunciar, até para nela não se alienar mais.

Enfim, permitir a adolescentes em ruptura que reatem com os pais de um modo maduro corresponde a lhes dar essa escolha. A única chance de levar certos pais a aceitarem a limitação de seu poder é abandoná-los ao desmame que o filho lhes impõe. Às vezes haverá que se preocupar que esses pais disponham dos apoios necessários para que se preservem da depressão: é o holding dos pais, necessário também para suprimir culpa e inquietude no adolescente, que sente que eles estão perdendo seu apoio. Que os pais tenham outros apoios e que haja uma preocupação quanto a isso. Tenho assim a lembrança de um menino que experimentava a imperiosa necessidade de telefonar quase todo dia à mãe, durante muito tempo, após sua admissão no abrigo. É claro que era tentador só ver nisso em causa sua problemática edipiana e seu desejo de encarnar a razão de viver dessa mãe. No entanto, indo olhar mais de perto, ficamos sabendo que essa mulher, toxicômana, já fora hospitalizada por várias overdoses e que fora o filho quem soubera alertar. Só quando foi tratada de maneira segura é que esse menino pode modificar seu laço com ela.

Em outros casos, pais e filhos terão necessidade de pôr um termo na colocação, para experimentar, mais uma vez, a fusão mortífera, a dependência mútua angustiante e decidir, em seguida, pôr nisso um termo. Que possam fazer isso! Por que seriam censurados por "fazer a colocação fracassar"? Que se encontrem apenas palavras para lhes indicar o sentido daquilo que está em jogo entre eles, quando excluem essa instância terceira que poderia ter feito viver um e outro em seus desejos pessoais e diferentes. Que se diga claramente o que ali está em jogo. Uma mãe identificada com sua progenitura entra em conflito com todas as outras pessoas que cuidam dele; ela recusa conselhos e advertências do professor, da puericultora, da polícia. "Em todo campo, parte interessada da mãe, inseparável, o filho está preso em sua fala: todo desentendimento é um drama, uma traição que comanda a inversão do amor no ódio, a restauração das relações de proximidade pela violência."[121]

Apesar disso, querer reter com todas as forças um adolescente que foge do abrigo para se juntar a uma família fusional e incestuosa é tomar uma posição tão incestuosa e inquietante para ele quanto aquela da dita família. Além disso, ele com certeza precisa retornar para constatar, mais uma vez, que esse modo de amor prende e castra. Que fale com palavras significantes e sabendo que seu retorno continua a ser possível. Poderá, após novos conflitos, desejar sua estada no abrigo e fazer algo com isso.

O acolhimento da criança e sua história: clínica da decepção, clínica do ódio

Muitos adolescentes colocados poderiam ser chamados crianças da mentira e da traição. É claro que se trata aí de algo sentido de modo subjetivo contra o qual eles se defendem fortemente. Mas eles abriram os olhos para pais que eles sentiram como decaídos demais, sem valor nem quanto ao outro pai, nem aos olhos dos mais próximos, nem pela imagem social deles. O filho terá buscado defender esses pais aos olhos dos outros, apoiá-los, compensar suas fraquezas. E não terá conseguido. Então, terá tido de lutar contra afetos depressivos e pensamentos que os acusarão. E talvez tenha decido tudo assumir: "A culpa é minha, não fui capaz de tornar meus pais mais valorosos". Disso terá experimentado uma forte desnarcisação e uma forte culpa, rapidamente recalcada na maior parte do tempo; isto é, rapidamente inconsciente e participando de um supereu que incita aos fracassos e à autopunição.

Não se deve acusar os pais, mas antes levar os adolescentes a aceitarem seus limites. Limites dolorosos talvez, mas certamente não vergonhosos, notadamente para o filho.

Este último descobrirá que nossa leitura de suas dificuldades não é aquela que delas fazem sua família nem a sociedade, ainda que essas dificuldades sejam reais e que caiba a ele superá-las. Simplesmente, sua história é dolorosa, decepcionante; ela o revolta – por que não...; ela o levou a erros – com certeza. Ele pode ser invadido por ódio e desejos de vingança: não são bons nem ruins os afetos experimentados; ou ainda por lamentos, ou por desejos impossíveis; mas por que essa história não seria respeitável? É uma história humana com a qual ele se resolveu como pôde e os pais também.

Mas justamente, o que sabemos de sua história? Dela sabemos aquilo que outros dela disseram: a família, aqueles que escreveram em seu dossiê. E os elementos principais lhe serão restituídos sobriamente. Sobretudo porque não fazer menção, ainda mais quando for dramático, seria deixar entender que ela é insustentável. Em seguida, porque se seus educadores precisam saber em que etapa da vida ele está, precisam saber isso do ponto de vista dele. E é para que possa tomar a palavra sobre os acontecimentos que lhe concernem que lhe serão citados as afirmações e os escritos de outros a seu respeito. A verdade que importa àqueles que vão trabalhar com ele é sua verdade subjetiva. E aquilo com o que poderemos trabalhar é o que ele acha justo nos entregar aqui e agora: saber demais nos encheria a cabeça. Pela primeira vez, talvez, essa criança terá sido escutada não para julgar, mas para compreender; e todas as possibilidades de renarcisação estão para ser agarradas. Será preciso reconhecer a coragem de suas revoltas contra todos os abusos de poder, os riscos assumidos, a fidelidade a seus próprios projetos contra os que lhe eram impostos, ainda que não tenha podido elaborar outros projetos que o de resistir. Será preciso reconhecer que ela também tem o direito de ter podido abaixar os braços, o direito de não ter podido enfrentar, de não ter podido aguentar. E tudo isso, sem se tornar cúmplice.

Um duplo projeto de liberdade

Falar, desde a admissão, da violência desse adolescente é o mínimo a fazer. Ela às vezes foi sua melhor aliada, em outros momentos também o acorrentou. Pôde protegê-lo de perigos mais graves e também pôde voltar-se contra ele e isolá-lo em lugares cada vez mais anônimos. É uma herança de sua história. Ele não é culpado dessa história (ainda que possa sentir culpa), e mesmo assim vai ter que aprender a gerir efeitos dela sobre si. Essa história o "marcou": determinou sua sensibilidade, sua maneira de reagir às frustrações, às contrariedades, aos fracassos, às dificuldades, sua maneira de sentir as injustiças, os perigos e as pressões e, seguramente, no abrigo, de sentir as regras de vida.

Se ele escolher viver na instituição uma etapa de sua vida, esta só pode lhe propor um projeto de liberdade cujas duas componentes são indissociáveis.

Projeto de uma vida livre materialmente: aquisição de conhecimentos escolares, profissionais, descoberta do prazer por meio de atividades culturais, artísticas ou esportivas de que ele gostar. O que permitirá que participe da troca entre humanos e escape à humilhação que uma posição de assistido o obriga a viver.

Projeto de uma vida livre sentimental e emocionalmente: capaz de amizades e amores. Capacidade de saber viver e negociar seu lugar e seus desejos, de comunicar suas emoções, o que significa aprender a passar pela fala.

Sua estada no abrigo só tem um sentido: que ele utilize os meios desse abrigo para pôr em prática seus próprios projetos de vida (se não tem atualmente, descobrirá). Ela implica um único preço a ser pago: a salvaguarda dessa ferramenta "formação-hospedagem-quadro de vida" com a qual ele quer poder contar. É preciso que saiba isso tão logo admitido. Está fora de questão deixarmos que pense que podemos considerálo quite com sua violência, como se a mão direita pudesse ignorar o que faz a esquerda. Ou como se suas pulsões de vida pudessem ignorar suas pulsões de destruição, sem que dele se exija o trabalho de ligação de umas pelas outras. Que não pense tampouco que poderíamos nos contentar com punições ou exigir sua submissão pelo medo: acreditamos suficientemente nele para lhe pedir mais.

E já que está dominado por reações impulsivas e violentas que porão em perigo seu quadro de vida, visto que, nesses momentos, não é mais dono de si, então, de acordo, podemos assumir a responsabilidade de acolhê-lo como é agora; mas apenas se ele reconhecer que tem a responsabilidade de se transformar, se aceitar criar, progressivamente, para si um projeto sobre seu funcionamento psíquico.

Em geral, nada dispõe o adolescente a acreditar que o trabalho de pensamento e de expressão dos afetos reprimidos poderia libertá-lo da passagem ao ato. Ele geralmente vem de um grupo em que não se percebe assim as coisas, e também é por isso que, quase sempre, não consegue encarar uma psicoterapia. Logo, será preciso abordar as coisas sob o ângulo de um engajamento mútuo: a instituição nisso se compromete tanto quanto ele. Ela crê nisso o bastante para encarregar alguém de mostrar que essa busca de sentido e essa colocação em falas são possíveis: disso encarregou um psicanalista.

A violência não será danosa apenas para ele; também o será para o g r upo de vida que ele devastará. Então, o se gundo eixo da responsabilização do adolescente passa pela necessidade de restaurar os laços rompidos e de retomar seu lugar na troca. Assim, vamos lhe pedir para reparar sua imagem social junto aos outros jovens e a seus educadores... e sua imagem a seus próprios olhos. E o que deverá ser sustentado é que essa reparação não é nem humilhação, nem punição, mas que tende à criação e ao prazer. Aí ainda, ele não será deixado só. Tudo isso merece ser apresentado e discutido enquanto escolha: a escolha de acolher certos jovens momentaneamente violentos, de punir o menos possível, de não excluir tampouco. O que só poderá ser feito se os jovens acolhidos também apostarem nessa escolha difícil... muito mais difícil que alternar transgressões e punições até a exclusão finalmente esperada de um lado e do outro.

Trata-se de não atribuir uma punição a uma passagem ao ato durante a qual o sujeito perdeu muito de sua liberdade sobre si mesmo. Mas não se pode ficar com um jovem que, tendo voltado à calma e à liberdade, recusasse utilizar essa liberdade para colocá-la a ser viço de sua responsabilização: trabalho de pensamento e de redescoberta de suas potencialidades reparadoras e criadoras a serviço daqueles que formam seu ambiente, em algumas sequências, que poderão ser o ponto de parti da de um trabalho mais longo.

Verdadeiro pacto a ser refletido, porque não podemos nos contentar com um consentimento formal. Um jovem apressado em ser admitido num estabelecimento é um jovem que idealiza esse lugar como quadro capaz de conter sua própria violência, e se a instituição bem rápido não tomar distância dessa representação arcaica, então só vai restar a esse adolescente experimentar esse quadro, isto é, fazê-lo voar em pedaços. O que a instituição propõe através das entrevistas é diluir a massa de violência que de hábito se engolfa nas passagens ao ato em quantidades menores, o que supõe e permite, ao mesmo tempo, a produção de pensamento e de ligação. Desse ponto de vista, as admissões progressivas (primeiro todas as manhãs, depois manhãs e almoço, até a hospedagem) têm o grande mérito de gradualmente organizar um desnível entre a instituição e a fantasmática de que ela é objeto (idealmente protetora e perigosamente aprisionadora, mutilante ou infantilizante). Elas obrigam a aceitar a falta (nem tudo é dado de imediato), logo levam a desejar a instituição, por mais imperfeita que seja, e a ali negociar o lugar.

Elas escandecem cada fase do encontro por um momento de pensamento sobre esse encontro.

Um adolescente, rapaz ou moça, de hábito forçado às transgressões e à violência, ficará desestabilizado por ter ouvido tal discurso relativo à maneira como a violência é percebida – de imediato – por aqueles que o acolhem. A primeira entrevista poderá ter acarretado defesas, suscitado questões e, na melhor das hipóteses, constituído o início de um trabalho psíquico.

Por isso é que, se ele confirmar que quer prosseguir a admissão, o próximo encontro será com um psicanalista que, no entanto, não está encarregado de psicoterapias formais. Talvez seja uma entrevista ligada às questões novas originadas no encontro anterior. É determinante que o psicanalista dê a impressão de estar animado por um desejo de compreensão (e não de tudo saber sobre o sujeito), livre de qualquer juízo normativo sem estar livre das leis; e que essa primeira entrevista faça sentido muito rápido.

O adolescente vai deixá-la renarcisado pelo encontro com essa pessoa que se interessa por seu funcionamento psíquico e que se engaja a seu lado. Ficará mais tranquilo como sempre que o sentido vem diluir a opa cidade de comportamentos que alienam; talvez fique carregado de novas curiosidades. É claro que ele sabe que poderá retomar essas entrevistas quando quiser, mas está combinado que a elas recorrerá contratualmente: quando tiver sido levado a um comportamento que mereça isso, já que o acordo dos dois repousa num desejo mútuo de ir contra essa instância que, do interior dele mesmo, assume o poder e lhe ordena comportamentos danosos. Eles estão ali, um e outro nessa instituição, para que essa instância se desvele e que o sujeito aprenda a dizer de outra maneira o que precisa fazer ouvir para dizê-lo a si mesmo.

Até breve, então.

Trata-se, num tal dispositivo clínico, de colocar no exterior do sujeito aliados personalizados, e até de exigir transitoriamente um modo de relação novo, tanto no que se refere a seu pensamento sobre si mesmo quanto a outrem. Esses aliados vão suprir a disfunção psíquica do sujeito ou, mais precisamente, vão levá-lo para um funcionamento novo.

Aliança com o psicanalista e funcionamento novo nos reencontros com afetos agressivos clivados há muito tempo; aqueles que não puderam se ligar com nenhum afeto de amor a ser inventado e que avançam em energias incontroláveis na passagem ao ato. Trabalho de rememoração de relações traumáticas ou perversoras antigas e de descobertas das fantasias que daí são oriundas: aquelas que, hoje ainda, comandam o sujeito. "A fala possui essa função emotiva inaudita que permite que choremos por um acontecimento ocorrido há vinte anos, ou que tenhamos esperança de uma situação que só vai existir daqui há dez anos. Essa função da fala que permite amplificar a emoção, fazê-la reviver e partilhar a respeito de um objeto totalmente ausente é característica da espécie humana[122]. E é também a alavanca de todas as psicoterapias.

O TRABALHO DE PENSAMENTO

O momento fecundo a partir do qual esse trabalho é exigível, o momento em que essa iniciativa incontornável parece legítima é aquele que vem após uma passagem ao ato, mas que não a segue muito de perto: é o momento em que o sujeito encontrou liberdade suficiente. Também é aquele que precede o tempo em que mecanismos de defesa tornados no vamente rígidos demais tornariam difícil esse trabalho de elaboração psíquica. Seja como for, o fato de que essa busca de sentido vai ser objeto de próximas entrevistas já põe em marcha esse trabalho de pensamento, ou então confronta o sujeito com o que o impede de abordá-lo e também é fecundo.

À medida que avança esse trabalho, as colocações em ato poderão se espaçar ao ritmo em que o sujeito historicizará essa história. E, progressivamente, ele conseguirá negociar seu lugar e seus desejos atuais.

Contanto que essa exigência tenha sido objeto de um acordo desde a admissão com o diretor (e sobretudo não com o psicanalista que nada tem a pedir): que tenha sido bem colocado que essas passagens ao ato são, justamente, o meio de um trabalho. Contanto que tenham sido aceitas de antemão enquanto "atos significantes em busca de sentido" e aceitáveis apenas se os levarmos em conta como tais.

Contanto que o clínico a ser encontrado seja aquele que, desde a admissão, acolheu a história e as falas do(a) adolescente.

Contanto que esse clínico possa garantir a perfeita confidencialidade das conversas que tiveram, ainda que possa aceitar, quando o(a) adolescente lhe pedir, fazer circular uma mensagem que este ainda não pode assumir ele mesmo.

Contanto que esse clínico tenha ficado intacto psiquicamente e não tenha sofrido o efeito da violência do sujeito. Desse ponto de vista, um analista da prática educativa, encarregado a esse título de acolher o sofrimento dos educadores em relação com os adolescentes, estaria bem mal colocado para apoiar, paralelamente, esses mesmos adolescentes na elaboração dessas passagens ao ato. Sua escolha de escutar o sofrimento desses educadores viria limitar consideravelmente sua escuta dos adolescentes que são os agentes do sofrimento destes. Que esse clínico, ao apoiar a busca desses adolescentes, não tenha outro desafio senão essa busca.

Contanto que não se espere uma evolução imediata e espetacular do adolescente: apostamos aqui numa ética de responsabilização que terá efeitos globais, a médio e a longo prazos. É na direção do estabelecimento que repousa essa escolha institucional, e essa direção terá de garantir o lugar do psicanalista que, aos olhos da equipe educativa, às vezes parece decepcionante.

É um trabalho clínico que pede uma verdadeira formação psicana lítica, e um campo de representações suscetíveis de acolher as mais espantosas afirmações do sujeito, assim como os desejos mais inconciliáveis com os votos de socialização rápida que têm, em geral, as equipes educativas.

Aquilo que Juan-David Nasio diz do sintoma de conversão vale para todo ato em busca de sentido: "Um sintoma conversivo se atenua se tomar o valor simbólico que lhe conferem a escuta e a interpretação do psicanalista. [...] Antes da escuta, a representação inconciliável era, por intermédio da conversão, dita pelo sintoma e isso fazia sofrer; com a escuta, a mesma representação é dita pela interpretação e isso dissipa o sofrimento"[123]. Nasio insiste no fato de que essa escuta deve ser transferencial.

Em relação às passagens ao ato, é essa mesma escuta que o psicanalista deve poder tentar. Mas não é simples. Pois essas colocações em ato raramente têm a ver com uma única fantasia, e é estrato após estrato fantasmático que será preciso fazer o trabalho de desvelamento. Sem deixar de tranquilizar o sujeito: não é anormal que, após ter ouvido uma das significações e às vezes uma das origens de sua passagem ao ato, ele possa ter que descobrir outras. Evidentemente, quando a passagem ao ato reveste um caráter autodestruidor (tentativas de suicídio, feridas voluntárias, consumo de drogas), o trabalho de elaboração e de reparação é ainda mais exigível. O que o adolescente pode então aprender é que ele é precioso para a instituição e que ela proíbe que ele ali se destrua.

Em resumo, não se trata de uma psicoterapia formal, mas de um trabalho para conseguir se dizer de outra forma. Por uma sensibilização a seu funcionamento intrapsíquico e identificando-se com esse analista que se interessa por ele e busca compreendê-lo, ele descobre o interesse e até o prazer dessa busca: aquilo que Claude Balier chama "prazer de funcionamento". Mas é claro que só descobre isso usando.

As passagens ao ato não cessarão como que por encanto: é preciso tempo para esse trabalho de religação. As quantidades de energia liberadas em certos actings mostram uma pulsão de morte que conseguiu desligar-se de todas as representações protetoras para com o narcisismo do objeto. Elas se transformarão e se atenuarão progressivamente até se apagar.

Nossa escolha é evitar que a repetição dos atos destruidores refor ce essa desligação, e a consideramos uma tentativa de restituição de traumatismos, conflitos intrapsíquicos, fantasias e questões antigas. A aposta a ser mantida é a de trabalhar a partir dessas quantidades de energia que se investem na violência até se transformarem em pequenas quantidades que permitem a produção de pensamento. E, essa aposta, a instituição educativa com o conjunto de suas atividades esportivas, de descoberta, de expressão e de reflexões pessoais contribui para a manutenção.

Em geral, os contratos terapêuticos põem em fuga os adolescentes. Esses encontros pontuais, exigidos em razão de uma passagem ao ato significante, podem suscitar outros, se cada fim de entrevista corresponder ao prazer do sentido descoberto ou a uma questão que se formaliza. Entretanto, a obrigação de encontro só pode ser exigida para um número limitado de entrevistas:

única chance que seja o adolescente quem deseje prossegui-los e se aproprie desse trabalho.

O fato dc o analisa trabalhar no dispositivo institucional às vezes limita as possibilidades de expressão do sujeito. Mas também as facilita, pois quando o terapeuta é totalmente exterior, os adolescentes que funcionam em "clivagem do objeto" podem viver e fazer viver passagens ao ato extremamente significantes no lugar de vida, sem jamais interrogarlhe o sentido na psicoterapia. Até o momento em que esta se interrompe porque parece nula de alcance, reduzida a uma transferência idealizante de que um e outro não conseguem mais sair. A esse respeito, é desejável que o psicanalista trabalhe em perfeita "estanquidade" em relação à equipe educativa? Sim, na medida em que não deve ter conta alguma a prestar quanto ao conteúdo de suas conversas com cada jovem. Sim, igualmente, na medida em que não pode ser ao mesmo tempo o receptáculo dos sofrimentos dos jovens e o daqueles que escoram esse jovem na realidade. Que outro psicanalista desempenhe esse papel. Mas não, na medida em que essa estanquidade favoreceria a clivagem no adolescente. Ao contrário, seu pensamento sobre si mesmo, hesitante e fraco de se dizer, pode ser estimulado por algumas conversas entre seus educadores e esse psicanalista, contanto que seja o adolescente quem o tenha pedido e que tenha dito por que quer que seja assim.

Era o que havia levado Isabelle Mangou[124] a convir que seria advertida pela instituição das diversas passagens ao ato de seus pacientes: que se tratasse de fugas, agressões ou tentativas de suicídio; ou ainda dos projetos de exclusão do jovem pela instituição. Pois, caso contrário, o adolescente que faz questão de manter uma relação idealizada com seu analista protege-o como um bom objeto dos mais evanescentes e, é claro, não lhe fala disso! Ao contrário, graças a tal acordo, o adolescente sabe que o acontecimento significante já está ali, entre seu terapeuta e ele, e que ele nada destruiu da relação dos dois. Basta apenas, se quiser, trabalhálo para ali buscar sentido; talvez até para ali encontrar o retorno colocado em ato de alguma lembrança ou fantasia escondidas.

Objetaremos que esse adolescente não teria trazido esse acontecimento de que foi o ator porque não pode aceitá-lo como vindo de si. Razão a mais, pois, agora, esse ato inaceitável está ali, aceito por um psicanalista que não tem por papel julgá-lo, mas que testemunha e deseja que fala e sentido dali surjam: nem cumplicidade nem culpabilização, mas uma exigência mútua de trabalho que vem após a passagem ao ato.

Notemos igualmente que Isabelle Mangou considera as ausências de seus pacientes atos que pedem resposta. Por isso, na hora da sessão malograda (ou mais tarde), ela telefona ao jovem para lhe falar e restaurar o laço que este acreditara destruído. Pois, para alguns, a identificação projetiva é tão forte que a ausência deles numa sessão, se ficasse sem reação do analista, equivaleria à perda deste.

É claro que esse trabalho não terá os efeitos de uma cura analítica, mas pode levar a isso, pois suas sequências de trabalho permitem ao adolescente a descoberta parcial de seu funcionamento psíquico, o que o desculpabiliza muito ao mesmo tempo que estimula seu desejo de se conhecer e seu prazer de se dizer. Elas o despertam para a existência, nele mesmo, de uma vida imaginária que ele ignorava. Permitem que perceba a severidade injusta de seu supereu. Fazem com que descubra que também organizou inconscientemente a situação que o levou a pôr em atos. Mostram a ele que essa encenação e essa colocação em atos estão totalmente em laços com relações tornadas transferenciais com tal ou tal. Ele descobre que, com essas pessoas particularmente investidas, ele procurou afirmar uma mensagem ou colocar uma questão. Essas mensagens e essas questões revelam-se formuláveis de outro modo e ele busca respostas que se tornam acessíveis à medida que essas questões se tornam pensáveis.

Em suma, com o que se deixar levar pela mão, um belo dia, até um psicanalista exterior à instituição. Este vai se beneficiar dos investimentos já estabelecidos sobre seu colega, que, após algumas entrevistas preliminares a três, poderá retirar-se para deixar prosseguir um trabalho psicoterápico clássico.

Certas colocações em atos parecem comandadas por um roteiro fantasmático já construído, ao passo que outros surtos, ao inverso, assinalam a ausência de elaboração intrapsíquica; o sujeito, em dificuldade de se separar do gozo de um "Outro" todo-poderoso, tenta se opor a isso, se afirmar ou disso escapar. Eles mesmo assim continuam sendo o ponto de partida de um mesmo trabalho: decifrar com ele essa assinatura que lhe é própria em seu ataque violento contra uma pessoa que, justamente, apresentava para ele, no momento do ato, aquele pedaço de superpoder que ameaça anulá-lo. Essas colocações em atos, repetidas num quadro que suporta essas repetições e cujo valor significante é identificado pelo sujeito e aqueles que são testemunhas disso, podem per mitir descentramentos sucessivos que abrirão uma via psíquica: pensamento, fantasias, lembranças, e quem sabe, um dia, esquecimento.

Enfim, alguns analistas vão se espantar que reivindiquemos um trabalho analítico sem demanda formal e sem liberdade total do sujeito. No entanto, à medida que vão exercendo em outros lugares que no consultório, os analistas encontram um sofrimento que às vezes não se experimenta nem se diz, como que para poder sofrer menos. Então, concebem outros modos de abordagem terapêutica que levam em conta o funcionamento psíquico particular desses sujeitos e que, no entanto, se referem rigorosamente à teoria psicanalítica a fim de que uma cura possa começar e prosseguirl25. Isso é um exemplo.

JOGOS RELACIONAIS NOVOS NA VERTENTE DA REPARAÇÃO

Uma reparação vai se tornar possível, simplesmente pelo fato de ser exigida. Pois o sujeito não pode acreditar sozinho em suas potencialidades reparadoras: embora até houvesse tentado colocá-las em jogo, aqueles aos quais ele se dirigia ontem não haviam recebido essa reparação; seu laço com eles não fora reparado. Essa reparação exigida terá se tornado aceitável pelo fato de apelar para a criação pessoal (caso contrário, arriscaria ser pretexto a fazer uma autocrítica, ato de submis são, ersatz de punição, sem interesse terapêutico).

É o momento de lembrarmos o que dissemos a respeito da posição depressiva: durante muito tempo, o bebê pôde sentir que tinha duas mães, uma que acalmava as tensões e era objeto de sua fantasmática de amor a ser inventado, a outra que o deixava às voltas com a falta, e a essa outra ele dirigia seu ódio, seus choros, sua raiva, sem a menor inquietude. Depois, ele descobre que essa pessoa que o preenche e o acalma é a mesma que o frustra e o deixa na falta. O filho vive, então, o medo de ter destruído essa fonte de todas as suas satisfações. Por isso é que desenvolve uma fantasmática de restauração e de reparação da mãe. Se a disponibilidade psíquica e as pulsões de vida da mãe fazem que sua relação com o filho não seja alterada pelas descargas de excitação e agressividade deste, esse filho terá o sentimento de ter podido reparar na realidade sua mãe, embora não tenha efetivamente nada destruído nem reparado. O resultado é que ele poderá considerar sua agressividade sem temer que ela rompa suas relações. Ele vai sentir a culpa conscientemente porque terá adquirido confiança em seus poderes reparadores. Por essa razão, a agressividade se tornará tolerável. Winnicott ressalta que "até nas escolas para inadaptados, como são chamados, observamos crianças antissociais descobrirem esse sentimento".

Para descrever o acesso dos adolescentes à reparação, não esqueceremos que não é a qualidade real da reparação que faz uma reparação bem-sucedida para a criança, já que se trata essencialmente de uma atividade fantasmática e de desejos reparadores. Se a atividade fantasmática do filho estiver dirigida a uma mãe suficientemente viva e suficientemente mobilizável pelo filho, este sentirá seus desejos reparadores como terminados e suas fantasias generosas como fecundas. E daí vai tirar o sentimento de uma criatividade poderosa, ao integrar essa função reparadora como sua.

Mas se o mesmo filho entregar-se à mesma fantasmática reparadora perante uma mãe irreversivelmente depressiva ou perseguida, que percepções serão as dele? Serão as de ter destruído sem retorno sua principal fonte de vida, as de ser superado por um poder maléfico e perigoso? Ele terá feito a experiência de sua incapacidade pessoal de restaurar essa fonte de vida de que ele depende.

Ora, é sobre esse jogo fantasmático que se terá edificado grande parte de seu narcisismo, sua crença em si mesmo como "bom para..." ou seu medo de si mesmo como "bom para... nada", como "sequer capaz de...". O resultado disso nele será um medo e uma culpa permanentes, quanto a seu poder maléfico e sua impotência reparadora.

Assim, as interações mãe-filho na fase da posição depressiva ocorrem no registro imaginário e repousam totalmente na disponibilidade psíquica da mãe. E essa disponibilidade depende a um só tempo de sua história e do ambiente dela: é conforme o acolhimento real (em sua verdade subjetiva) que ela pode dar à atividade reparadora (imaginária) do filho que este será confirmado ou não na força de suas potencialidades reparadoras.

Pelas mesmas razões, no funcionamento do dispositivo clínico da instituição, vamos nos assegurar de que aquele que vai reparar endereça seus "dons" a parceiros realmente sensíveis à sua reparação. Se lhe recusassem um dom elaborado em sua sensibilidade pessoal, ele viveria mais fortemente ainda o sentimento de inexistência de seu potencial benéfico. Sua ferida narcísica seria avivada, e ele seria remetido a suas defesas maníacas. Simetricamente, vamos sensibilizá-lo a encarar uma forma de reparação realmente suscetível de dar prazer.

Assim, o sujeito que acaba de passar a um ato violento viu-se ameaçado de uma ferida narcísica ou de uma castração que o teriam invalidado totalmente aos olhos de seus pares cujo olhar para ele é essencial. A depressão o espreitava.

Reativada pelo contexto, a solução antidepressiva da passagem ao ato violento disso o preservou. Mas ele paga um preço muito caro: ao desqualificar aqueles que poderiam tê-lo apoiado, ele renunciou a suas capacidades de restaurar uma aliança com eles. Cessou de acreditar em si mesmo como parceiro dessa aliança. Psiquicamente, está próximo do "bem pequeno" que não pode atravessar a posição depressiva porque desespera numa reparação bem-sucedida. Só conta agora com seus comportamentos maléficos para protegê-lo, mas também são aqueles que o isolarão cada vez mais. Afastou o perigo, ganhou o sentimento de dominar a situação, mas o risco de depressão continua ameaçando. E poderá conduzi-lo a novos actings. Na passagem ao ato, ele destruiu a esperança na fala e na negociação. Se agora pode fascinar os outros adolescentes do grupo, não pode mais se dirigir a eles de outro modo. Alterou gravemente sua fonte de bem-estar e seu quadro de vida ao subverter os que o constituem. Está isolado deles, relativamente desconsiderado. Dele só se esperam agora novas perturbações, excitantes talvez, mas incômodas, e, no fim das contas, desqualificadoras para ele.

Aos olhos de todos, os educadores passaram a ser fracos, já que não souberam salvaguardar as leis e a paz do grupo. Arriscam se tornar aqueles que impõem aos outros adolescentes conviver com alguém que os incomoda e que eles temem. Esse jovem perdeu seu lugar na troca, e sua estada perdeu seu sentido, já que não serve mais sua própria promoção. Talvez ele agora esteja simplesmente imposto pelo sistema do preço de diária ou pela decisão judiciária.

E, isso tudo, ele sente. Sente-se num lugar ilegítimo e deve denegálo ruidosamente. Colocou-se no papel de uma criança abusiva e compensa com reações de prestância. E se a instituição não intervir, talvez ele vá dever ser excluído por uma aceleração das passagens ao ato, em que cada um arrasta o seguinte. Se conseguir isso, terá simplesmente tornado efetiva uma exclusão já simbolicamente realizada, uma vez que ele não pagava mais o preço de sua estada no abrigo, o preço do sentido a ser mantido, e que, de modo mais ou menos discreto, cada um desejava sua partida.

Por isso é que só é possível lhe dizer: "Não temos o direito de deixálo preso(a) nessa imagem de você mesmo(a) e nessa situação, pois não há nada de bom a esperar daí. Isso faz parte de nossa experiência e de nossos compromissos profissionais, e disso lhe falamos desde que você foi admitido. Faz parte também dos nossos compromissos perante os outros jovens com os quais você vive. Não temos a liberdade de permitir que você continue a se isolar, a se destruir e a ser aquele(a) por quem o grupo é devastado. Isso faz parte de nossa fidelidade a nosso ofício. Não podemos aceitar que você permaneça nessa imagem que deu de si mesmo (mesmo que ela lhe agradasse). Ela não nos permite mais que nos falemos e precisamos conhecer outra. Não podemos suportar nem fazer suportar seus atos destrutivos sem lhe pedir para reparar; você gerou malestar e só teremos encontrado condições de prosseguir com você quando você tiver encontrado condições de criar bem-estar para alguém. Faz parte do respeito por sua palavra dada manter o compromisso que você assumiu, reparar a confiança perdida e reconquistar seu lugar no grupo".

Tal intervenção deve provir de uma instância investida de uma missão de forte responsabilidade (diretor ou chefe de serviço). Não se pode banalizar nem desperdiçar tal injunção.

Então, o sujeito é convidado a descobrir, sozinho, depois com um educador que ele escolherá, o modo de reparação no qual encontraria... mais prazer em dar prazer!

Pois, com a reparação, não se está nem na punição nem na humilhação. O interesse terapêutico desse procedimento reside na exigência feita ao sujeito para que se volte para suas próprias potencialidades reparadoras. Reside no convite a reatar com estas. Logo, estamos na criação, e a reparação bem-sucedida será aquela que corresponder à sua sensibilidade pessoal e que ele efetuará com prazer. É claro que ela deverá corresponder a um "dom" (Winnicott), suscetível de ser recebido no prazer. O tempo durante o qual o adolescente buscará com o educador escolhido por ele é importante. Responder imediatamente talvez fosse livrar-se da reparação sem criação pessoal de um prazer para si mesmo e para outros, sem poder ler no olhar deles o efeito de uma reparação bem-sucedida. Por sua vez, entregue a afetos depressivos, sem a presença e as exigências de alguém que, no exterior, mostra que potencialidades reparadoras e benéficas permanecem no mais profundo dele, o sujeito teria tido bem poucas chances de colocá-las em prática. Senão que imagine fazê-lo sob o modo da reparação grandiosa, desesperada e sacrificial, segundo outra fantasmática, a exemplo de Antoine.

Antoine

Antoine fora surrado muito precocemente pelo pai. Colocara como ponto de honra a ele resistir sem deixar de acumular uma culpa inconsciente que o havia levado a repetir os motivos de correção. Havia fantasiado que assim se tornava o objeto do gozo paterno e havia transportado esse tipo de comportamento bem além do contexto familiar; fora punido e maltratado por todas as figuras de autoridade que pudera encontrar: professores, polícia, exército, magistrados, sem esquecer os grandes traficantes de "punições" terríveis.

Nem por isso deixava de sentir um fortíssimo sentimento de culpa e de dívida com o pai. E quando este ficou desempregado, ele quis reequilibrar o orçamento familiar pelo fruto de seus roubos (Édipo, quando você nos segura...).

Quando encontrei Antoine na prisão, ele tinha medo de fazer o teste para saber se era soropositivo, pois, usuário de heroína, não tomara muitas precauções na utilização das seringas. Confiou-me seu projeto de reparação grandiosa: caso fosse soropositivo, após a libertação, ia fazer um assalto e, com o dinheiro, reuniria a família para uma grande festa durante a qual daria a cada um os presentes suntuosos que para eles tinham permanecido inacessíveis. No dia seguinte, iria se matar para escapar à descida ao inferno que significava a aids.

O exame deu negativo.

Vale dizer a que ponto o tema da reparação não é estranho aos sujeitos de que falamos, mas eles perdem a esperança e a fantasiam com frequência, como Antoine, sob o modo do sacrifício.

Enfim, essa busca de uma reparação pessoal pode levar o sujeito a querer reparar, mas não prioritariamente junto àqueles que sua passagem ao ato agrediu. Evidentemente, é necessário que sua reparação se enderece em parte àqueles, mas, do ponto de vista de sua sensibilidade própria, ele pode preferir endereçá-la a outros. A pessoas próximas, a familiares, fora do abrigo, junto aos quais, no passado, ele havia destruído muito, mas que se tornaram novamente os parceiros de uma relação na qual ele acaba de recuperar a esperança. E é preciso aceitar, já que o que está em jogo é essencialmente a redescoberta de suas potencialidades reparadoras. Aqueles do grupo que ele havia devastado terão de acolher sua reparação para com eles; mas poderá ser necessário que também tenham conhecimento do que terá sido sua reparação endereçada em outra parte.

Tenho a lembrança de reparações diversas: conserto, de valor estético e de valor de conforto, de um elemento do grupo de vida (cantobanqueta-música etc.); a compra ou a fabricação de um objeto que será oferecido ao uso coletivo ou pessoal (fotos feitas nas atividades comuns e vindas em decoração, fotos pessoais oferecidas a cada um...); refeição ou sobremesa confeccionada pelo jovem, que, às vezes, mostra o laço com sua família (pizza, tajine, batatas no leite etc.); obras com pessoas que suscitem investimentos protetores: nas habitações de pessoas idosas que, quando foram sensibilizadas, se prestam aos encontros mais gratificantes; no equipamento de uma creche, de um jardim de infância (as crianças e os velhos têm de tranquilizante o fato de suscitarem poucos investimentos sexualizados); recolhimento de roupas com os voluntários de uma organização humanitária (lembro-me de um domingo começado muito cedo em caminhões colocados à disposição pelo exército e terminado bem tarde. Os jovens, que não se tinham apresentado como "jovens de abrigo", tinham se misturado aos voluntários da Terra dos Homens oriundos de uma classe social com a qual – a priori – esses "delinquentes" nada teriam tido a ver..., e se saíram muito bem); participação nos Restos du cœur; acompanhamentos de jovens com deficiência motora (passada a angústia do primeiro contato, empurrar as cadeiras de rodas e permitir que tenham o lazer que não poderiam ter tido de outro modo; isso leva jovens que têm de viver sofrimentos bem diferentes a muito trocar); participação em campanhas de libertação de prisioneiros de opinião por meio da Anistia Internacional (para aqueles que não repugnam a escrever durante algum tempo, intervir pela liberdade da palavra e contra a repressão violenta em certos contextos políticos; isso participa da elaboração do ideal do eu; é também uma oportunidade de atacar o abuso de poder ali onde ele se manifesta violentamente, logo, talvez distingui-lo das leis constrangedoras, mas fecundas, distinção que certos delinquentes raramente fazem).

É claro que um pacto como esse se sustentará ainda melhor se a instituição já propuser mediações educativas que suscitem o trabalho de elaboração psíquica: ateliês de teatro, escrita, cineclube (filmes como O grande caminho, A guerra do fogo, Uma criança da Calábria, A floresta de Esmeralda, Um saco de bolas de gude, Pai patrão, Meu pai, esse herói, Pixote ou A lei do mais fraco, Sem teto nem lei, Adeus, meninos, A pequena ladra, Um, dois, três, sol, A promessa ou certos programas de TV prestam-se a isso de maneira notável), jornal, viagens... E se sustentará ainda melhor se a instituição oferecer possibilidades de reabilitação pessoal e se favorecer êxitos: práticas esportivas, criações artísticas e técnicas (foto, costura, cuidados estéticos) que contribuem muito para que as dificuldades escolares tão frequentes sejam assumidas.

Enfim, é possível que o adolescente recuse esse trabalho de busca sobre si mesmo e de reconquista de seu lugar na troca por meio da reparação. Mas ele está então em condição de buscar o sentido dessa recusa. Talvez sinta como essencial, dessa vez ainda, desafiar a lei? Mas por que ou por quem? A partir de que experiências anteriores da lei? Talvez se sinta obrigado a essa recusa por sua imagem aos olhos dos outros? Mas, então, tornou-se refém destes. Quer continuar assim ou trata-se de um comportamento de exclusão que ele reproduz? Seria por fidelidade a um pai, ele mesmo excluído? Mas, então, é uma fidelidade bem compreendida? Ou, ainda, não quer mais permanecer nesse abrigo onde considera que se desqualificou? Se for o caso, pode pedir livremente sua partida e construir sua reorientação. Talvez também precise verificar que o abrigo só tem uma palavra e está disposto a deixá-lo separar-se dele. Talvez precise ser rejeitado mais uma vez; mas, então, não será o momento de trabalhar para compreender por quê?

Podemos lhe oferecer o tempo e o meio dessa pesquisa que o fará trabalhar de modo tão válido sobre sua recusa quanto sobre outro tema. Mas ele deve saber que não poderemos deixá-lo colocar em xeque essa maneira de trabalhar com a passagem ao ato: a violência custa caro demais e ninguém pode decidir quebrar essa ferramenta de trabalho de que todos precisam. Sua recusa é tão respeitável quanto outra escolha: ele será orientado em função de seus desejos e das possibilidades. Poderemos festejar sua partida como a de outro. Talvez esse protocolo de trabalho não lhe convenha. Mas é ele quem poderá dizer, e se quisesse ser readmitido no abrigo mais tarde, saberia melhor por quê.

Em conclusão, o dispositivo descrito neste capítulo tem sua legitimidade do ponto de vista teórico e clínico aos olhos dos jovens porque tem por objetivo punir muito menos e não excluir; porque é aceito desde a admissão, pode ser recusado durante a estada e conduzir, então, a uma reorientação.

Tem sua legitimidade pelo fato de exigir a responsabilização e de articulá-la com os objetivos de cuidados psíquicos e de exigências socializantes.

Ele a tem aos olhos dos educadores porque faz com que escapem a um papel repetitivamente repressivo, embora reforce a missão deles: o sujeito não é mais punido ou excluído por um ato que escapou a seu domínio. Mas é responsabilizado a buscar-lhe o sentido para poder dizer de outro modo. E é reabilitado pelo ato de reparação que é tanto a experiência de reencontros com suas potencialidades benéficas quanto uma legitimação de seu lugar no grupo.

São essas legitimidades que podem justificar que uma equipe educativa mantenha num grupo de vida um jovem vítima de violência. Não somos atingidos da mesma maneira quando sabemos que um surto de violência é um sintoma que prevemos gerir e com o qual algo será feito profissionalmente. E o adolescente violento que o conhece, tampouco.

Entretanto, nem sempre é fácil manter tal dispositivo.

Contudo, ele requer que os adultos escolham exigir reparação e renunciem à vingança (vingança que assume um aspecto educativo, mas vingança mesmo assim), e não é um hábito mental imediato. Todavia, essas passagens ao ato às vezes têm uma função antidepressiva para os adultos. Com efeito, acolher esses jovens com suas histórias de sofrimento inimagináveis para muitos adultos normalmente educados e receber missão de levá-los a se integrar numa sociedade que não quer saber deles é um projeto bem deprimente. Que seria bem mais deprimente se esses mesmos jovens não nos fizessem esquecer seu sofrimento ao nos mostrar seus lados desagradáveis e violentos, que mobilizam nos adultos, em espelho, outra violência. Ela pode – durante um tempo – proteger estes da depressão. Ao conseguirem gerir bem a violência, ao ponto de ela ficar rara, certas equipes atravessaram uma fase depressiva que conduziu simplesmente a mais lucidez.

Enfim, evitar a punição conduz a alguns problemas. O funcionamento psíquico de certos jovens, em razão de uma culpa inconsciente forte que eles têm de aliviar, vai conduzi-los a privilegiar uma forma de reparação próxima de uma punição: o forte pagamento de uma forte dívida. Durante algum tempo, acompanhemos essa escolha, será o meio de elaborar essa culpa.

A lei permanece representada quando não é mais restituída senão pela reparação? Sim, sem equívoco, se a reparação for realmente exigida. Mas, é claro, esse dispositivo clínico não pode fazer com que a lei social não seja mais refletida. Vemos mal como poderíamos deixar de dar queixa caso um jovem vendesse drogas no abrigo; mas, simplesmente, nem os adultos nem ele mesmo vão se considerar quites em razão desse procedi mento judiciário. Vão lhe pedir para por isso se responsabilizar, o que é bem mais difícil, para ele como para os educadores, que ser punido por isso... para em seguida recomeçar.

CAPÍTULO 7 CULTURA INSTITUCIONAL E SENTIDO DA VIDA

Pobreza, cultura e miséria psíquica

Em Mopti, o bar Bozo é o melhor lugar para assistir ao pôr-do-sol na lagoa. Do terraço, já faz um bom tempo que, com meu companheiro de encontro, comentamos brincando o desembarque a que assistimos. De uma barca pesada estacionada a uns quinze metros da margem já desceram sessenta pessoas, e agora são as cabras, as bicicletas, os sacos de milho e de carvão que passam desse barco para pequenas pirogas. Em algumas remadas, estas os trazem à margem. Viemos de longe para esse pequeno porto fluvial, pois amanhã é dia de mercado e, em alguns dias, será a Tabaski. É assim que os africanos chamam a festa do nascimento do Profeta que os magrebinos chamam o Mouloud. Por isso, mais adiante, homens lavam no rio, com muito sabão, os carneiros brancos destinados ao sacrifício.

Na hora de me deixar, meu vizinho acaba me perguntando: "Como você se chama?

– Pierre… e você?

– Chamo-me Toda-a-minha-vida. Se quiser me encontrar, pergunte por Toda-a-minha-vida!, em Mopti e até mais além… sou conhecido…".

TODA-A-MINHA-VIDA

Toda-a-minha-vida, o apelido que ele próprio escolheu, é seguramente um bom plano, um nome fácil de guardar para os turistas aos quais esse jovem guia peul procura alugar seus serviços. Dezoito anos, alto e magro, calçando tênis Reeboks espantosamente brancos, ele habita com elegância um terno de jeans impecável cujo paletó se abre para uma camisa rosa bem passada. O colarinho Mao está fechado por uma correntinha de ouro e a cabeça está coberta por uma boina de rapper que aponta a viseira para o céu. Sobre sua pele negra de ébano estoura um sorriso.

Sedutor e, sobretudo, divertido, Toda-a-minha-vida se entende bem com os turistas com quem negocia, propõe a uns uma caminhada pelo platô dogon, a outros uma descida em piroga até Tombuctu, a cidade tuaregue onde as caravanas carregadas de sal chegarão em alguns dias; a outros, ainda, levá-los para visitar Djenné, a cidade santa; a alguns proporá levá-los a um joalheiro amigo seu, "mais barato" (onde tira uma comissão).

Há dez anos Toda-a-minha-vida faz esse trabalho de guia, que funciona mais ou menos bem; às vezes, chega a fazer seiscentos quilômetros para buscar no aeroporto de Bamako famílias ou grupos de turistas que o contataram da Europa. Pois, independentemente das línguas peul, bambara, bozo, malinké e francês que ele fala correntemente, Toda-aminha-vida se vira em inglês, espanhol e italiano. Consegue ganhar 12.000 FCFA por ano, o que, segundo ele, é muito bom. Toda-a-minha-vida não tem vontade alguma, portanto, de ir morar na França onde, lhe disseram, o trabalho tornou-se raro e o ambiente, racista. É melhor trabalhar com os toubabs aqui, em casa.

Seu projeto atual é tirar uma carteira de motorista, o que o ajudaria a fazer seu trabalho. Para isso, costuma acompanhar um dos tios, chofer gerente de um táxi coletivo, que lhe ensina mecânica, pois todo chofer deve ser ótimo mecânico na África, e assim saber se socorrer em qualquer circunstância.

Ele não sabe ler nem escrever, pois nunca foi à escola "fundamental", apenas à escola corânica, e por pouco tempo, porque não gostava de lá. Não se juntou aos bandos de meninos de rua, formados em grande parte de jovens "talibés" que, vindos do campo para estudar o Corão, não suportaram a autoridade do taleb em cuja casa ficavam hospedados. É porque ele tinha parentes em Mopti.

Entretanto, raramente esquece as preces diárias e dá esmola aos mendigos. Quando tem "problemas", diz, faz cento e cinquenta quilômetros para ver um grande marabuto cujas palavras o tranquilizam. Escuta seus conselhos, pois tem confiança nas proteções que ele lhe prodigaliza sob forma de pensamentos filosóficos e religiosos nos quais reflete, de amuletos que ele deve usar e de sacrifícios a serem feitos.

Ele acredita nesse homem que encontrei, vestido modestamente, na porta de sua morada. Filho de família pobre de um campo do Burkina, veio a pé estudar, há cinquenta anos, com um marabuto, ele mesmo famoso. Este o distinguiu como seu melhor aluno e o formou pessoalmente para ser seu sucessor. Ele pediu a filha do mestre em casamento. Quando este morreu, o aluno assumiu as funções do mestre com sucesso. Cobra de cada um conforme os meios, e os clientes só pagam depois de ficarem satisfeitos com o que pediram. Mas alguns, que vêm de muito longe, são muito ricos; e se, independentemente dos sacrifícios prescritos, não lhe dessem a soma combinada, a maldição divina se abateria sobre eles.

Quando não tem mais toubabs para acompanhar, Toda-a-minha-vida vai ao encontro de um ramo de sua família que viaja com seu imenso rebanho de bois, ao sabor das pastagens. Chega com presentes, e é aí que reencontra muitos primos, irmãos e irmãs, com os quais tem ligação desde a infância. É que seu pai teve três esposas, e cada uma cuidou dos filhos das outras esposas como se fossem seus; aliás, ele só soube qual era sua mãe genitora na idade de quinze anos, quando esta faleceu. Ele teve três mães e, se tal configuração familiar não deixa de criar tensões, é igualmente rica de emoções partilhadas. Habituado à medicina dos brancos, ele leva os seus a recorrer a ela, a consultar e a se tratar quando a medicina tradicional mostra seus limites. É então ele quem paga as consultas no ambulatório e os remédios.

Toda-a-minha-vida sabia que uma de suas primas era sua prometida, mas ela não lhe agradava e ele não queria se casar jovem. Com diplomacia e sem desencadear drama familiar maior, deu a entender ao pai, que fez com que o tio entendesse. Assim, a pré-união dos dois foi rompida.

Enquanto espera um casamento que ele só quer realizar quando tiver renda suficiente, diverte-se com amigas e amigos de Mopti. Pois Toda-a-minha-vida ama a vida, os prazeres da conversa, a música, a dança e o amor.

Eis, pois, um rapaz que viveu numa família que poderíamos dizer conflituosa, e perdeu vários irmãos e irmãs abatidos pelo paludismo. Teve uma infância marcada por uma separação precoce quando foi enviado à casa do taleb, de cuja autoridade fugiu. Sofreu a dolorosa prova da circun cisão. Viveu a de perder a mãe na adolescência. Vive de um emprego dos mais precários e dispõe de renda miserável. Mora numa casa de terra batida sem água nem eletricidade e possui apenas um terno de jeans, alguns bubus, uma corrente de ouro e um relógio Super-Swatch. Mas, mesmo assim, Toda-a-minha-vida vibra de vitalidade e desejo. Sob o céu ocidental, teria sido uma criança "de alto risco" e um frequentador dos serviços sociais; talvez tivesse se tornado delinquente.

Por que não se tornou? A resposta reside em duas palavras: escoramento relacional e cultura.

Filho de pobre na África, recebeu, em termos de cultura, tudo o que não recebem as crianças das famílias e bairros onde os pontos de referência culturais e humanizantes se diluem e onde reina, segundo a expressão de um amigo senegalês, "a selvageria na modernidade".

A dívida simbólica lhe foi com certeza bem paga. Ele foi bem maternado por três mães e irmãs mais velhas para as quais provou ser precioso. Os limites imagináveis na maternagem de cada uma dessas mulheres terão sido compensados graças à organização psíquica complementar das outras mulheres, que deram aos primeiros laços um forte caráter de segurança e força. O bom objeto materno, interiorizado por ocasião de momentos privilegiados, permitiu-lhe perder a mãe genitora na adolescência sem perder o apoio nas outras relações maternas. Viu os pais suportarem sem desabar a morte de irmãos e irmãs e pensou, como eles, que iam para o paraíso de Alá. Também deve ter pensado que tinham sido munidos de todas as proteções garantidas por sacrifícios e rituais funerários em vista da grande viagem ao país da morte que os traria de volta quatro gerações mais tarde para se reencarnarem num bebê que estivesse nascendo. Pois o islã na África negra não ocultou o animismo.

Ele aceitou as renúncias pulsionais próprias a cada etapa da vida até esse ritual final da circuncisão que, na dor, confirma a criança num duplo interdito: o de se bastar como a criança-falo que preenche a mãe (as mães) e o da realização incestuosa de seus desejos sexuais[126].

Encontrou mães e pais (os tios) que o inscreveram no desejo deles de filiação, e uma prima lhe foi prometida. Depois, deixaram-no diferenciar-se e dizer que queria viver sua vida conjugal conforme uma escolha mais pessoal.

Com uma mesma diplomacia, o olhar familiar foi reprovador quan do Toda-a-minha-vida recusou a autoridade do taleb, mas foi imediatamente reintegrado noutro ramo da família, responsável por ele tanto quanto a família genitora. Fortalecido por uma boa maternagem, pôde arriscarse numa prática profissional que ainda não existia na família, correndo o risco de um fracasso possível. Consideram, quando foi visto acompanhar os toubabs, que fora forte o bastante para assumir sua recusa e que aquele taleb não soubera entendê-lo. Pois a fidelidade dos pais deve ir para o filho mais que para um estranho, ainda que este tenha passado pela universidade de Al-Azhar.

Sua própria imagem tornou-se para ele amável desde sempre, como mostra seu esmero em escolher a roupa. "Nossa identidade desejante [...] menino ou menina, está com certeza arrimada à liminar e luminosa percepção do primeiro rosto debruçado sobre o nosso. [...] O olhar desse rosto humano [é] o primeiro ponto de referência de nossa identidadevalor."[127]

Logo, ele dá pouca importância à precariedade de suas condições de vida que o olhar social não deprecia. Não sonha com um Eldorado ocidental, onde evitar a pobreza e as pressões lhe estaria garantido. Guardou laços muitos fortes com os parentes. Considera um ponto de honra manter-se na reciprocidade.

A interiorização de figuras parentais prestativas faz que, afastado dos pais, ele saiba ir mobilizar uma delas, sob os traços desse marabuto ao qual dirige suas demandas de elaboração psíquica. A lembrança dos interditos fundamentais lhe é dada todos os dias, pelo apelo à prece. Os ideais aos quais deve subscrever e as tentações perversas às quais deve resistir lhe são reditos durante a evocação da história de seus valorosos ancestrais, sempre que os griôs ligados à sua família a declamam.

Cultura e humanização das pulsões

A cultura, quando se infiltra nas leis e nos ideais sociais, reforça, de fato, os interditos humanizantes anteriormente fornecidos na família.

"Para o homem, é um fato de cultura que cria o interdito, este mesmo que o funda precisamente como homem. O espaço psíquico não existiria sem ele. [...] [Ao contrário,] quando o filho está ali para satisfazer as pulsões dos pais, P. Ayoun evoca com justa razão um 'ataque do laço de pertencimento à espécie humana'."[128]

Mas, na verdade, o que é a cultura? A cultura é a um só tempo a chave de abóbada do espaço psíquico e do campo social. É um conjunto de práticas relacionais, de costumes e rituais que estruturam uma família, depois um grupo, e transmitem, de maneira tanto consciente quanto inconsciente, valores que, se o sujeito a eles não subscrevesse, lhe dariam o sentimento de ser indigno de viver. É tanto verdade que alguns, após transgressões em que o pulsional bruto e violento prevaleceu sobre o humanizado, preferem se matar. Tive de conhecer recentemente um pai separado de sua mulher que, convencido de ter sodomizado um dos filhos durante um fim-de-semana, entendeu a gravidade de seu ato e escolheu se matar.

A cultura se transmite por um encadeamento de atitudes e jogos relacionais espontâneos ou costumeiros e de cerimoniais que produzem efeitos tanto no registro inconsciente quanto no registro consciente. Eles dão nascimento ao sujeito humanizado depois socializado conforme a ética de sua sociedade. Desde as funções parentais, a cultura assegura as bases éticas e narcísicas da criança e liberta os interditos fundamentais.

Mediante essas atitudes e esses jogos relacionais, os adultos tutelares oferecem à criança a solicitude de que ela precisa e que muda de expressão conforme a idade. Mostram-lhe o desejo de filiação e inserção comunitária e nele a inscrevem: a esse título, a criança passa a ser o bem mais precioso que têm.

Por meio de certos jogos relacionais, certas falas, mas também fora da fala, esses adultos lhe fornecem os interditos cujo respeito canalizará suas pulsões para objetos e modos de satisfação lícitos.

Ao fornecimento intuitivo dos interditos humanizantes por pais ordinários na idade em que a criança pode interiorizá-los sem ser mutilada, Françoise Dolto chama "castrações simbólicas". Ela distingue várias. Tratase de encontros seguidos de desmames "que interessam zonas erógenas. Elas impõem que a pulsão oral, anal ou genital mude em sua maneira de se satisfazer e renuncie a certos objetos, para adotar outros, lícitos, estes, do ponto de vista da ética humana"[129]. É assim que se realiza a humanização das pulsões.

Assim, a castração oral separa o filho do corpo-a-corpo com a mãe ao separar sua boca do seio lactífero. Mas esse desmame visa apenas a uma modalidade de satisfação, a mamada, e apenas a um objeto, o seio. A pulsão vai prosseguir sua busca de satisfação por meio da mamadeira, da comida dada com a colher e da bebida no copo. Se a mãe proporciona "o desmame fazendo a promoção na relação linguageira de ternura e intercompreensão", ele será uma experiência simbolígena: "Então, o circuito curto do desejo de mucosa a mucosa, da boca ao mamilo, transforma-se [...] em circuito longo de comunicação, de psiquismo a psiquismo. Por conseguinte, o prazer dado é sentido como uma descoberta, uma invenção, uma criação a dois"[130]. E a pulsão oral encontra um modo de satisfação muito mais rico do que era a sucção do seio: a linguagem falada pela qual o filho encontrará e dará prazer à mãe, depois a outras.

A castração anal corresponde a dois períodos simultâneos; aquele em que o filho passa a ser capaz de separação graças a uma motricidade tornada ágil e em que não precisa mais da ajuda da mãe no que se refere a fazer; é a aquisição da autonomia que faz com que diga "eu sozinho" ou "deixe que eu faço"; e aquele, no mesmo tempo, em que é significado o interdito de predação, assassinato, estupro, violência, maus-tratos e roubo, e, por extensão, o interdito de vandalismo. A castração anal é convite ao domínio, e ela prepara o acesso a um imaginário edipiano em que o objeto de amor será investido de pulsões genitais ligadas a afetos de ternura. O que faz a diferença entre o cio dos animais e a pulsão genital humana[131].

A castração genital edipiana não deve ser fornecida antes de a criança ter podido sonhar muito tempo com uma relação amorosa em que estaria comprometida sua sexualidade com cada um dos pais e irmãos sucessivamente, e de ter podido rivalizar o bastante com o pai do outro sexo (isso até aproximadamente a idade de cinco anos, pelo menos)[132]. Então, um interdito de atuar suas fantasias incestuosas lhe é significado por um personagem também marcado por esse interdito. E essa pessoa representa para a criança a imagem acabada de sua pessoa futura.

A recepção desse interdito provoca no sujeito o reforço de seu desejo diante do obstáculo, às vezes com uma revolta diante da impossibilidade total de prosseguir seu projeto. E ele experimenta secundariamente uma inibição de caráter depressivo. É o sinal de que um trabalho de luto em relação ao projeto incestuoso está se fazendo. Assim, a pulsão sexual desprende-se do objeto proibido e parte ao encontro de objetos de amor lícitos (os(as) noivos(as) das crianças de seis anos e mais) por novos meios para conquistá-los: os êxitos esportivos, escolares ou artísticos; em suma, as realizações culturais.

Assim se inicia a fase de latência que prepara o momento em que o sujeito, menino ou menina, poderá, sem angústia excessiva, acompanhar psiquicamente as transformações de seu corpo durante a puberdade.

Evidentemente, para que as castrações simbólicas conduzam à humanização das pulsões, é preciso que sejam dadas em tempo desejado por personagens respeitados e que respeitam a criança, exprimindo a sensibilidade de seu grupo social. Nunca deve ser o desejo que é marcado de interdito, mas o objeto ou a maneira perversa de que se teria satisfeito. Caso contrário, se a criança no seio tivesse proibida toda ancoragem materna ou se a criança edipiana tivesse proibido o acesso a todo parceiro amoroso, ela então não encontraria uma castração simbólica e sim uma mutilação. Uma castração deve conduzir à sublimação, mas, se tiver sido mal fornecida, também pode desembocar num recalque de desfecho neurótico. As castrações simbólicas sustentam a promoção do sujeito e a sublimação das pulsões que engendram ética e criatividade pessoais. Entretanto, uma castração que induz o desejo de satisfazer-se no sofrimento, em vez de satisfazer-se no prazer ou no orgulho, é uma perversão.

"A castração deve sempre ser recomeçada no ser humano", escreve Françoise Dolto. Assim como as experiências narcisantes, as castrações e os interditos fundamentais têm de ser incessantemente representados no espaço social do sujeito enquanto participante de sua identidade humana. E é esse o papel da cultura: os interditos, até quando foram interiorizados em tempo desejado, pedem para se manter no cerne do psiquismo, para ser representados numa sociedade infiltrada de cultura. É a função dos contos, lendas, provérbios, relações de parentesco, rituais, cerimoniais, morais pessoais e profissionais.

Enfim, a cultura também é o que infiltra o olhar social pousado sobre os acontecimentos que ocorrem na vida do sujeito. Boris Cyrulnik, que aplica os métodos da etologia aos comportamentos humanos, observa que um mesmo fato – separar-se da mãe – é vivido diferentemente conforme essa separação for imposta por uma regra cultural, como em alguns grupos de Uganda, ou decorrer de uma decisão política brutal. No primeiro caso, as crianças evoluem quase todas corretamente; no segundo, a história de vida dessas crianças organiza-se para uma patologia psicológica. Com efeito, o olhar social atribui a esse fato a significação de uma injusta punição. A decisão não é a de pais que consideram o filho forte o bastante para superar a separação. Ela aparece como maus-tratos que desqualificam os pais. "O olhar social, enquanto representação coletiva, constitui uma enorme força modeladora que pode organizar a história de uma vida."[133]

Assim, conforme o olhar social praticado, a mesma frustração poderá levar o sujeito a superar a prova, com o ganho narcísico que isso comporta, ou tornar-se traumática e ferida narcísica fragilizante. As falas ouvidas dos assistentes sociais participam desse olhar social.

Em relação a Toda-a-minha-vida, muitos adolescentes e jovens adultos que recebemos são muito desprovidos. A dívida de vida que têm não foi nem quitada nem transmitida no seio da família. Quanto à sociedade à volta, ela foi fraca demais para sustentar-lhes o narcisismo, representar valores, apelar para um ideal do eu e fornecer interditos. Aliás, em nome de que e de quem ela o faria? É uma sociedade pouco pródiga em referências culturais, que se submete à ordem econômica e que abandona alguns de seus membros às suas pulsões e às vezes ao sentimento de serem rebotalhos da humanidade.

Como as instituições podem representar uma cultura humanizante? A cultura oferece cerimoniais, jogos relacionais codificados que significam, facilitam ou impõem os remanejamentos pulsionais exigidos pela humanização. Oferece espaços e momentos privilegiados para reafirmar o apego a certos interditos e ideais dos quais os membros de uma sociedade tiram seu narcisismo comunitário. Esses ideais contribuem para manter em cada um a organização pulsional que justifica seu sentimento de pertencer à humanidade.

A cultura só se desenvolve baseada em convivência, em comunidade, por exemplo a comunidade religiosa. "Não sou nem árabe, nem francês, sou muçulmano. Não faço nenhuma diferença. Se agora o francês se tornar muçulmano, ele passa a ser igual a mim, prosternamo-nos todos diante de Deus. Não há mais raças, mais nada, tudo se apaga, é a unicidade."[134]

Para que possamos encontrar e oferecer aos jovens convivência como húmus de cultura, cultura como ponto de referência e ideal como alimento dessa convivência, talvez possamos começar pelo projeto de representar nas instituições, como os psicanalistas "representam" nas sociedades de psicanálise que Heitor O'Dwyer de Macedo compara a jardins de infância: "Winnicott nos ajuda a não esquecer que nós, psicanalistas, somos seres frágeis. Fomos todos precocemente rejeitados da infância, e, em graus diversos, bebês, cientistas, fomos os terapeutas de nossos infelizes pais. Mais tarde, depois de nossas análises, fundamos ou integramos instituições de psicanalistas na esperança de que fossem jardins de infância que, muito pomposamente, como crianças aliás, chamamos Sociedade de Psicanalistas. É na medida em que se pode ali representar e ali tratar nossas feridas narcísicas incuráveis, é somente nessa medida, que uma instituição psicanalítica pode transmitir uma ética"[135].

A HISTORICIZAÇÃO DA HISTÓRIA

A animação da instituição poderá refletir a cultura em três níveis: o dos tempos institucionais que escandecem a estada dos jovens e lhe dão sentido; o dos acontecimentos que os ligam à cidadania; e o dos acontecimentos que ocorrem na vida e que pedem que falas lhes sejam endereçadas.

Os acontecimentos institucionais começam com o processo de admissão. Do ponto de vista estritamente clínico, o do psicólogo, a entrevista de anamnese deve ser tão rigorosa quanto possível, como mostrei no capítulo 6. E aqueles que têm mais diretamente o encargo do projeto de socialização podem tirar partido das entrevistas de admissão para ajudar o sujeito a se desprender dos discursos invalidantes ouvidos com demasiada frequência.

Assim, é indispensável não se contentar com elementos fornecidos pelo dossiê constituído por instâncias superiores; às vezes é preciso ignorálos. Caso contrário, a reputação social que ele veicula impede o que deve ser a oferta prioritária a ser feita ao recém-chegado: que lhe seja permitido revelar-se outro, junto a novos parceiros. E isso requer que não se deixe seu passado precedê-lo nem alcançá-lo na instituição. Caso contrário, a repetição de suas dificuldades anteriores será temida, fantasiada, aguardada. E ele mesmo sentindo-se "aguardado" (na virada) estará ainda mais inclinado à repetição. Por isso é que se deve ter tempo de escutálo de maneira nova. Essas entrevistas serão a oportunidade para o adulto de entender todos os elementos que favorecem a renarcisação, e não apenas a respeito do próprio adolescente, mas também de suas duas linhagens parentais. Para fazê-lo sem artifício, será preciso ter desejado descobrir esses elementos.

O papel desempenhado pelos griôs no Oeste africano pode nos ensinar a atitude conveniente.

Os diely bambara são os arquivistas e genealogistas titulares de certas famílias. Espécies de bardos épicos, recitam, sob forma de cânticos acompanhados de seus instrumentos, os altos feitos de homens e mulheres das linhagens familiares a que se ligaram e lhes dão um jeito de canções de gesta da Idade Média. Nos campos de batalha de antigamente, eles suscitavam o ardor combativo dos guerreiros, davam coragem a eles nos momentos críticos, pela exaltação dos feitos de armas dos ancestrais ou ainda pela ironia acerba na qual se tornaram mestres.

Como as expedições guerreiras tornaram-se raras, certos griôs, para viver de sua arte, voltam-se para outros clientes e impõem-se ocasionalmente junto àqueles cuja história familiar conhecem. Podem então cantar os altos feitos dos ancestrais. Mas se os clientes improvisados se mostrarem avaros, podem vilipendiá-los com insinuações fortes sobre o nascimento deles ou sobre a origem da fortuna que acumularam. Por isso é que são, a um só tempo, temidos e procurados, pois é preciso, para ser bem visto em sociedade, ganhar-lhes as boas graças. Eles são reguladores sociais.

Dotados de memória prodigiosa e de grande presença de espírito, os diely eram os diretores espirituais dos chefes e continuam servindo de intermediários para os casamentos. Do início dos ajustes matrimoniais até a celebração, tudo se regra por intermédio dos griôs. Estes têm por função vencer todas as reticências dos membros da outra família e convencê-los das vantagens que podem tirar da união em perspectiva. Além disso, os diely têm direito à impunidade. Podem lisonjear, louvar, satirizar e zombar. Também podem permitir-se todas as espécies de inconveniências, o que faz com que digam que um griô pode ficar louco durante sete anos sem que percebam[136].

A principal função dos griôs é proceder ao que Boris Cyrulnik chamou a historicização da história individual e familiar[137]. Isto é, a passagem da história pessoal a uma maneira de contá-la a si mesmo que vá no sentido do orgulho da filiação, da narcisação e do reforço do ideal do eu.

E é bem o que se pode esperar do educador referente, do chefe de serviço ou do diretor que, encarregado do projeto de socialização, faz essa primeira entrevista. Trata-se de tomar radicalmente distância de um dossiê com frequência redigido de maneira catastrofista, e até de um discurso familiar às vezes catastrofado, para sublinhar que essa história revela um forte potencial de vida que o adolescente ou a moça recebeu da família e no qual vamos apostar. Lembro-me de um desses dossiês de mau augúrio, pesado para as equipes. Daqueles que ressoam de maneira sinistra nos ouvidos dos adolescentes se, por infelicidade, vêm a tomar conhecimento dele.

Esse dossiê catastrofista, capaz de provocar novas catástrofes, de fato nos havia primeiro catastrofado.

Alban

A história de Alban no momento de sua admissão, por volta dos dezoito anos, era descrita da seguinte maneira.

Sua mãe, Amandine, antilhana, era bem jovem quando o patrão, "aproveitando-se de seu estatuto", a engravidara antes de despedi-la. Pouco tempo depois do nascimento, a jovem mãe deixava o bebê com a própria mãe para partir em busca de trabalho na França. Demorou para encontrar esse trabalho e voltava agora para buscar Alban, arrancando-o brutalmente, na idade de dezoito meses, de seu quadro familiar e da doçura dos trópicos. Dessa idade até os quatro anos, ele havia vivido com a mãe sozinha, submetido a seus ritmos de trabalho, partilhando seus encontros, aventuras, decepções.

Quando Alban fez quatro anos, Amandine conheceu Édouard, e o menino mudou de patrônimo com o casamento. Dois filhos iam rapidamente nascer dessa união. Aos sete anos, notava-se na escola o aspecto encolhido de Alban e foi-lhe aconselhada uma psicoterapia, conselho que não havia sido seguido. Uma terceira criança nascia nesse mesmo ano.

Quando Alban fez onze anos, Édouard, empreiteiro cujos negócios prosperavam, ficou doente, teve de ser operado e parar sua atividade profissional. Não encontrou novo trabalho, vendeu a mansão onde vivia a família e passou a beber. A família mudou-se, foi viver num reboque no sul da França depois ocupar uma velha casa nas proximidades das novas ocupações de Édouard. O ambiente familiar degradou-se. Édouard e a mulher tiveram mesmo assim um quarto filho. Alban, aos doze anos, levava então uma escolaridade normal. Quando bebia, Édouard censurava abertamente a mulher por seu filho natural, "esse bastardo", na presença de Alban.

Aos treze anos, Alban descobria (sic) que Édouard "não era seu pai". Pouco tempo depois nascia um quinto filho. Amandine, "que assume sozinha a educação dos filhos e a responsabilidade pela família, toma regularmente iniciativa para obter ajudas financeiras para a alimentação, as saídas para as colônias de férias". Durante um desses pedidos, "ela se queixa do etilismo do marido, que bebe entre doze e dezoito litros de vinho tinto por semana". A caldeira estava então com defeito. A casa era esquentada com aquecedores à lenha, e Alban, aos quinze anos, dormia num quarto não aquecido.

Aos quinze anos e meio, ele entrava no ensino médio. Meses depois, seus pais interpelavam o colégio, depois o juiz de menores, pois Alban "não obedecia mais, não ajudava mais em casa, tinha se tornado violento". Édouard dizia ter medo da própria violência para consigo. Algum tempo depois, numa noite, este entrava no quarto de Alban adormecido e o esbofeteava sem razão aparente. Amandine tomava a defesa do filho e entrava em conflito com o marido. Alban foi ameaçado de ser mandado para um pensionato.

Então, pouco depois, a mãe escrevia ao juiz: "Tenho um filho que me causa problemas impossíveis. Ele se comporta como se estivesse louco. Ousou devolver o tapa que lhe dei, e não é a primeira vez. Nunca vou perdoá-lo por isso. Não quero que, num dia em que meu marido tomar um gole, ele se vingue... Peço-lhe para colocá-lo numa casa de correção. O padrasto nunca vai querer pagar os estudos dele. Tente ser rápido, para o bem dele e o bem de todos".

Sem esperar a resposta do juiz, Amandine partia precipitadamente com os cinco filhos mais novos, "deixando Alban e o pai sozinhos, frente a frente".

Alban será encontrado "em estado de choque, aparvalhado", quando tomar conhecimento da notícia. Concluiu-se pela necessidade de uma colocação. Édouard, que encontrou um emprego por nove meses, partiu para uma aldeia vizinha para trabalhar com um agricultor. Morou primeiro num reboque "depois ocupou um horrível alojamento insalubre onde recebeu Alban em alguns fins-de-semana". Este se tornou interno no colégio. "Lá atrai a simpatia, a proteção dos colegas que o ajudam, festejam seu aniversário, dão-lhe roupas." Encontraram para ele uma família de acolhimento no fim-de-semana. "É um jovem muito voltado para si que acolhemos... Talvez nunca tenha podido exprimir uma opinião, um desejo.

Ele não consegue exprimir nada de sua história, do que o fez viver aquela fragmentação familiar pela qual se sente em grande parte responsável sem poder exprimir nem tristeza, nem cólera."

Em colocação familiar de fim-de-semana, parecia "fácil viver, mas a comunicação não é evidente com ele". Édouard não virá às convocações do diretor nem da psicóloga do serviço. O educador que acompanhava Alban conseguirá encontrá-lo nos campos ou na floresta, em seu trabalho, ou de noite em casa, muito tarde. Ele falava de Alban com agressividade e rejeição. "Ele se embrutece de trabalho e álcool."

Alban foi passar cinco semanas na casa da família nas Antilhas, em férias organizadas pelo serviço social. Ao voltar, "parece poder instalarse em sua família de acolhimento pela qual deixou o internato. Suas relações são boas com as duas filhas desse casal que têm quase a sua idade". Ele pedirá para ficar lá após os dezoito anos, com um "contrato jovem maior". É então que Édouard, que não tem mais trabalho, passa o mês de dezembro na casa da mãe de Alban e, dali, "apesar de nossos conselhos e recomendações, parte para encontrar sua família nas Antilhas", levando de passagem o cão de Alban. Este último vem tendo uma escolaridade relativamente boa: renova seu contrato jovem maior "para viver melhor com sua história, da qual não consegue falar e que parece temer que seja abordada".

Um dossiê como esse reflete a cronologia de uma história. Ao sublinhar carências e traumas, ele vai permitir que o psicólogo faça entre vistas clínicas precisas para avaliar as sequelas.

Entretanto, se Alban era fechado, é que estava esmagado pela vergonha e a culpa; as de não ter escrito sua história de outro modo. A culpa de ter vindo de um genitor e de pais que não a escreveram melhor. Aquela, com certeza, de ter contribuído para a queda desse casal. Para que Alban possa falar de sua história passada, é preciso que dela ouça falar de maneira autêntica e renarcisante. É preciso que possa pensá-la sem se deprimir, reencontrar o orgulho perdido e o desejo de prosseguir sua escrita. Em suma, é preciso que alguém o ajude a contar a si mesmo sua história, e a historicizá-la de maneira valorosa.

Como (ainda) não se introduziram griôs nas convenções coletivas, o papel deles pode ser preenchido pelo chefe de serviço ou o educador referente em algumas entrevistas, já na admissão.

Foi o caso com Alban. Ele pôde encontrar um educador que, sem chegar a cantar os louvores de seus ancestrais, como teria feito um griô, contou-lhe sua história de maneira nova. Um pouco como vi Françoise Dolto fazer em sua consulta no hospital Trousseau.

Desde a primeira entrevista, Bernard, o educador-griô, anuncioulhe que havia lido seu dossiê e que tinha ficado com muita raiva de todos aqueles que cedem à facilidade de julgar mais que de compreender. Com muita raiva daqueles que preferem criticar as pessoas que devem lutar na vida e admirar aqueles que dão a impressão de ter êxito, embora sejam os que lutam que merecem admiração.

À leitura desse dossiê, Bernard sentira admiração pela mãe, pelo pai de Alban (ele só teve um, Édouard) e sobretudo por Alban. Este escutava espantado, pouco convencido. Para Bernard, Alban tivera uma mãe terrivelmente audaciosa, "insolente", determinada a tomar as decisões que era preciso tomar, quando fosse preciso. E sobretudo amorosa. Tivera um pai generoso e combativo, que sempre encontrava força para se recuperar dos fracassos, nunca se confessava vencido, que dava importância à família e à palavra dada. Alban, como os pais, lutou e ainda luta. Prefere resistir em vez de ceder, e soube, nos piores momentos, ser apreciado e amado. Com certeza deve essas qualidades primeiro à mãe e à avó que, sobretudo, o amaram e permitiram que acreditasse nele[138]. Os pais de que precisava, eles os colocou na cabeça e no coração, e agora os traz em si. Em consequência, o fato de seus pais da realidade estarem longe agora deveria ser suportável. O que não o impede de querer encontrá-los, e, por que não, nas Antilhas: restam-lhe três anos para se organizar, já que o serviço vai apoiá-lo até os vinte anos, se ele quiser.

No amor, ele teve uma mãe que acreditou em si e que se deu. Esse amor de jovem mãe foi traído. Esse homem foi embora. Melhor para ela e Alban: ele poderia ter ficado, não se teria tornado pai, não tinha a têmpera.

Com a partida do amante, Amandine quis pôr no mundo Alban e ficou muito contente em tê-lo. Foi ele quem a fez mãe pela primeira vez. Ela sabia que só devia contar com as próprias forças, e ela tinha forças. A mãe dela tinha tempo e doçura para cuidar de um bebê. Ela o confiara à mãe e tivera caráter o bastante para partir só, procurar e encontrar na França meios de ganhar a vida. Depois, quisera ser completamente responsável por Alban e ter o prazer de vê-lo crescer, em vez de deixá-lo com a mãe já velha. Assim, ele viveu a seu lado.

Quando ela encontrou Édouard, que a amou e que ela amou, ela fez questão de que Alban tomasse o nome de Édouard porque queria lhe dar um pai que estivesse comprometido com ele tanto quanto com os filhos que iam nascer. Édouard ficou muito contente com essa ideia porque sabia que o pai de um filho não é aquele que depositou a semente, mas aquele que ama a mãe e o filho. E ele estava disposto a amá-lo. Sobretudo porque amava sua mãe. Além do mais, depois, porque o achou simpático.

Édouard, durante muito tempo, não fez diferença alguma entre os outros filhos e ele. Ao ponto de Alban, que só o havia conhecido aos quatro anos, ter completamente esquecido que havia vivido muito tempo sem pai. Alban o adotou como pai e pôs Édouard em si mesmo, em sua cabeça e em seu coração. E estava acabando de se tornar homem quando a doença atingiu Édouard e o privou de seu ofício. Este não podia mais pagar os empréstimos que contraíra para terminar de construir a casa onde desejara que a família vivesse, e achou coragem para vendê-la. Uma prova difícil se anunciava, a de encontrar novo trabalho e um lugar para morar. Ele lutou e os encontrou, e toda a família apertou o cinto. Amandine e ele se amavam o bastante para querer mais filhos juntos. Tiveram.

Mas o trabalho permanecia duro, precário, ele não tinha dinheiro para aquecer corretamente a velha casa. Édouard tinha vergonha. Para não sentir vergonha e desânimo e para encontrar forças para continuar lutando, quis apoiar-se no álcool. Tornou-se mau, e até ciumento. Ciumento do homem que ela conhecera antes dele e do qual tivera Alban. Quando bebia, tinha a impressão de que Amandine o enganara e até que ainda o enganava. Tinha raiva dela. Era nesses momentos que ele reclamava que Alban tivesse nascido, porque, então, Alban representava para ele uma infidelidade de sua mulher.

Ele amara Alban, mas tinha ficado infeliz demais para ainda amálo. Tinha a impressão de ter sido passado para trás, e Alban com certeza não podia compreendê-lo. Ele gostaria de ajudar Édouard, mas não achava como. Para se sentir menos infeliz, Édouard passou a beber mais, e o ambiente tornou-se muito penoso. Amandine agitava-se para achar dinheiro junto aos serviços sociais. Ela tinha razão. Às vezes também se irritava. Alban, por sua vez, via o pai que não se conduzia mais como seu pai e a mãe que não se conduzia mais como sua mãe. E sabia bem o que podem se permitir um pai e uma mãe, porque Amandine e Édouard lhe haviam mostrado isso. Mas não se deixou levar. Devolveu os tapas à mãe e os insultos ao pai.

Quando teve a impressão de que não podia fazer mais nada pelo marido, Amandine foi embora. Não se divorciou, foi embora. Foi para onde pensava que os filhos estariam melhor, e ali onde ela mesma estaria melhor, com os pais e os irmãos. Em vez de apostar no filho mais velho contra o marido, ela contou consigo mesma. E deixou Alban, que ela achava forte o bastante para ficar sem ela e terminar os estudos. Mas ela estava infeliz demais para poder lhe explicar isso e foi embora sem lhe falar. Talvez Alban tenha ficado com a impressão de estar ali como um filho a mais. Só quando voltou de férias para a casa da mãe, que reviu os irmãos, é que entendeu. Ele não precisava mais nem um pouco ter pais por perto porque eles já tinham feito seu trabalho e ele podia muito bem continuar com seus educadores. E foi o que fez, ainda que tivesse gostado muito de encontrá-los. Vai ficar para mais tarde, se ele quiser.

Édouard, por sua vez, continuara a lutar, a trabalhar duro para juntar dinheiro, e a beber para não sentir demais a tristeza. E, então, quisera receber Alban. Alban talvez fosse o único que lhe restara e que representava todos os outros que ele ainda amava. Depois, um belo dia, foi embora encontrar a mulher. E ele tampouco encontrou palavras para se confiar a Alban. Mas, mesmo assim, foi embora sem abandonar o cão de Alban, um bastardo. Sem esquecê-lo, levou-o consigo. Talvez fosse a sua maneira de dizer que não esquecia Alban. Em todo caso, eles se veriam de novo no verão seguinte nas Antilhas. Enquanto isso, ao trabalho! Aliás, ele estava indo bem! Alban, desde sua estada no verão anterior, dera-se conta de que continuava a fazer parte da família agora longe, e alguns encontros com Édouard lhe haviam lembrado os bons momentos passados juntos. Já saíra de seu torpor, mas permanecia invadido por pensamentos deprimentes.

O discurso desse educador-griô deixou-o a um só tempo atordoado e radiante, e ele deixou a entrevista mudo. Mas em cada um dos encontros seguintes, que tinham como suporte questões de organização de sua vida atual, Alban retomou certos momentos dolorosos de sua história. Ele não tinha o recuo que Bernard havia mostrado, mas este, de imediato, havia positivado tudo o que o merecia. Sem ocultar, havia falado das fraquezas dos pais como dos fatos de humanidade, graves mas compreensíveis, e que, sozinhas, nada podiam dizer sobre seus pais. Por isso Bernard dera garantias de renarcisação ali onde, de sua história, Alban só encontrara vergonha, depressão e culpa. Foi assim que Alban reencontrou o orgulho de sua filiação e a fala.

Enfim, a admissão na instituição também corresponde a uma separação. Merece ser escandecida e celebrada como o momento de um sofrimento que cada um gostaria de ter evitado, mas que cada um aceita porque a promoção da criança aparece a esse preço. Françoise Dolto propunha que pegassem algumas fotos do(a) adolescente e de seus pais e que a instituição lhes enviasse numa bela moldura[139]. Por que não?

O ADOLESCENTE ARQUITETO DE SUA SÍNTESE

É costume realizar de maneira regular uma síntese de cada jovem em presença do assistente social que o encaminhou. Acho que é um costume danoso. Se não quisermos dedicar essa sequência a justificar coletivamente o trabalho (e, desse modo, proibirmo-nos de questionar seriamente nossas práticas), não devemos aí misturar esse assistente social (vetor da reputação do abrigo e provedor do prêmio de diária). Às vezes, também, este aproveita a oportunidade para reunir informações que poderia ter ouvido da família e, aí ainda, a reunião "funciona" para ele e não para a elaboração que o jovem e a equipe educativa precisam fazer. Esse assistente social continua responsável por administrar o atendimento de um rapaz ou de uma moça confiado(a) a um abrigo, e convém dizer respeito a ele, mas num momento que lhe seja dedicado. Por exemplo, indicar a cada assistente social os horários em que o educador referente de cada jovem está disponível ao telefone (e somente esses) e completar essa modalidade de contato por um convite do conjunto dos assistentes sociais envolvidos com o conjunto dos educadores, duas vezes por trimestre, em torno de um bufê. É isso que permite relações mais personalizadas e conviviais, menos formais, e que garante um ganho de tempo.

Durante essas sínteses, seria suspeito que as opiniões de uns e outros fossem idênticas. Seria o sinal de que o dever de diferença se perdeu em proveito da fusão numa única representação do(a) adolescente. Ora, é provável que este terá mostrado diferentes vertentes de si mesmo aos diferentes adultos, e até, talvez, aspectos contraditórios. E é justamente isso que é interessante observar para, eventualmente, disso falar com ele e permitir que estabeleça ligações entre essas partes clivadas de si mesmo e que recupere, ao longo do tempo, uma maior coesão interna. Esse dever de diferença deve ser garantido bem particularmente ao psicólogo para que ele possa, para além de uma visão das equipes forçosamente bem comportamentalista, mostrar as necessidades psíquicas que ele vê se exprimir. Também é preciso que possa interpretar o sentido das atitudes e dos atos do(a) adolescente, a partir de outra grade de leitura que a dos educadores.

Fazer com que essa síntese, de dois em dois meses, seja animada pelos próprios jovens pareceu-nos coerente, já que queríamos fazer de cada adolescente o arquiteto de seu atendimento. Por isso, elaborávamos com ele, pouco tempo após sua admissão, o que deviam ser os grandes eixos de sua estada no abrigo, os serviços mais importantes a lhe serem prestados, as mudanças que ele desejava ver operar-se nele e nas relações com a família ou outros parceiros de sua vida, os respectivos esforços a serem feitos e as etapas consideradas. E, em cada síntese, ele era convidado a fazer o balanço não de sua evolução, mas de nosso trabalho com ele. Experiência desnorteante para a qual pensamos um protocolo.

Duas semanas antes, o adolescente organizava encontros com seu educador referente para se preparar. Trinta minutos antes de atendê-lo, falávamos dele, sem ele, com o cuidado de exprimir toda a agressividade, o rancor e até o ódio que podíamos sentir por ele e por sua família. Isso para não arriscar endereçar-lhe esse ódio, em represália às críticas que ele ia emitir a respeito do trabalho de uns e outros. Em seguida, eu mandavao entrar e ele tomava a palavra a respeito de seu projeto, dos meios que encontrara ou não, da etapa atravessada ou não. Todos se calavam e eu o ajudava a explicitar. Depois, em mesa redonda, ele se dirigia a cada adulto, lembrava suas demandas satisfeitas ou não, o que havia achado ou não, querido dar ou não. Dizia a cada um o que ainda esperava. Eu o apoiava e, durante essa mesa redonda, nós o escutávamos sem dialogar com ele. Depois que essa sequência acontecia, os adultos que assim o desejassem dirigiam-se a ele, e eu mantinha a função de moderador. Estava combinado que se devíamos evocar conflitos e transgressões, isso ficaria fora de qualquer risco de culpabilização, até mesmo de projeto de responsabilização, mas apenas para conversar quanto ao sentido que tinham.

É claro que certas alegações dos jovens eram escandalosamente injustas. Mas tínhamos combinado que nunca as conversas descambariam para acertos de contas, e eu fora incumbido de zelar por isso. Em compensação, aproveitávamos sistematicamente as oportunidades de valorizar o que se apresentava.

Então, questões novas surgiam, uma evolução do projeto desse jovem por ele mesmo se desenhava, com um reescalonamento dos meios para a isso chegar e uma aliança renovada. Após essa sequência de aproximadamente trinta minutos, ele era dispensado e, após sua partida, refletíamos juntos ainda por trinta minutos. Em seguida, eu enviava a esse jovem um curto resumo escrito seguido das conclusões provisórias dessa reunião (com cópia aos educadores), esperando a próxima síntese. Munido desse texto, ele costumava ir, nos dias seguintes, encontrar tal ou tal educador para discutir uma passagem.

Parece fácil demais para ser verdade? Durante mais de seis meses, apesar das explicações, apesar dos convites e de um tempo de preparação, nenhum jovem veio animar sua síntese. Impossível acreditar que, nessa reunião, não aproveitaríamos sua vulnerabilidade para censurá-lo.

Prosseguimos mesmo assim, e fizemos essas reuniões sem o adolescente em questão. Mas, quando terminavam, ele recebia uma nota de síntese que eu havia redigido. Eu ali evocava as observações que havíamos feito, as questões que colocávamos, as dificuldades nas quais acreditávamos vê-lo, os erros que pensávamos ter cometido, as propostas que queríamos lhe fazer e as expectativas que tínhamos quanto a ele. Como ele sabia que cada educador havia recebido cópia, de maneira espontânea, ele ia falar nos dias seguintes de tal ou tal passagem dessa carta com um educador ou outro e, a partir dessas conversas, ele já estava fazendo um trabalho de elaboração psíquica. A partir daí, o jovem podia remanejar seu projeto sobre si mesmo e negociar os meios de conseguir isso. Sem sua presença, percebemos que tínhamos chegado a um resultado não desprezível.

Em seguida, os jovens em menor dificuldade vieram animar a síntese. Acharam difícil, mas foram levados a sério. E, logo, com mais ou menos ansiedade, os outros se acostumaram a nos honrar com sua presença, o que modificou neles, bem como nos adultos, o sentido da passagem deles pelo abrigo. A garantia da realização regular da síntese (bem como a entrevista regular com o educador referente e o chefe de serviço) os tranquilizou e os ajudou a pensar a estada.

Também ajudou a antecipar o fim da estada e a orientação. Esta, que fora imaginada e preparada por encontros no futuro quadro de vida, foi vivida muito menos no modo do abandono ou da rejeição. Sempre cuidamos bem dessas partidas: presente simbólico, álbum de fotos tiradas durante a estada, entrega de uma caderneta de endereços que o(a) adolescente ia pedir que fosse preenchida por aqueles com os quais ele ou ela queria manter laços, adultos e outros jovens etc. Na véspera da partida, durante uma festinha, um educador lembrava algumas das aventuras vividas com ele ou ela, sobretudo para rir (como é preciso em todos os momentos tristes). Também lembrava o que esse(a) adolescente trouxera com sua passagem e lhe agradecia por isso. Costumava ser emocionante. Depois, passava-se à festa.

A maneira de se separar é determinante, pois, quando a partida é vivida sob forma de abandono ou rejeição, o adolescente, para não sentir isso, deve se fazer ator dessa separação e, nas últimas semanas, ele multiplica as transgressões. É a maneira que tem de traduzir que é ele quem domina a separação, que ele é o autor. E organiza uma espécie de exclu são para não sentir passivamente um abandono. É uma maneira de excluir os pensamentos tristes relativos ao que experimenta de perda, mas, assim, ele denega o valor daquilo que recebeu durante a estada.

Por esses atos denegativos, ele (ou ela) evita um sofrimento no entanto estruturante. Partindo mais ou menos zangado, após ter-se mostrado desagradável, pode guardar raiva dos educadores e encontrar neles todos os defeitos. Dessa maneira, pode partir sentindo que não perde nada. Mas também sem integrar o sentimento de que uma dívida lhe foi paga, que também é depositário dela e está comprometido com outros a pagá-la também. E não é o único dano para ele. Se sua partida não tiver sido bem cuidada por um protocolo que o proteja do retorno das fantasias e das angústias de abandono vividas em sua vida anterior, ele terá que pôr em prática fortes defesas maníacas e por vezes instalar-se no ódio para com os educadores e a estada. E disso resultará uma mutilação de sua continuidade narcísica. Pois as lembranças dos momentos em que foi respeitado, reconhecido e amado, assim como todo o imaginário pessoal que a elas está ligado, não estarão mais acessíveis a ele antes que tenha podido abandonar essas defesas, integrar um pouco de tristeza, e fazer seu luto reconhecendo o valor da bagagem com a qual partiu. Uma parte importante do ganho narcísico permitido por sua estada terá sido perdida, às vezes provisoriamente, às vezes para sempre.

As festas anuais dos antigos, durante as quais se reviam, concorreram igualmente para não deixá-los num vivido de abandono. Cuidamos, no entanto, para que acontecessem fora do abrigo, significando assim a castração do tempo que passa.

O trabalho com, apesar de ou sem as famílias

A etapa adolescente é, para toda criança, um tempo de remanejamento de suas relações com os pais. Determina o trabalho com estes últimos, bem como as atitudes que eles tiveram no passado. Esse trabalho também é determinado pela vontade, sempre a ser respeitada, do rapaz ou da moça, de dar tal ou tal forma a esse remanejamento. Apego não se decreta; não mais que o ritmo que será seguido pela evolução dos laços entre adolescentes e famílias. É importante ver os pais regularmente, sobretudo para felicitá-los pelo filho, e desculpabilizá-los para melhor responsabilizá-los. Isso sem lhes pedir mais do que podem. É importante que o filho permaneça dono da frequência e da duração das visitas que ele lhes faz. É ainda mais imperioso para os adolescentes que viveram períodos de abandono real ou maus-tratos. Se o ritmo que ele escolhe espantar, vamos conversar com ele sobre esse espanto e buscaremos com ele as razões.

Não está na missão educativa ligar os jovens aos pais, mas se desejarmos o restabelecimento desses laços, só chegaremos a isso deixando o(a) adolescente livre com seus pensamentos, seus atos e o ritmo de seus investimentos em relação a eles. Além disso, alguns têm boas razões para pensar que “nem todos têm a sorte de ser órfão”, sem que os culpemos por deixar os pais de lado. Não prendamos no pé deles a corrente de pais parasitários e patológicos. São os pais que devem aos filhos e não o inverso.

Thibaut

Tenho a lembrança de Thibaut na idade de quinze anos. Desde a idade de sete anos na instituição, ele lá havia passado quase todos seus fins-de-semana e as férias. Tinha inteiramente integrado as regras de vida da "casa", da qual se tornara um elemento estável e expansivo, ainda que tivesse sido enurético até os treze anos. Os educadores podiam confiar nele e estar orgulhosos do trabalho que fizeram. Só que, dizem-me, "ele começou a funcionar conforme a vontade": se tem vontade, faz o que lhe pedem; se não tem vontade, responde: "Não tenho vontade", recusa e não muda de opinião. E este "não tenho vontade", ele o impõe aos educadores, que não apreciam. Mas em que situação? Na verdade, antes dos fins-de-semana programados na casa da tia. Pois, no ano passado, Thibaut tomou a iniciativa de encontrar o pai e a mãe (separados), e esta última ficou muito contente em revê-lo; pelo menos, assim o disse. Mas como sua situação, segundo ela, não lhe permite recebê-lo (casou-se de novo, e Thibaut tem meios-irmãos), ficou decidido que ele seria recebido na casa da irmã desta (que ele nunca havia visto) e que a mãe o visitaria ali. E eis que a metade do tempo, sem até se dar ao trabalho de procurar um pretexto, ele declara algumas horas antes do fim-de-semana: "Não tenho vontade". E permanece insensível a todas as solicitações, mudo a todas as questões. "Ele funciona conforme a vontade!" Mas, certa manhã, em reunião, decidiu-se que não lhe dariam mais a escolha: "Ele irá, tenha vontade ou não!". Pergunto se é um discurso muito realista para com um menino de quinze anos, e um menino que por sua vez não dá trabalho.

Ficamos então sabendo que a mãe de Thibaut e a tia estão em conflito há muito tempo. Perguntamo-nos por que esta última, em cuja casa "alguém" programou oito dias de férias para Thibaut durante o feriado de Natal, a alguns dias das ditas férias não confirmou esse convite.

E o pai de Thibaut? Ele havia deixado a mulher quando o filho tinha dois anos. Nunca mais deu sinal de vida. Mora na região e vive em situação precária. Não deu sequência ao encontro que Thibaut havia suscitado, com ele também, no ano anterior. E Thibaut não tentou de novo.

Mas o que tinha acontecido para que Thibaut assim tivesse perdido de vista os pais ao ponto de ter de mandar procurá-los para revê-los? Só se sabe que nem o pai nem a mãe vinham aos encontros marcados pelo juiz e o diretor. Quantos fins-de-semana previsto com eles Thibaut os esperou, em vão, humilhado diante das outras crianças que os pais vinham buscar! Sem a menor explicação parental, ele acabava os fins-desemana com os educadores de serviço. Então, tomou seu partido. Não pediu mais que organizassem fins-de-semana com os pais.

Observo que, talvez, Thibaut com bastante frequência pensara: "Eles não querem saber de mim, não querem me ver". Então, os pensamentos se associam: Ah... será que isso quer dizer que ele lhes dá o troco, que faz com que vivam (e os educadores também) o que ele viveu durante cada um daqueles longos fins-de-semana quando tinha sete, oito anos? Mas de que lhe serviria? E por que quis que fossem procurados?

E percebemos que Thibaut poderia bem ter suscitado essa procura quando ficou forte o bastante para confrontar a imagem que ele fizera para si dos pais com a realidade deles. Talvez quisesse não ficar na posição do abandonado; queria encarar e pôr em prática a separação, como se tivesse precisado conhecer bem aqueles sobre os quais ia virar a página, ele mesmo desta vez, e de uma vez por todas!

Pois, Thibaut e o pai e a mãe nunca haviam tecido laços que teriam permitido reais reencontros. Fora sobretudo sob o signo da culpa e da ideologia familialista da instituição que tinham sido programados os finsde-semana e pequenas estadas com a tia. Nesses encontros em que era bem pouco desejado, Thibaut nada havia encontrado que parecesse com os investimentos de uma filiação. E só havia sentido um mal-estar em relação a esses parentes puramente biológicos e patronímicos.

Lembramos que ele voltava triste e acabrunhado desses fins-desemana, e que, no mesmo período, tivera uma queda no rendimento escolar. Se um filho estuda em parte para que os pais tenham orgulho dele, isso queria dizer que ele recusava estudar se seus progressos servissem para alimentar o orgulho daqueles pais, pais baratos? "Não tenho vontade..." Ou, ainda, será que ficava deprimido diante desse vazio relacional impossível de ser preenchido ao longo desses encontros?

Olhando mais de perto, lembramos que, nessa época em que fora regularmente à casa da tia, Thibaut havia pedido muito mais a seus educadores em termos de parentalidade: que olhassem os seus deveres, encontrassem seus professores, financiassem lazer individual, marcassem consulta para ele no médico ou no conselheiro de orientação. Notou-se também que, quando estava acompanhado de um educador diante de amigos exteriores à "casa", ele fazia questão de lhes apresentar esse educador (o que outros evitam, humilhados por serem assistidos).

Em suma, Thibaut parecia afirmar alto e forte que se achara bem por ter tido, por pais, educadores e que fazia questão de que mantivessem esse papel. Após a revelação daquilo que cada um sabia mas guardava recalcado por ideologia familialista e identificação com o sofrimento da mãe de Thibaut (identificação totalmente projetiva, no entanto), foi dito a este que, dali por diante, ele poderia estabelecer (ou não) os laços que quisesse com os pais, conforme os ritmos e as modalidades que quisesse: única maneira de permitir que vivesse encontros autênticos ou que a eles renunciasse.

Ao dizer "não tenho vontade", Thibaut mostrava que estava superando a decepção por não ter sido simbólica e afetivamente filiado por essa família-fantasma. E tão logo não foi mais solicitada pela instituição, esta retornou a seu absenteísmo.

Thibaut formulou mais tarde que tinha ficado contente de rever os pais, porque isso havia permitido que ele visse bem que não era ele quem não era interessante, mas eles, e que agora sabia que podia esquecê-los. Sabia, diz também com pudor a outro adolescente, o que eram pais, já que tinha tido educadores.

Fabrice

Fabrice, filho de pais muito alcoólatras, vira o pai bêbado fazer uma roleta russa na cabeça dos filhos e fora, como todos eles, violentamente surrado. Torturado pela mãe igualmente, fora obrigado a passear nu na neve e a dormir na casinha do cachorro. O pai havia estuprado todas as irmãs tão logo completaram três anos. A escola lhe aparecera como um porto de paz e harmonia, tanto que lá fora bom aluno e confiara à enfermeira escolar seu calvário, mostrando os roxos recentes no corpo. Esta, ingênua ou todo-poderosa, havia então convocado o pai para chamálo à razão. Ele negara, ao passo que Fabrice, aterrorizado, explicava que caíra na escada. E tudo continuara como antes. Até que os dois mais velhos, apossando-se das armas de fogo do pai para ameaçá-lo, levam a fratria para se refugiar na delegacia. Bem conhecidos como delinquentes, lá foram mesmo assim muito corretamente acolhidos. Os serviços judiciários colocaram a fratria numa instituição e com famílias de acolhimento. Os pais tiveram direito de visita de uma hora por mês no abrigo. Na data prevista, preveníamos Fabrice, que não ia ao encontro, e nunca insistimos para que o fizesse. Uma educadora lá estava que lhes dava notícias do filho. Atendi-os uma vez, encontrei-os na denegação e ali os deixei. Entretanto (efeito da clivagem ou tentativa de reparação?), eles que eram analfabetos pareciam interessar-se pelos resultados escolares do filho e sempre atenderam favoravelmente aos pedidos de financiamento para uma saída excepcional ou uma roupa. Acreditei que conseguiam mentalizar um pouco as funções parentais para com crianças ausentes e tornadas imaginárias, pelo fato de não estarem submetidas à excitação que a presença de crianças reais neles produzia. No entanto, certa noite fui chamado pela assistência materna que havia acolhido as duas filhas mais novas (ambas violentadas) e que se inquietava. Os pais não respeitavam os dias de visita e vinham sem avisar, mais ou menos ameaçadores. A mais velha das duas filhas recusava ver o pai e se trancava no quarto. Ele então se instalava perto da porta e lhe falava longamente do momento em que a receberia de volta em casa. A assistente materna, aterrorizada, pouco experiente e na incerteza das decisões futuras que tomaria o juiz, não abria o bico. Em seguida, a criança ficava perturbada por longos períodos. Fui ver a assistente da Ajuda Social à Infância para que ela pedisse ao juiz para determinar o desenrolar das visitas num lugar fora e afastado da família de acolhimento. Eu lhe aconselhava deixar as meninas livres para ir ou não, mas que ela estivesse presente para proteger de toda represália a assistente materna, caso fosse lá sem as crianças. Esse conjunto de medidas permitiu que a fratria se reunisse regularmente sem os pais e elaborasse junta os traumatismos vividos. Essa história acontecia num meio cigano em que o discurso dominante distila que "fora do clã não há salvação", e as crianças pensavam em formar de novo uma família, sem pais, apesar das colocações que as haviam separado. Os encontros permitiram que se diferenciassem umas das outras, elas que os traumas e as separações impostas haviam deixado num grande desejo de fusão.

O fato de nada ter feito para reatar com os pais permitiu a Fabrice falar muito do pai, e nos confiar seu mais caro projeto, o de matá-lo... depois de renunciar a isso enquanto este agonizava no alcoolismo.

O COMITÊ DE FESTAS E CONVITES

É preciso falar também dos acontecimentos que a instituição escolhe suscitar.

O comitê de festas e convites, comissão paritária giratória, tem por função organizar festividades no interior, mas também abrir para o exterior. Pois faz parte do que uma família deve ao filho introduzi-lo ao terceiro e dar-lhe condições de se separar dela.

Não voltaremos às festas de aniversários às quais todos os adolescentes são sensíveis, ainda que alguns não possam festejar serenamente o dia do nascimento, não mais que viver tranquilamente o período do ano durante o qual foram concebidos.

É a respeito das festas coletivas que o comitê de festas pode trabalhar. As crianças de cultura cristã em geral não foram introduzidas na dimensão religiosa das festas de Natal e Páscoa, e as celebram como festas leigas. Não é o caso da maioria dos filhos de famílias muçulmanas do Mediterrâneo ou da África que celebram o Aïd-el-Fitr e o Aïd-el-Kébir. As festas judias não me pareceram dizer respeito aos filhos de famílias judias que vi acolhidos em abrigos.

Essas festas religiosas podem ser a oportunidade de um banquete cuja gastronomia lembre a origem cultural (peru, mechuí, cuscuz). Permitem solicitar o conhecimento dos(as) adolescentes em torno dos pratos e doces tradicionais. Também podem ser a oportunidade de convidar um personagem religioso (bem escolhido), cristão, judeu ou muçulmano, para falar da história dessa festa e da religião na qual ele crê, já que as mensagens religiosas estão entre os vetores do ideal do eu.

De minha parte, em matéria de islã, tenho nítida preferência pelos imãs originários da África do Oeste, pois o islã negro não veicula as representações da mulher produzidas pela ideologia árabo-berbere e o mundo mediterrâneo em geral. Na África do Oeste, costuma-se considerar que o islã verdadeiro, depurado das escórias árabo-mediterrâneas, é o islã negro-africano. A versão do islã apresentada por negros muçulmanos e muçulmanas em geral passa melhor com as adolescentes e as educadoras e não conforta as posições machistas dos adolescentes e de certos educadores (isto posto, encontrei imãs de origem magrebina resolutamente feministas, como aquele que participou da fundação do grupo Ras l'Front da comunidade onde eu vivia). Não esqueceremos de assinalar que usurpadores por vezes se apossaram das mensagens religiosas para colocálas a serviço de seus interesses. Nem idealização, nem derrisão. O ramadã costuma ser praticado nos abrigos por uma minoria de adolescentes que fazem disso um ponto de honra. A eles em geral é facilitado (despertar, refeições preparadas para a noite), mas também lhes é pedido que cuidem para que suas atividades noturnas não incomodem. A tolerância deve ser recíproca.

O laço com o exterior é cultivado tanto pelos convites quanto pelo investimento de espaços exteriores. De maneira regular, vi o comitê de festas convidar músicos para uma animação seguida de um bate-papo e um jantar todos juntos. Convidou artistas que permitiram a instalação de ateliês de arte. Convidou médicos que vieram falar de saúde, doença, álcool. Ginecologistas vieram explicar como funcionam diversos modos de contracepção, o que é o HIV, como se transmite e como se protege dele. Convidou um psiquiatra que veio explicar como funcionam os antidepressivos, os ansiolíticos, os reguladores do humor, os antialucinatórios, os soníferos, e como as disfunções psíquicas se explicam ao nível das interações bioquímicas. Convidou psicoterapeutas que vieram fazer um pouco de pedagogia do funcionamento psíquico. Todos foram, primeiro, tranquilizadores. E puderam receber com muito mais facilidade, em seguida, no consultório, os jovens que os haviam conhecido no abrigo e que haviam perdido as reticências. O comitê convidou dois membros de uma associação de "doentes alcoólatras", a Cruz de Ouro. Convidou um diretor de teatro que dois adolescentes acompanharam em sua trupe. Mandou vir responsáveis de associações humanitárias. E alguns foram dar uma mãozinha em suas permanências. Convidou um padre católico, um rabino, um imã, um pastor (todos escolhidos com o maior cuidado). Convidou o presidente de uma associação de emigrantes do Mali na França, e isso deu a oportunidade de organizar uma viagem aventurosa e útil à aldeia originária deste. Convidou um professor de taichi, outro de caratê, e estes convidaram aqueles que queriam uma sessão gratuita.

Em suma, trata-se de fazer com que entrem na instituição personagens que darão aos adolescentes a vontade de segui-los fora.

Mais difícil é fazer com que esses jovens invistam-se em movimentos sociais ou políticos. Só conheci praticamente as manifestações antiracistas e o movimento dos desempregados de dezembro de 1997 para mobilizar os mais razoáveis. É verdade que raramente se pensa em considerar os adolescentes dos abrigos cidadãos e iniciá-los na vida política.

A instituição também deve dar uma dimensão comunitária aos acontecimentos graves que inopinadamente ocorrem.

Alguns desses acontecimentos devem ser levados em conta em função da sensibilidade de cada um: os acidentes ou doenças graves que afetam um jovem (dentre elas, o HIV não é a mais fácil de gerir), uma curta hospitalização num serviço de pedopsiquiatria; para o falecimento de um deles ou de um próximo, poderemos nos inspirar nos rituais funerários modernos e leigos citados por Louis-Vincent Thomas em sua obra Ritos de morte para a paz dos vivos[140]. A infelicidade que atinge um adolescente não deve ficar fora de fala. O adolescente não deve ser abandonado à dor sem que adultos e um testemunho de seus pares venham dizer sua compaixão.

Três situações frequentes pareceram-me merecer um protocolo particular: a tentativa de suicídio, a reincidência de fuga, a partida de um adulto muito investido.

Dimensão comunitária e tentativas de suicídio

Carine

Carine, que acaba de fazer quatorze anos, aplica-se nos deveres e sai batendo a porta quando outra consegue captar a atenção da educadora que a ajudava. Tranca-se ruidosamente no banheiro, e, pouco depois, ouve-se a queda de seu corpo. Carine é encontrada inanimada: engoliu o conteúdo de um tubo de remédios roubado da casa da mãe. É levada para a reanimação; lavagem estomacal sem gravidade. Sem gravidade, mas essa passagem ao ato tem por tela de fundo a degradação de seu meio familiar. O pai, que durante muito tempo havia protegido sua mãe alcoólatra, acaba de deixá-la. Esta provavelmente vai piorar. Por sua vez, esse homem não tem mais nem trabalho, nem apartamento, e Carine não sabe mais onde o encontrar. Quando a educadora igualmente a abandonou, ela e seus deveres, ela pôs em ato uma solução imaginariamente mágica e realmente irrisória: a tentativa de suicídio espetacular. Conviremos que muitos teriam lançado esse apelo por menos que isso.

Mas não é uma razão para aceitá-lo, ainda mais que a mãe de Carine é uma adepta (uma viciada?) das tentativas de suicídio de repetição. Fazemos questão de que esse ato não se torne o modo de reação sistemática a todo estresse importante.

Então, decidimos um protocolo de trabalho que trará seus frutos e que reproduziremos. Horas após despertar, Carine recebe a visita de um educador e do chefe de serviço. Eles a reconfortam, mas não acedem em seu pedido de reintegrar imediatamente o abrigo "como se nada tivesse acontecido". E lhe anunciam que uma série de exames médicos, realmente úteis, foram solicitados para ela ao médico-chefe, que vão exigir ainda dois ou três dias de hospitalização. Se quiser, terá durante esse tempo a visita dos colegas que quiserem vê-la e que ela quiser receber. Trata-se de fazer com que sinta, a um só tempo, que a instituição cuida dela e que ela praticou um ato grave em relação ao qual não queremos nos instalar nem na banalização, nem na denegação, nem em eventuais repetições. Vamos querer que responda por ele. É bem difícil para Carine que, justamente, passou ao ato porque mentaliza e fala pouco.

Ao deixar o hospital, tranquilizada, é recebida pelo diretor, que lhe indica a necessidade de refazer as entrevistas de admissão, para melhor entendê-la, diz ele. Ela protesta e não "entende" que dêem tanta importância a um gesto que sua mãe com tanta frequência cometeu. Mas a vinda próxima dos pais à Casa da Infância a deixa segura, pois, nessa oportunidade, os pais se reúnem por ela.

O diretor lhe pede para encontrar a psicóloga com sua educadora referente. Ela retorque que não tem nada a lhe dizer e, efetivamente, não lhe dirá nada. Mas a escutará lhe falar do funcionamento psíquico de qualquer um, da depressão e dos sentimentos de abandono que puderam ameaçá-la. Ouve falar da resolução de suas tensões internas nesse ato pelo qual ela reencontrava a mãe e chamava os mais próximos em seu socorro. Tudo isso lhe é dito com afeto e sem censura, e ela está interessada. Só que se, como a mãe, ela adquirir o hábito desse tipo de solução, em breve vai ser o riso de todos, vai se desconsiderar e se isolar. E continuará a não saber como pensar em si mesma, o que a faz sofrer, como dizê-lo e como organizar-se para sofrer menos.

Ela diz não está nem aí. Talvez, lhe é respondido, mas psicólogo e educadores fazem questão de exercer com ela seu ofício. A Casa da Infância não é nem um hotel, nem um self-service, nem um lugar onde se machucar, tampouco um lugar que se pode deixar mal ao se expor em qualquer passagem ao ato. "Vocês vão me mandar embora?", retoma ela. "É certo que não, nosso ofício é lhe ensinar a dizer de outro modo que com o corpo quando as coisas não vão bem." E Carine é informada de que, todas as semanas, vai encontrar regularmente os educadores para ver com eles tudo o que vai bem e o que é insuportável, para aprender a dizer isso e a refletir na maneira de fazer as coisas evoluírem, se for possível. "Tudo isso, só para mim...", constata ela, a um só tempo tranquilizada e desagradavelmente surpresa que seu ato e seu mal-estar tenham sido levados tão a sério que ela não pode mais denegá-los.

Antes de retornar ao grupo, vão dizer a Carine que ela não pode voltar para ele "como se nada tivesse acontecido", após ter deixado todos transtornados durante sua tentativa de suicídio, e com uma imagem de si mesma desvalorizada por esse ato. Assim, é vigorosamente convidada a apresentar uma explicação autêntica aos outros jovens e, em reparação de sua imagem e dos danos que ela operou, a fazer um gesto particular. Logo, tudo é feito para que tome consciência de que, ainda que a mãe recorra a esse tipo de sinal de desamparo, é um ato que não convém. Carine, cuja família é de origem italiana, resolve organizar (com financiamento pessoal) um jantar italiano: pizzas e lasanhas com a ajuda da dona da casa (também de origem italiana). Terá sido esta sua reparação.

Um ano mais tarde, o dispositivo das entrevistas ficou mais aliviado. Carine encontra semanalmente uma educadora na qual tem confiança (embora saiba que o que diz será transmitido aos outros educadores, pois, aqui, a exclusividade da relação provavelmente estaria a serviço da clivagem). Ela mentaliza e verbaliza muito melhor. Seus educadores foram sensíveis à sua angústia em relação à mãe. Pressionaram os serviços sociais, e uma associação de doentes alcoólicos impediu a destituição desta. Sem esse dispositivo clínico e, é bem preciso dizer, sem a tentativa de suicídio de Carine, com certeza não teriam sido tão eficazes.

Carine, apoiada assim contra o risco de depressão, não tentou mais se suicidar e melhorou bastante na escola. Ainda não é questão de psicoterapia, embora pareça desejável. Se essa psicoterapia, na qual todos haviam pensado exceto Carine, lhe tivesse sido imposta após sua passagem ao ato, ela não teria sido investida pela jovem. Diante de um senhor ou uma senhora que nada fizeram para merecer sua confiança, com sua pouca verbalização e seus mecanismos de denegação, ela se teria confinado na banalidade ou numa queda-de-braço tácita, bem decidida a não dar oportunidade.

Com nosso quadro de trabalho, não quisemos impedir Carine de passar pelo sofrimento que ela tinha de viver, mas fizemos de modo que ele não fosse desesperador demais, dando-lhe a possibilidade de pensá-lo conosco e de construir as estratégias de reparação a serem instaladas em torno de seus pais.

Dimensão comunitária e reincidências de fugas

Decidimos um quadro para as reincidências de fugas quando compreendemos que certas voltas provocantes o eram sobretudo porque o adolescente não sabia o que o esperava ao voltar. Existem instituições nas quais o jovem encontra o quarto fechado à chave, não encontra seu lugar à mesa... incentivo a pilhar na geladeira, roubar uma roupa limpa de outro e voltar novamente para o lugar de onde veio.

Se queremos responsabilizar um adolescente tanto quanto for possível, é preciso deixá-lo seguro; logo, é preciso que ele saiba de antemão como as voltas acontecem. Fugir é um ato consciente que atende a motivações conscientes e inconscientes; também é uma transgressão.

O adolescente que foge é, pelo menos, alguém que sua condição de criança colocada inquieta e que sua docilidade inquietaria. Resistir pode constituir a seus olhos uma prova a se dar, e a dar aos pais. Pode se tratar de lhes mostrar que ele não terá em relação aos educadores os comportamentos de submissão que recusou a eles. Quem resiste não é covarde e sente-se seguro: não está a ponto de se deixar levar. Quem foge, sustenta a aposta de que vai saber se proteger, crescer, é levado a sério. Além disso, inquieta os educadores e verifica que a instituição leva a sério sua missão.

Mas outras motivações, menos conscientes, podem entrar em jogo. Certas representações podem ajudar a viver: a de um pai que bateu a porta no único gesto de virilidade que ainda podia praticar. Seu filho que foge poderia tentar reatar com ele os laços distendidos de sua filiação imaginária. Pode ser para encontrar um amigo ou um membro da família para intimá-lo a reconhecer. Também pode ser para se submeter a uma prova a ser atravessada, uma prova que faça renascer para outra vida, que permita encontrar um grupo mais caloroso ou idealizado, o de um squatt... Outras representações podem conduzir o jogo, também oriundas de uma história familiar patológica.

Samira

Para Samira, cuja mãe viu o próprio pai matar sua mãe porque ela estava "namorando", fugir é expor-se aos riscos da prostituição para colocar novamente em cena o drama da infância materna. Para, talvez, inventar uma alternativa diferente daquela que seu imaginário lhe impôs desde a puberdade (e até antes): ser "morta" pelo irmão mais velho (do qual a mãe fez o guardião violento e ciumentamente incestuoso da virgindade da irmã), ou acabar nas ruas.

Isabelle Mangou recebeu um dia uma demanda de psicoterapia para uma jovem "porque ela está namorando um turco"! E era bem o sintoma.

Pois o pai racista e paranoico dessa adolescente, que andava armado, jurara matá-la se namorasse "um bougnoule"*. Em entrevista, ela descobriu que, submetida ao desejo do Outro, teria sido bonito para ela cair sob os tiros de revólver (e nos braços) do pai, numa fusão mortífera...

O que nos interessa aqui é a humilhação, a desilusão que habita aquele que volta. O desafio real da fuga não esteve à medida do desafio imaginário. Tal pai o acolheu, mas para em seguida rejeitá-lo. Tal outro permaneceu indiferente. Tal grupo de amigos não o apoiou muito. Os amigos da rua tiraram o corpo fora, o ambiente do squatt revelou-se sinistro, o jovem foi menos eficaz do que teria acreditado.

Com um sentimento de fracasso e humilhação, ele prefere ser provocador para não se mostrar envergonhado, ainda mais que espera por uma forma de vingança por parte dos educadores. Para não acrescentar ansiedade ainda mais, todo adolescente sabia como as coisas aconteceriam ao voltar caso deixasse o abrigo por vários dias. Ficou decidido que o educador forneceria um agasalho e um pulôver, ao passo que o adolescente se deixaria examinar, depois lavar a roupa com a qual voltava. Este último teria acesso a seu quarto, tomaria uma ducha e depois prepararia uma refeição copiosa, qualquer que fosse a hora. Iria rapidamente encontrar o chefe de serviço e lhe contar sua aventura. O chefe de serviço pensaria no assunto. No mínimo, o confrontaria com o erro profissional pelo qual ele mesmo poderia ter sido responsabilizado se lhe tivesse acontecido algo. Logo, o confrontaria com a lei que ele havia aceitado representar: "não se deixa o abrigo sem autorização". Está fora de questão deixar passar em branco o que o ato tem de agressivo em relação aos responsáveis pela instituição.

* * Termo racista para se referir a negros e, principalmente, a árabes. (N. T.)

O adolescente também marcaria uma entrevista com o psicólogo para esclarecer o conteúdo imaginário que o havia dominado no momento de sua partida. Enfim, por ter gerado desordem, contrariedades e inquietude, ele organizaria sua reparação com um adulto de sua escolha, como para toda passagem grave ao ato.

Por esse dispositivo, queríamos levar em conta a dimensão intrapsíquica de seu ato e seu estado de espírito na volta. Também queríamos confrontá-lo com as responsabilidades daqueles que as tinham para com ele e com suas próprias responsabilidades para com as regras da instituição da qual, afinal, ele precisava. Fazíamos isso, embora apoiássemos seu narcisismo, já que sua reparação obrigada levava-o a posicionarse na reciprocidade, considerando o bom acolhimento que lhe era dado.

Sempre que se afigura necessário construir um dispositivo clínico, é preciso referir-se a dois princípios: que leve em conta a subjetividade da criança e que leve em conta a realidade social na qual ocorre o ato ou o acontecimento a ser enquadrado.

Dimensão comunitária e partida de um adulto muito investido

Um outro acontecimento pede para ser enquadrado: é o da partida de um educador investido pelos adolescentes, para outro lugar de trabalho, para outras crianças. Quando assisti a esse acontecimento pela primeira vez, Bertrand, trinta anos, personagem de envergadura, acabava de partir extremamente cansado. Ainda sem substituto, deixava os jovens com duas educadoras mais rígidas e com um jovem educador iniciante e incerto. Nos dias que se seguiram, os rapazes do grupo tornaram-se insuportáveis. Todas as regras de vida foram transgredidas e as educadoras provocadas sistematicamente. Bamba chegou a abaixar a cueca diante de uma delas, o que era inimaginável de sua parte alguns dias antes. A mensagem não podia ser mais clara: o que ele denegava em seu ato era justamente o risco de castração pelas mulheres, que todos fantasiavam desde a partida dessa figura paterna amada e respeitada que fora Bertrand. O que pediam os adolescentes por suas transgressões era que colocassem urgentemente com eles um homem em posição paterna. Ele limitaria essas transgressões, canalizaria a agressividade deles para objetivos lícitos e, sobretudo, os protegeria do risco (fantasiado) da manipulação incestuosa, como da castração pelas mães-educadoras. Desde a partida desse educador, eles também reagiam à volta dos sentimentos de culpa, dos afetos depressivos e dos pensamentos desnarcisantes já experimentados durante a partida de um pai, excluído pela mãe ou demissionário. E o que colocavam em atos eram as fantasias oriundas dessa antiga situação traumática, reativadas pela partida de Bertrand.

Assim, refletimos para que uma próxima partida não causasse os mesmos efeitos. Um protocolo foi aperfeiçoado e com frequência repetido.

Acontecia assim: quem partia, primeiro elaborava bem com a equipe as razões de sua decisão; depois de os colegas terem suficientemente exprimido o que aquela partida os fazia viver, criava-se um cerimonial progressivo de separação.

Esse adulto primeiro anunciava isso aos jovens, dizendo-lhes por que tomara a decisão e dizendo sobretudo a dor que sentia. Vi lágrimas escorrerem nos rostos de adolescentes, imediatamente seguidas das lágrimas nos rostos do adulto. E ele lhes anunciava a festa que daria para agradecer-lhes por terem participado de sua vida e por tê-la tornado mais interessante durante todos aqueles anos. Dizia-lhes que gostaria de ter notícias deles e distribuía-lhes um cartão com seu novo endereço profissional; que gostaria de ter o endereço pessoal de quem quisesse de lhe dar e fotos também, e até fotos com ele quem quisesse tirar. Ainda havia tempo. Anunciava que escreveria a cada pai uma carta aberta de despedida e para falar do interesse que tinha sentido por cada criança.

Assim, o luto se preparava numa certa continuidade. Para festejar a partida, esse adulto previa um lanche ou um jantar muito excepcional. Como tínhamos tomado consciência de que a convivência com esses jovens difíceis havia enriquecido tanto a nossa vida, e também em razão da frequente culpa dele, essas festividades eram financiadas pelo próprio adulto; às vezes em parte também pelos colegas. Antes de passar à mesa, ele fazia um pequeno discurso no qual mostrava aos jovens tudo o que eles lhe haviam "feito entender sobre a vida", lembrando alguns exemplos vividos com um ou outro e o que havia tirado daquilo; o que o havia feito ficar mais inteligente e mais capaz de compreender os próprios filhos, o cônjuge, em suma, de melhor viver a vida. Falava de sua confiança (se a sentisse realmente) nos jovens e nos colegas para continuar o que tinham começado juntos. Fazia isso de modo muito exigente, principalmente com os jovens que ele tinha tido pessoalmente em referência e dos novos referentes deles. Depois, dava um presente ao grupo "para que os jovens ainda pensassem nele". Vi um adulto que havia animado diversas viagens oferecer um imenso mapa-múndi. Sylvia, uma educadora que tinha o sentido da metáfora e fora uma figura materna muito investida, entregou uma bola transparente de um metro de diâmetro cheia de bombons em papéis coloridos. Dissera que desejava que pensassem nela a cada bombom comido. Maneira astuciosa de evocar a introjeção do laço vivido com ela. Também aconteceu de os jovens terem querido lhe dar um presente e que tivessem preparado um esquete evocando uma das (des)aventuras vividas com ele. Depois, passavam à mesa.

Sempre que fizemos um ritual como esse de acompanhamento evitamos a ruptura, humanizamos a separação e prevenimos os retornos de culpa e desnarcisação. Dessa maneira, favorecemos a introjeção dos laços vividos entre o educador e os jovens e garantimos a cada um o sentimento de sua continuidade narcísica. Assim, aliviamos consideravelmente as reações à perda de um educador ou de uma educadora amados que ameaçavam acarretar os comportamentos demasiadamente conhecidos de tendência antissocial. E permitimos uma transição harmoniosa com o educador que viera sucedê-lo. Sobretudo quando este último podia prevalecer-se de uma transmissão de conhecimentos entre o educador anterior e ele.

CAPÍTULO 8
MISTURA, TERNURA E SEXUALIDADE

O cantor Renaud imortalizou o rali Paris-Dakar à sua maneira: "Quinhentos babacões, na linha de partida, quinhentos panacas sobre suas motos, dá um máximo de otários às portas do deserto, um bando de filhos-da-mãe no vento do Teneré"*.

Mas existem outras maneiras de viajar. Na mornidão da noite, nossa piroga desliza lentamente, a brisa nos acaricia, e desfilam as margens do Níger. Na beira, somos acompanhados durante alguns minutos por um bando de macacos: rabos compridos ondulantes e andar elástico. Martinspescadores pretos e brancos se estabilizam no ar para bicar o peixe avistado dez metros abaixo e sair da água segurando-o no bico. Águias pescadoras nos escrutam com um olho severo. Garças brancas e acinzentadas fogem num voo pesado quando nos aproximamos; patos pretos de pescoço comprido decolam diante de nós; nuvens de passarinhos amarelos voltam para seus inúmeros ninhos presos em cachos na mesma mangueira. Estamos nos aproximando do lago Debo e logo cruzaremos com três hipopótamos a nadar em braçadas lentas um atrás do outro.

Na beira do rio, as aldeias bozos alternam com as aldeias peul. As dos pescadores são cercadas de pirogas e cestos de caniços; as dos criadores, de

---

* * Letra de música do cantor Renaud:

"Cinq cents connards sur la ligne de départ, cinq cents blaireaux sur leurs motos, ça fait un max de blairs aux portes du désert, un paquet d'enfoirés au vent du Ténéré. (N.T.)

cabanas redondas, vêem se espalhar os longos rebanhos de bois brancos, cinzentos e bege, os chifres a apontar o céu, estorninhos pousados no lombo, tocados por pastores vestidos de bubus azul-rei e chapéus cônicos.

Grupos de homens lavam-se aqui, e mulheres em outro lugar; silhuetas finas e esbeltas, corpos magros de pele morena, dourada pelos raios do sol poente. As mulheres entram vestidas na água até o meio das coxas, depois tiram rápido o pareô que vem pousar enrolado na cabeça enquanto elas se agacham e que a nudez desaparece na água do rio. Um instante suficientemente breve para ser pudico, suficientemente longo para despertar o desejo. Começa, então, a ensaboada bem espumada.

Períodos pré-nupciais e modernidade

Conversamos com o condutor da piroga que nos leva até a aldeia sobre nosso próximo encontro com os adolescentes e o chefe do sao.

O são é uma instituição particular ao povo bozo; os adolescentes passam ali muitos anos, da puberdade ao casamento. Na adolescência, os garotos até então submetidos à autoridade familiar passam sob aquela do chefe do sao. Jantam com a família, mas a vida de trabalho acontece em sua faixa etária e sob a responsabilidade do chefe do sao: pesca, manutenção das pirogas, cultivo de legumes, colheita, guarda dos ovinos, manutenção ou construção de novas edificações.

A assembleia dos adultos, e sobretudo dos anciãos, decide o que é solicitado aos adolescentes e negocia isso com o chefe do são; este o transmite aos jovens, que criticam, modificam em parte e finalmente executam. Em sentido inverso, o chefe do sao comunica os pedidos dos jovens em relação aos anciãos e os negocia; é aliado deles e os representa junto a eles. O chefe do sao é um jovem adulto casado, pai, escolhido por sua sabedoria e suas capacidades comprovadas de mediador. Toda noite, depois de terem jantado em família, os adolescentes reencontram o são, que é também uma imensa casa de taipa, de dois níveis e com múltiplos quartos. Passam ali parte da noite, e às vezes uma parte da madrugada a conversar, gracejar, discutir e fazer música. E as namoradas ali os encontram.

Estas são adolescentes da mesma aldeia ou de uma aldeia próxima. Passaram o dia com mães, tias e irmãs, nas tarefas confiadas às mulheres, e vêm relaxar com eles. Participam das discussões, gracejos, escutam a música e entregam-se aos jogos de sedução e do amor. Os adolescentes, como os pais, achariam inconveniente que esses jogos acontecessem sob o olhar destes últimos. O imã, pois aqui todos são muçulmanos, é muito compreensivo quanto a costumes que agradam a todos. Apenas sugeriu que as moças voltem de madrugada para suas famílias, após a noite de amor. Pois o sao, casa dos noivos e período pré-nupcial, é um pilar da sociedade bozo e ninguém teria a ideia de contestá-lo.

É claro que esses noivos às vezes o são desde bem pequenos, já que o pai de um pôde escolher para o filho a filha de um amigo ou de um parente. Mas trata-se tanto de um convite feito às crianças para fantasiar sem temor a futura vida sexual e fecunda quanto de uma aliança interfamiliar. E, se muitos desses jovens aceitam a escolha dos pais, também é possível para eles refutá-la e fazer outras, sem que isso crie conflito maior. No sao, os jovens casais evitam que suas relações sejam fecundas, mas quando uma jovem fica grávida, preparam-se, então, as bodas; pois um filho é, antes de tudo, um dom do céu.

O casamento é a etapa seguinte, quando os noivos tiverem experimentado sua escolha mútua e a confirmarem. Às vezes, vai acontecer diretamente ao sair do sao; às vezes os noivos deixarão juntos o sao com pirogas, linhas, redes de peixe e com o que construir uma cabana de ramagens e esteiras. Por um ano ou mais. Pois embora vivam em aldeias fixas, os bozos nomadizam também ao longo dos braços do Níger, de seus afluentes e dos grandes lagos que o beiram, em busca de peixes, como outros povos nomadizam atrás da caça. Depois, o casal voltará para a aldeia com o dinheiro ganho com a pesca; a jovem estará então grávida ou já será mãe, e o casamento será celebrado.

Assim, o período do sao terá permitido que os jovens descubram o amor e a sexualidade, que ponham à prova seu entendimento e confirmem ou neguem a escolha matrimonial feita para eles pelos pais, pois outras uniões que essas previstas podem ser concluídas.

Mas o dever de fidelidade é exigido de cada um enquanto, de maneira oficial, o casal não tiver anunciado sua separação. Se outro rapaz desejar a jovem, não deverá exprimi-lo, ainda que, secretamente, deseje o fracasso desse casal. O mesmo acontecerá se uma jovem desejar o noivo de outra adolescente. Em compensação, se o casal anunciar sua decisão de se separar, então cada um volta a ficar livre para novas escolhas. Também é possível ficar "solteiro" durante longos períodos no sao, mas seja como for, no sao se aprende a superar o ciúme.

O sao não é o lugar de trocas de casais. Todos reprovariam isso, e o chefe do sao proibiria, pois a coesão indispensável da geração que está se tornando adulta custa esse preço. Esses homens, que têm de ser solidários para a pesca, os transportes fluviais, a caça, os trabalhos dos campos e a guerra, não podem ser atravessados por rivalidade excessiva a respeito das mulheres. Nem as mulheres a respeito dos homens. Está em jogo a sobrevivência do grupo.

Assim, o sao é o lugar da descoberta do amor sexualizado e é tanto o lugar de sua responsabilização quanto o da castração imposta por toda escolha e notadamente todo compromisso no casamento e na procriação.

Essa instituição secular mostra que os adultos acolhem serenamente o desejo dos jovens da geração seguinte que chegaram à maturidade sexual. Quanto a esses jovens que têm de remanejar, como quaisquer adolescentes, o supereu familiar, um "personagem terceiro" lhes é apresentado, suscetível de regular os conflitos entre as gerações: o chefe do sao.

Talvez seja a análise dos períodos pré-nupciais tradicionais que permitiu que algumas instituições educativas concebessem experiências pré-nupciais refletidas para os tempos atuais e para nossa área cultural.

Raras são as instituições de hospedagem que estão à vontade com a sexualidade nascente e balbuciante dos jovens que elas acolhem. Podemos entender por quê: muitos rapazes e moças são fruto de uma história amorosa na qual os pais se perderam e só muito parcialmente conseguiram assumir suas responsabilidades. Participaram de uma aventura parental em que o amor com frequência virou traição, demissão ou ódio. Por isso, a possibilidade de uma fecundidade nova e a percepção das forças que os levam a também desejar o encontro sexual só podem angustiá-los.

A ideologia da libertação sexual aí não muda nada, se não for embaralhar as cartas e fazer pesar sobre todos um supereu coletivo que leva a esses encontros para se assegurar que se é "normal". O que pode levar uns e outros a encontrar um pouco qualquer parceiro em quaisquer condições, arriscando negar a ausência de partilha emocional, a ausência de comunhão fantasmática sobre a qual, no entanto, repousa a qualidade do orgasmo e da relação. Pois esse projeto nobre da libertação sexual no respeito da sensibilidade mútua, esse projeto dos anos sessenta, se desculpabilizou os adolescentes, no entanto abrigou uma perversão simplista: a de uma sexualidade reduzida a seus órgãos. À proliferação dos sex-shops, filmes pornográficos e representações orgânicas do ato sexual acrescentou-se uma campanha de prevenção da aids pelo preservativo apenas higienista que contribuiu para apresentar as relações sexuais como uma necessidade, embora orquestrasse uma desmetaforização do encontro corporal. Todo o erotismo se reduziria ao órgão em questão e ao jogo dos órgãos. Oferecem-se ao espectador, ao leitor, receitas para o bom uso deles como se pudesse haver um erotismo ready-made, a ser consumido no local ou numa segunda etapa. Como se o erotismo não fosse uma criação pessoal que passa por uma poetização do corpo e transporta o fisiológico ao nível das representações mentais[141]. A imaturidade psíquica num corpo maduro sexualmente não impede querer viver o estado amoroso, mas leva a vivê-lo de maneira imatura. O estado amoroso caracteriza-se pela convergência das pulsões genitais e das moções de ternura sobre um mesmo objeto. Supõe em cada um a assunção de uma falta e o voto mútuo de que o outro venha em parte preenchê-lo[142]. Viver o estado amoroso pede que a rivalidade edipiana tenha sido vivida e que o interdito do incesto tenha sido assumido. O gozo sexual depende da serenidade a que chega a travessia dessa etapa edipiana. Mas nas carícias, na ternura e no amor, encontramos um modo de comunicação que primeiro foi o do bebê, cujo corpo foi normalmente maternado. Poucos adolescentes estão nesse ponto de imediato. A história do casal parental deixou desconfiados aqueles que acolhemos. Não se pode censurá-los por isso.

Os rapazes com frequência observaram (ou fantasiaram) a mãe como castrante, excluindo ou desqualificando o pai. Angustiam-se com a atração que sentem pelo corpo feminino. E inquietam-se por não poder dominar o objeto sexual, temendo que, caso se torne um objeto de amor, passe a ser tão devorador e castrador quanto o é a imago materna neles adormecida. Assim, certos rapazes sentem-se em perigo desde a primeira relação sexual com uma menina e devem fugir dela, pois sentem o prazer recebido como uma armadilha destinada a lhes triturar a virilidade. No entanto, a isso vão voltar com outra. Mas prisioneiros dessa virilidade incerta e sagrada, vão estar durante muito tempo aterrorizados pelo risco corrido de sentir ternura e vão buscar o prazer detestando aquelas que lhes dão isso. Presos entre a tentação homossexual e o temor de cair na dependência da mulher, às vezes vão buscar segurança e gozo na perspectiva de forçá-la. O refúgio de Sade, que talvez nunca tenha gozado de sua escrita, permanece tristemente, para eles, o de todos os tempos: "O homem que quer gozar deliciosamente não buscará nunca o coração de uma mulher; com tais procedimentos, se tornaria apenas seu escravo e, por conseguinte, muito infeliz. Uma mulher só é realmente deliciosa de foder quando nos detesta cordialmente"[143]. Certos analisandos confiaramme o ódio que sentiam da mulher que acabava de fazer com que conhecessem um orgasmo tão forte que os fizera perder o sentimento de domínio. Se os componentes perversos prevalecerem sobre a organização obsessiva, eles se tornarão esses palhaços impotentes ou vítimas de ejaculação precoce. Nos momentos de excitação ou de decepção que os encontros sexuais acarretam, negarão a humanidade do outro e o cotidiano será o do tédio. O sexo pode se separar do amor ou até nunca se ligar a ele – a masturbação ou a sexualidade do bordel estão aí para mostrar isso –, mas ao se exercer de maneira totalmente separada, a sexualidade acarreta uma insatisfação notória.

Entre os rapazes que acolhemos, as primeiras relações sexuais costumam ser realizadas sob o signo da angústia e da segurança narcísica. Eles têm pouca consideração pelo "objeto", às vezes reduzido ao nível de enfeite a ser exibido ao olhar dos amigos. Às vezes acontece de o pai só lhes ter mostrado um modo de defesa particularmente custoso contra a angústia associada a fantasias infantis e de medo de dependência. Como diz Françoise Dolto: "É a submissão do pai à lei de respeito, de nãoagressão de sua cônjuge, a mãe do filho, que desperta o menino para o fato de que a vida relacional dos adultos não é de tipo uretro-anal, como ele imaginava a partir de sua maneira de sentir e conforme seu narcisismo infantil, mas de outro tipo que aquela de que ele tem vontade em sua idade"[144]. Por isso é que um pai violento, ausente, agressivo, odioso ou bêbado, irresponsável, que força a mãe "é patogênico porque o filho jovem o admira mesmo assim". Tais pais dão um exemplo de desprezo do menino pela menina, desprezo que faz momentaneamente mais ou menos parte do desenvolvimento normal do menino desde a castração primária até o fim do Édipo. Tal rapaz será sensibilizado à homossexualidade tanto passiva quanto ativa. Por sua vez, "as mulheres que são obrigadas a aceitar uma situação igual também nasceram e saíram familiarmen te de situações difíceis na juventude".

Às vezes, as representações do rapaz não se remanejam e ele repete, na geração seguinte, para seu maior sofrimento, a mesma vida conjugal que a de seu pai. Também acontece, de rupturas em novas tentativas amorosas, de os rapazes evoluírem até se desprender das imagos e das fantasias elaboradas na fase edipiana e poder assumir os riscos do amor. Conseguem aceitar o fato tão desnarcisante e intranquilizante de que o outro desejado e talvez amado possa dizer não; que seja um sujeito com sua alteridade e sua própria vontade; que, ao amá-lo, corre-se o risco de perdê-lo.

As moças de que falamos aqui com frequência tiveram por mãe uma mulher cujo cônjuge, o pai delas, excluído mesmo que estivesse presente diariamente, mostrou-se violento, quando não estava demissionário, inexistente ou que não fugia. O impulso de libido centrípeta que atravessa o corpo dessas jovens e as conduz a querer atrair os rapazes até o cerne do ventre é fonte de orgulho e sentimento de um poder novo. Mas também é fonte de angústia. Será que vai ser manipulada, usada, depois deixada como mãe o foi? Vai se tornar um objeto a ser dominado que deverá voltar-se para os filhos a fim de encontrar de qualquer modo um pouco de reconhecimento e ternura? Para muitas, ao nível das fantasias, o parceiro masculino é, sobretudo, o agente de uma penetração com valor de arrombamento. É portador de violência e de vontade de domínio para com elas. Ainda mais que esse pai violento e conscientemente decepcionante às vezes deixou uma imagem clivada na jovem. Tanto que é difícil para essa adolescente ver um "verdadeiro homem" num parceiro afetuoso e doce cujo psiquismo está organizado diferentemente, o que implicaria que ela pudesse elaborar que o pai talvez não fosse um "verdadeiro homem", ou que pode haver vários tipos de "verdadeiros homens" ou, ainda, que um "verdadeiro homem" na verdade não existe.

Mas para ela também, o supereu social junta-se aos imperativos pulsionais e, em geral, ela quer essas relações sexuais temidas. Elas primeiro se realizam sob o signo da segurança narcísica (provar a si mesma que é desejável) e sob o da angústia de evisceração vaginal, que é o simétrico da angústia de castração do menino. Um imaginário quase sempre edipiano está na fonte desse medo inconsciente de represálias por parte de uma figura materna cruel e rival na feminidade. Essa instância ciumenta desperta quando a moça fantasia "roubar" da mãe a feminidade; tão logo também imagina afirmar-se mulher. Essa angústia às vezes prende a adolescente na fobia de rapazes. Mas também pode levá-la, numa aceleração do processo, a provocar as relações sexuais para sair dessa angústia, até mesmo a provocar uma gravidez (cujo desfecho com certeza será uma IVG) para contrabalançar suas fantasias de fecundidade impossível ou proibida.

Nem as defesas permanecidas intocadas em razão de um Édipo impossível nem a culpa que sentem impedem rapazes e moças de ver nas conquistas amorosas uma fonte de orgulho. Mas também mostram as relações sexuais como sujas, degradantes, fontes de vergonha. Só a maternidade seria nobre.

Diante dessas angústias de origens diversas, as estratégias adotadas serão as da sedução, da manipulação, da fuga, do domínio do objeto ou de sua desvirilização. Ou, ainda, as moças não verão outra perspectiva que a de passar por um inseminador pouco amado e pouco amante para ter filhos dos quais esperam o único apoio afetuoso. Escolhido sob esse modo, o genitor não será muito suscetível de sustentar a função terceira e paterna e seus filhos terão, por sua vez, que lutar contra angústias de dependência de coloração mais ou menos incestuosa.

É claro, de rupturas em novas conquistas amorosas, as fantasias aterrorizantes ou inibidoras podem perder seu poder e acontece de esse modo de relação evoluir, de a experiência amorosa ser descoberta e assumida até sua dimensão genital e oblativa. Também acontece de não o ser nunca. Como mostram as interrupções de gravidez, rupturas e abandonos de paternidade diversos que marcam a vida dos "antigos da DASS".

Uma experiência pré-nupcial para nossas instituições

O dispositivo que foi elaborado por meu amigo, o psicanalista Willy Barral, quando era diretor de uma casa de caráter sanitário e social, merece ser citado. Merece pela fineza de percepção das emoções, das angústias e das fantasias a que são fadados muitos rapazes e moças quando o corpo púbere indica claramente que se tornaram, quisessem ou não, objetos de desejo para os do outro sexo. A partir desse momento, o desejo sexual é midiatizado por um corpo que pode dar fruto, embora até as pulsões sexuais sejam neles mais fortes que nunca. Por isso é que estão em busca de uma lei promocional e protetora a um só tempo.

Willy Barral e sua equipe sustentaram que as relações amorosas e sexuais podem ser nobres e responsáveis desde a adolescência, que o amor pode ser descoberto, que a repetição do modelo parental não é uma fatalidade e que os profissionais da instituição têm de responder por isso.

Nessa instituição como na maioria, o regulamento interior precisava: "as relações sexuais não são autorizadas", amplificando os sentimentos de transgressão e culpa nos quais deviam ser vividas as relações amorosas, conduzindo às relações sexuais que, é claro, aconteciam mesmo assim em triste clandestinidade. Uma bela manhã, os adolescentes encontraram fixada no painel de informação a fórmula paradoxal: "as relações sexuais são proibidas, as relações amorosas são permitidas".

Sobre esse tema aconteceu em seguida uma assembleia geral que permitiu definir as relações sexuais, do lado da pulsão bruta, do prazer de órgão, e finalmente numa equivalência do cio animal. Foi a oportunidade de precisar o que recobria a ideia de relações amorosas: troca de prazer e reconhecimento do outro em sua sensibilidade, sua diferença e sua vontade pessoal, sua liberdade de se dar ou não, a responsabilidade quanto a uma fecundidade em relação à qual se determinar. E, inevitavelmente, a relativa dependência afetiva implicada pelo estado amoroso.

Algumas sessões de trabalho foram necessárias para chegar a isso. A direção propôs então que o grupo dos adultos e o dos adolescentes refletissem separadamente no estabelecimento de uma carta que imaginasse o estatuto das relações amorosas na instituição.

Ao fim de algumas sessões, de ambos os lados, chegava-se na maioria às mesmas conclusões: as relações sexuais deviam ser proibidas. Como poderia ter sido diferente nesse primeiro tempo de elaboração? Pois os adolescentes que não tiveram o privilégio de construir psiquicamente uma sexualidade humana na fala de seus pais são vítimas daquilo que "duplicaram" das atividades psíquicas e da libido de seus genitores na primeira infância. "A libido dos humanos é tecida nas palavras dos genitores, nas palavras e nos sonhos desejantes. Mas a questão aqui é saber como se constrói a sexualidade do ser humano. Ou antes, a partir de que momento é possível dizer que a criança é sujeito de sua libido?"[145].

Sabe-se bem que, na maioria das famílias, é a ausência de palavras que os filhos "duplicam" nas conversas conjugais dos pais. Essa carência da função simbólica da fala nos pais põe os filhos em impasse de representação mental clara sobre a sexualidade dos humanos. O Édipo do filho pode ser tecido no Édipo não resolvido dos pais, o que deixa pouca margem de invenção, contrariamente ao que muitos pensam ainda hoje.

Mas voltemos a nosso dispositivo institucional conduzido por Willy Barral. Embora até as relações sexuais permanecessem em princípio proibidas, de fato elas continuavam furtivas, num clima de culpa malsã. Uma educadora, querendo sensibilizar uma jovem ao uso da contracepção, ouviu uma resposta sincera: "Mas por quem você está me tomando? Sou virgem, em minha família as pessoas não vão para a cama assim... é proibido pela minha religião... não é porque estou num abrigo que vou fazer isso"; o que não impediu que ficasse grávida pouco mais tarde. Quanto aos rapazes, eles raramente sentiam que aquilo lhes dizia respeito e em geral fugiam da sensibilidade, da alteridade e da vontade de desejo do parceiro.

O problema permanecia insolúvel: como uma equipe educativa poderia ter participado de tal denegação? E podíamos fazer como se não tivesse sido votada a "lei Veil" de 1975 que autoriza toda jovem de treze anos a obter uma receita de contracepção sem autorização dos pais? As adolescentes dos abrigos seriam menos cidadãs que as outras? Uma lei boa para todas não seria para elas? A lei competente para proteger e autonomizar umas não seria para as outras?

Considerando que as situações paradoxais são as mais criativas, os educadores decidiram voltar ao trabalho.

Sobre esse tema da maturidade sexual ligada às fantasias pessoais e à cultura, ficou decidido chamar à instituição um psicanalista e um antropólogo.

O psicanalista fez os rapazes e as moças caminharem na direção de suas fantasias: ah, se o outro pudesse deixar-se utilizar como instrumento de prazer... ah, se a decepção devesse acontecer... ah, ser traído como minha mãe foi... ah, se a fidelidade pudesse ser garantida... ah, se eu estivesse certo de que o outro me admira, que não me dirá nunca não... que me compreenderá sempre... e se eu estivesse certo de não decepcionar, de não me tornar violento, de não abandonar, de não fugir ou de não ser excluído em meu abrigo (como meu pai)... Quantos riscos para se deixar levar a amar... Não seria melhor investir separadamente a sexualidade e a ternura em pessoas diferentes... e múltiplas... Ou ficar no jogo, tão simples e tão frustrante? E as crianças, como será preciso amá-las?... educá-las?

Ele também fez os adultos elaborarem fora da presença do diretor que trabalhou, por sua vez, sobre seu desejo de assumir a passagem adolescente em sua dimensão amorosa e sexual. Desejo a ser "enquadrado" por sua responsabilidade de direção. No grupo dos adultos, cada um acabou falando das primeiras descobertas amorosas, das tentativas, do sentimento de transgressão, do medo da gravidez, do orgulho e da culpa dessa idade passada. Acontecimentos e sentimentos que, com frequência, teríamos preferido não lembrar, para nos atermos à imagem atual do casal: estável, responsável, unido, sem problemas (pelo menos, por enquanto). Todos sentimentos marcados pela saudade daquela época em que ainda era possível sonhar com todas as escolhas de vida e de parceiros, com tudo e com seu contrário. Então, cada um tomou consciência daquilo que a sexualidade adolescente podia ter de ofensivo para a geração adulta limitada por escolhas dificilmente reversíveis.

E percebeu-se que, hoje, a relativa certeza de ser maduro, e portanto autorizado a fornecer um ato educativo, repousava em grande parte no fato de ter vida sexual. Assim, tornar lícito o acesso a essa mesma vida para adolescentes era ser desapossado de uma parte do imaginário quanto à qualidade de adulto.

O antropólogo, por sua vez, contou as iniciações de puberdade e sobretudo os períodos pré-nupciais, tais como os praticam certas sociedades tradicionais. Talvez tenha evocado o sao dos bozos. Ressaltou o rigor do quadro, o sentido profundo dos rituais, o valor estruturante da experiência. Depois, fez um pouco de história quanto à maneira como sexualidade e procriação tinham sido assumidas em nossas sociedades medievais: a respeito da liberdade de escolher o cônjuge, que a Igreja havia sustentado; a respeito de costumes tão eloquentes quanto o do cinto de castidade. Também esteve em questão a evolução das representações do homem e da mulher desde a época em que se queimavam as feiticeiras, a evolução do casamento e da família. Falou-se da prostituição, essa forma de sexualidade em que se trata de não encontrar ninguém, e do proxenetismo ocorrido com a subida potencial da ideologia sexual burguesa dos séculos XVIII e XIX; com a culpabilização da carne e a maisvalia dada à virgindade.

Assim, chegou-se a redescobrir o sentido e a função de um costume recentemente caído em desuso: o noivado. O noivado efetivamente constituiu uma experiência pré-nupcial que oferecia um suporte tranquilizante para a descoberta amorosa. Era um ato social que comprometia e protegia cada um. Protegia contra essa angústia de rapto do objeto de amor que tanto castiga na adolescência e que acarreta tanta insegurança: que um(a) outro(a) seja melhor que eu e venha me roubar a(o) namorada(o); sentimento que exacerba o narcisismo ferido, pois, evidentemente, sempre existe alguém "melhor" do que nós. E também encontramos melhor que a pessoa amada, é claro.

No momento em que praticavam o ato de noivar, os jovens já tinham cumprido alguma maturação de sua escolha. Pois no ato de noivar sob o olhar do grupo e sob o das duas famílias, os adolescentes aceitavam fazer seus desejos convergirem sobre um único objeto: esse rapaz, e não um outro; essa moça, e não uma outra. Ao mesmo tempo, sabiam que os avanços concorrentes de outros parceiros se tornariam difíceis, até mesmo ilícitos. Aliás, dali por diante raramente eram convidados um sem o outro.

Numa época em que a contracepção era das mais incertas, as relações sexuais não estavam no programa oficial antes do casamento. Mas a culpa se aliviava muito, a intimidade dos noivos era coisa admitida e, doravante, poderiam sair de toda clandestinidade. Dessa intimidade, não deviam abusar, em princípio; mas se a jovem ficasse grávida do noivo, não se faria um drama e eles se casariam, uma vez que o futuro familiar da criança que ia nascer já estava assegurado. Enfim, o noivado tinha por era base um compromisso que cada um podia romper sem desonra e sem escândalo. Decepcionante e às vezes conflituosa, essa ruptura mesmo assim continuaria a ser um ato de maturidade. Esse ritual de noivado, uma vez analisado, pareceu uma referência para construir uma experiência pré-nupcial para os tempos atuais.

Esse trabalho institucional durara quase um ano. No fim, tornarase possível redigir uma carta, o que foi feito.

Os namoros preservariam seu estatuto de etapa necessária e per maneceriam discretos. O que seria novo é que seria igualmente possível para certos jovens de mais de treze anos viver uma experiência pré-nupcial num alojamento pessoal se assim fosse o desejo deles, quer se tratasse de dois adolescentes da instituição ou de um destes com um parceiro de fora, pois os adultos consideravam que a educação dos sentimentos amorosos fazia parte do papel deles. O procedimento seria o seguinte: esses dois jovens fariam o pedido ao diretor que, se lhe parecesse aceitável, os mandaria refletir sobre ele, juntos mas também separadamente, com o educador e a educadora que escolhessem (que seriam supervisionados)[146].

Nessas entrevistas, estariam em questão os investimentos de cada um no conjunto de seus projetos escolares, esportivos, culturais, de seu saber-viver em grupo, de sua relação com sua impulsividade, em suma de sua maturidade. Quanto ao valor dos sentimentos ou hesitações que tinham, falariam disso, mas por iniciativa própria, para que o pudor próprio a essa idade lhes fosse reconhecido. Poderia acontecer de o pedido ser recusado, ao encargo deles chegarem por si mesmos às transformações consideradas necessárias, voltarem mais tarde.

Quando o duo educativo que durante muito tempo os havia atendido considerava, como eles mesmos, que estavam maduros o bastante para arriscar essa experiência, era pedido, se já não estivesse feito, que a jovem tomasse a iniciativa de conseguir a receita de um meio contraceptivo da sua escolha. Era solicitada ao rapaz a mesma iniciativa, entre outras razões porque era possível que nenhum método contraceptivo interno conviesse à namorada, e poderia ser ele que, respeitando sua escolha, utilizaria outro. O essencial sendo que a sensibilidade de cada um fosse reconhecida pelo que era, notadamente porque certas adolescentes fazem questão de ter verdadeiras regras; isso as deixa seguras quanto à feminidade e à fecundidade, o que não conseguem os ersatz de regras acarretadas pelos contraceptivos orais. O essencial sendo também que o desejo sexual fosse responsabilizado quanto à questão da procriação.

Então, os dois jovens, em parte com o próprio dinheiro, organizavam na instituição e com todos os companheiros uma grande festa durante a qual assumiam um compromisso de fidelidade, e a chave de um quarto comum lhes era entregue. Para que escapassem ao voyeurismo da instituição, esse quarto ficava situado fora. Dali por diante, embora mantivessem seu lugar no grupo de vida (diferente para um e para outro), pode riam se encontrar certas noites e dormir juntos se quisessem.

Mais tarde, se essa experiência os tivesse levado a voltar atrás na escolha, eles comunicavam isso e devolviam a chave. Organizava-se, então, uma nova festa, sobre o tema da liberdade mutuamente devolvida. Assim, cada um era apoiado para assumir o sentimento de perda sem se desnarcisar. Aconteceu, é claro, de um dos dois não suportar ali estar presente, mas o ato de separação tinha sido colocado e reconhecido para a maturidade que ele pedia.

Willy Barral, em razão de sua convicção e de todo o trabalho de reflexão que havia precedido, obteve para esse projeto o acordo de um conselho de administração do qual faziam parte muitos religiosos. A aposta de evitar as traumatizantes interrupções de gravidez tinha ajudado na aceitação de sua mensagem. Os jovens chamaram de "Coco-doux"* a grande casa acolhedora para os amores comprometidos. É uma palavra na qual ouvimos cantar os significantes da doçura, e também – será um acaso? – os da fecundidade.

Sempre que uma instituição assume uma prática que sai dos hábitos, ela deve se preocupar em explicitar sua legitimidade. A desse protocolo decorria do fato de se apoiar na cidadania por meio de uma lei que autoriza a contracepção para os maiores de treze anos. Também decorria das exigências colocadas e da oportunidade de maturação que esse processo oferecia aos jovens.

Menos casais do que poderíamos ter imaginado se arriscaram, mas muitos deles, dez anos mais tarde, prosseguiam sua vida em comum e tinham criado família. Estes terão aprendido antes dos outros que o gozo é o fato de corpos erogeneizados e de sujeitos para os quais os órgãos corporais assumem um valor suplementar de ser o lugar do encontro com o outro e com o mundo de suas fantasias.

A histeria para além das aparências

É o que nos conduz a falar das adolescentes histéricas, cujo estilo, dramas e sintomas são objeto de tantos mal-entendidos. Elas nos mostram que um comportamento erotizado não é o sinal de um corpo erogeneizado. Elas também nos mostram que nem um corpo, nem uma gestualidade, nem um comportamento erotizados bastam para fazer metáfora para um encontro amoroso. A neurose histérica, primeiro latente, desabrocha nos períodos críticos da vida de um sujeito e, notadamente, na adolescência. Por isso é que se deve falar dela, pois, mais que outras, as histéricas inquietam. O excesso de erotização que lhes invade os comportamentos mostra uma grande incerteza ao nível da ligação entre amor e sexualidade. A sedução delas primeiro agrada, até mesmo fascina, depois inquieta, ao passo que as pseudo-somatizações irritam. Os comportamentos são denunciados como manipuladores, e vem a

* Isto é, de coco, ovo na linguagem infantil e também um termo afetivo; e doux, doce, suave. (N. T.)

rejeição: "Elas nunca estão contentes, teatralizam por qualquer razão e... só pensam 'naquilo'!".

Todas essas acusações são justas, só que não estamos aqui para acusar: nossa função é compreender e explicar com palavras o que suas fantasias impõem em atos aos adolescentes.

A que processo de sexuação as histéricas estão submetidas? Como tentam assumir seu sexo? Como estão em luta pela vida libidinal?

As neuroses são maneiras ruins de se defender contra um gozo que fantasiamos como perigoso demais. Quando estamos a ponto, segundo nossa subjetividade inconsciente, de chegar a esse gozo que nos tenta, dele nos defendemos pelo sofrimento.

O obsessivo estabelece seu sofrimento no âmbito do pensamento. O fóbico o projeta para fora e sofre com o mundo exterior ameaçador que construiu para si. O histérico, por sua vez, homem ou mulher, converte o gozo inconsciente e intolerável em sofrimento corporal e relacional. A cada risco de encontro desse gozo esperado e enlouquecedor, o histérico parece brandir seu lema "a solução? meu corpo...!" nas somatizações dolorosas, meu corpo sob os golpes, meu corpo nas relações sexuais decepcionantes ou humilhantes, ou ainda meu corpo na mesa de operação de uma interrupção de gravidez ou de outra intervenção. A essa "solução" acrescenta-se outra: a das relações erotizadas com forte conflituosidade triangular que se inscrevem na repetição de uma etapa edipiana não superada. A organização intrapsíquica do histérico repousa, como resume Juan David Nasio, num eu [moi] de três caracteres[147]: um eu [moi] insatisfeito, que espera do Outro a insatisfação que frustra; um eu [moi] histerizante, que erotiza todas as relações importantes; um eu [moi] tristeza, que não sabe se é homem ou mulher porque nunca resolveu quanto a se fantasiar menino ou menina para o pai e a mãe, na época da fase fálica.

Como o eu [moi] do histérico consegue condenar o sujeito à insatisfação crônica?

O histérico é fundamentalmente um ser de medo, aterrorizado pelo risco fantasiado de encontrar o gozo absoluto. Este o faria ficar louco ou louca, dissolver-se ou desaparecer, quer se trate do gozo do incesto ou do gozo da morte. Suas estratégias inconscientes têm por objetivo evitar a qualquer preço as experiências que evocam um estado de plena satisfação, que fariam aproximar o gozo extremo. Pois, ao longo de um traumatismo anterior, ele (ou ela) acabou persuadido(a) de que o gozo absoluto existe, que é sinônimo do horror e que é perigosamente acessível a ele (ou ela).

Por isso é que, no registro inconsciente, ele (ou ela) inventou para si um roteiro destinado a se provar e a demonstrar que nunca vai haver gozo satisfeito para ele (ou ela). Assim será conjurada a ameaça. Nesse roteiro fantasmático, o Outro é um monstro de duas faces. Segundo uma, ele é forte, fascinante, e submete à humilhação; e segundo a outra, é desmedidamente fraco e doente, e obriga à compaixão, sem fim. Segundo cada uma dessas duas faces, ele é decepcionante. E como não reconhecer aí, de passagem, a figura do pai incestuoso, a figura do pai violento e no entanto excluído, até na própria casa. Habitado por essa fantasia, o histérico parte ao encontro de personagens que coincidem com esse Outro, pois, para ele, o amor como o ódio só podem ser vividos junto a esses dois tipos de personagem, os dois únicos que ele pode investir. Enquanto for assim, e enquanto ele não tiver podido reconhecer que o gozo absoluto, que ele tanto teme, está fora de alcance de todo ser humano (que nunca aproxima o gozo senão de maneira parcial e limitada), o histérico se protegerá de encontrá-lo pelas insatisfações e os fracassos repetitivos, ao preço, porém, de seu maior sofrimento.

Histerizar significa dar um caráter sexual ao que não deveria ter tido. O histérico pode transfor mar o objeto mais anódino em sinal evocativo e promissor de uma (eventual) relação sexual. Pode transfor mar todo gesto, toda fala, todo silêncio, todo olhar de si mesmo ou do outro nessa promessa. Promessa muito raramente cumprida, promessa cumprida apenas se a insatisfação estiver, no fim das contas, garantida. Pois a angústia devida à ameaça de encontrar a satisfação temida deve poder continuar a se converter em sofrimento. Será aquela obtida pela decepção vinda de um parceiro tão rejeitante e humilhante quanto fascinante. A menos que seja tão decepcionante e abusivo quanto fraco e doente. Contanto que tenha podido antecipar inconscientemente esse desfecho decepcionante é que o histérico poderá se lançar numa relação amorosa prometida à insatisfação e ao sofrimento. Mas, é claro, ele nada sabe disso.

Como se explica que o histérico consiga, com toda inocência, sexualizar uma expressão humana que, de início, nada tinha de sexual e fazer nascer no outro um foco ardente de libido?

Ele consegue isso porque está inconscientemente à espreita de um Outro cuja força vai submetê-lo e humilhá-lo ou cuja impotência vai atraílo para decepcioná-lo. Dotado de uma sensibilidade aguda, ele detecta no outro o menor ponto de força ou de fraqueza, ali se ancora e, a partir dali, erotiza, instalando "no corpo do outro um corpo novo tão libidinalmente intenso e fantasmático quanto é seu próprio corpo histérico. Pois o corpo do histérico não é seu corpo real, mas um corpo sensação pura, aberto para fora como um animal vivo, uma espécie de ameba extremamente voraz que se estica até o outro, toca-o, desperta nele uma sensação intensa e dele se nutre"[148].

Em outras palavras, o histérico é uma mulher excitante ou um don

Juan, se se tratar de um rapaz.

Mas quais são as representações de seu corpo sexuado, e quais são suas fantasias sexuais?

O corpo do histérico é dividido em duas partes: uma, genital, nunca pôde ser realmente erogeneizada. Está anestesiada e marcada por fortes inibições sexuais (frigidez, nojo sexual ou então ejaculação precoce e impotência).

Entretanto, todo seu corpo, seu corpo não genital, também está submetido a excitações sexuais permanentes. Mas essas excitações não vêm mobilizar fantasias sexuais de qualidade adulta, nem de tipo perverso tampouco. Não se trata de representações adultas vulgares ou porno gráficas. Trata-se, antes, de fantasias sensuais infantis e pseudogenitais, pois o histérico é muito pouco afirmado em sua genitalidade. Ele ou ela é apenas um simulacro de sexualidade que leva ao orgasmo autoerótico, aos toques masturbatórios e a jogos sexuais infantis mais que a um encontro sexual completo.

Assim, a gestualidade do histérico nos engana quando acreditamos ler nela o convite a um encontro sexual. As adolescentes que irritam porque excitam são as mais incertas em sua genitalidade, são com muita frequência angustiadas e frígidas.

O roteiro fantasmático do histérico, quando o joga na realidade, obriga-o a ir muito longe perceber o ponto forte ou o ponto fraco do outro poderoso e humilhante, ou do outro decepcionante, para se tornar parceiro de uma relação erotizada a partir daquele lugar. Essa iniciativa obriga o histérico a se alienar totalmente junto a esse outro, à custa de permanecer estranho à própria intimidade e até à própria identidade sexual. Ele se entrega a múltiplas identificações de empréstimo para atingir o outro e pode adotar o comportamento do homem ou o da mulher. Mas sua desventura edipiana anterior incita-o sobretudo a entrar no papel do terceiro: aquele por quem chega o conflito entre os dois primeiros, ou então aquele pelo qual ele se apaga. Quando é aquele que engendra o conflito, ele está no lugar do intruso; e quando é aquele que o apazigua, ocupa, no fim das contas, o lugar do excluído. Sua culpa inconsciente ali se acalma transitoriamente, mas disso resulta muito abatimento, e é o que leva a falar de um eu-tristeza. Os histéricos criam uma situação conflituosa cujo roteiro é oriundo dos traumatismos anteriores e do impasse edipiano. "Põem em jogo dramas, imiscuem-se em conflitos, e depois, uma vez baixada a cortina, percebem com a dor da solidão que tudo foi apenas um jogo de que são a parte excluída."[149] Essa exclusão deixa-os de novo na incerteza da identidade sexual e na impossibilidade de erogeneizar plenamente o corpo sexuado, desprovidos no processo de sexuação.

E o corpo do histérico per manece a sede de distúrbios da motricidade ou da sensibilidade, de distúrbios sensoriais ou de outras afecções. É conhecida a propensão que têm às contraturas musculares, paralisias faciais, enxaquecas e dores, frigidez e anestesias de uma região do corpo, ou ainda suas crises passageiras de cegueira, surdez ou afonia. A esses distúrbios sem explicações médicas vêm acrescentar-se insônias, desmaios, alterações da memória e até estados de pseudocoma. Esses sintomas e esses sofrimentos nada têm a ver com a anatomia biológica; estão articulados a uma anatomia inconsciente.

Sabemos, desde Freud e notadamente com Françoise Dolto[150], que toda zona corporal é suscetível de se tornar zona erógena conforme tiver sido o lugar de um encontro inter-humano de alto teor emocional. Freud havia observado que muitas de suas primeiras pacientes histéricas tinham sido vítimas impotentes de abusos sexuais: quando crianças, tinham sido submergidas por uma emoção sexual excessivamente intensa de que só em parte tiveram consciência e, às vezes, nem um pouco. Mais tarde, Freud havia observado que o traumatismo correspondente também podia ter vindo, não de um acontecimento real, mas de um pensamento da criança, de mesmo teor inquietante pelo afeto sexual que ele veiculava, e que a criança tivera de recalcar.

Nos dois casos, disso resultara no inconsciente da criança uma espécie de foco mórbido, um excesso de tensão, errando em busca de um meio e de uma zona corporal para descarregar. Esse foco é a origem dos futuros sintomas histéricos. O trauma não permaneceu um acontecimento exterior; ele se transformou num irresistível desregramento interno superativado por essa energia sexual acumulada durante os acontecimentos traumáticos. E aquilo que vai sofrer a criança, depois o adulto histérico, é o rastro psíquico deixado pela agressão, uma vez que diz respeito a tal ou tal zona de seu corpo que ela mesma se torna o lugar do sofrimento e da conversão.

A anatomia imaginária da criança que se tornará histérica resumese numa espécie de roupa de arlequim da qual cada losango corresponde à imagem deformada dos diferentes órgãos particulares: de um membro, de um orifício, da pele de uma parte do corpo. No momento da agressão, o impacto do trauma vem atingir um dos losangos: aquele justamente que corresponde à parte corporal colocada em jogo durante o acontecimento traumático. O excedente de tensão, o excesso de afeto sexual concentrase, então, nessa imagem, nessa parte da anatomia imaginária do histérico. A região do corpo assim atingida torna-se altamente investida de carga sexual. E permanecerá o lugar privilegiado ao nível do qual a angústia sentida virá transformar-se em sofrimento. Quando o sujeito se encontrar numa situação que acarrete o medo inconsciente de viver uma satisfação absoluta, a angústia se fará sentir. Então, uma parte dessa angústia não será vivida, mas será convertida. E a zona corporal erogeneizada por ocasião do acontecimento traumático, ou então erogeneizada em razão do pensamento intolerável que a criança tivera de recalcar, essa zona corporal, portanto, será aquela que ficará afetada. "Um detalhe, uma postura do corpo do adulto sedutor ou do corpo da criança seduzida, um cheiro, uma luz, um ruído... Todas essas formas podem constituir o conteúdo imaginário da representação inscrita no inconsciente e na qual vai se fixar o excesso do afeto sexual."[151]

Agnès, uma de minhas analisandas, sofria de requebrado incontrolável tão que se encontrava na situação de ter de conseguir algo: entrevista de emprego ou noite dançante... Fora na puberdade que esse estereótipo se impusera a ela, embora mais tarde tivesse descoberto ser frígida. Agnès fora abusada sexualmente, entre seis e sete anos, por um parente adulto. Ao longo de sua análise, ela havia encontrado, nesse requebrado, o próprio movimento que ela fazia para retardar ou apressar o momento em que a mão de seu abusador atingiria sua região genital.

Assim, a conversão corporal pontual é a consequência do acontecimento traumático real, por intermédio do rastro psíquico permanecido superinvestido de afeto e sem cessar reativável em mil circunstâncias atuais. O sofrimento do histérico passa do registro psíquico ao registro corporal e acontece assim enquanto o excesso energético da carga afetiva e sexual não for reduzido e disseminado em novas e numerosas representações ligadas entre elas. É uma das tarefas de que se incumbe a cura analítica.

Essa cura é a instalação artificial de uma neurose histérica e sua resolução progressiva. Se, no fim da análise, essa nova neurose artificial, criada por inteiro entre o paciente e seu analista, for superada, se as fantasias que ela pôs em jogo na transferência tiverem sido analisadas, então a neurose inicial terá igualmente sido resolvida. O eu [moi] histérico erotiza o lugar da cura e o quadro pessoal do consultório, o divã, o ritual das sessões ou o tom da voz do psicanalista, assim como o laço transferencial. A repetição de seu roteiro fantasmático leva o histérico a buscar e a encontrar parceiros que correspondem às características do Outro, ora impotente e decepcionante, ora todo-poderoso e humilhante. E ele trata seu semelhante amado ou odiado da mesma maneira que trata o Outro de sua fantasia. Ele tratará o analista da mesma maneira, na transferência. Mas o analista está ali para analisar essa transferência e não se deixar solicitar eroticamente ali onde seus pontos fortes e seus pontos fracos o levariam a responder, como esse monstro de duas faces que é o Outro do histérico. Assim, pouco a pouco, o histérico descobre de que são feitos os roteiros fantasmáticos inconscientes que comandavam todas as suas relações e a(o) deixavam na insatisfação, na solidão e na incerteza de seu valor sexuado. Tornados conscientes, esses roteiros perderão sua força quando o histérico tiver descoberto igualmente do que eles deviam protegê-lo; quando tiver descoberto que representação horror ele imaginou do gozo absoluto e como tivera de recalcá-lo. Ele poderá fazer a descoberta dessa representação porque, por meio sua escuta, seu analista lhe terá proposto como que uma família de representações – as dele – que acolherá a representação inconciliável, até então recalcada pelo eu [moi] histérico. "Libertada da sobrecarga e homologada a outras representações irmãs, a representação outrora inconciliável e agora apaziguada poderá enfim reintegrar o eu [moi] que a havia rejeitado."[152]

Se descrevi a organização psíquica que sustenta os comportamentos erotizados, os jogos relacionais dramatizados e as mudanças bruscas de humor do histérico que passa da excitação à tristeza, foi para fazer com que o(a) adolescente multitraumatizado(a) e transtornado(a) pela eclosão de uma neurose histérica escapasse a uma leitura bobamente social e moralista de seu comportamento. Ater-se a uma leitura como essa desemboca na culpabilização e na rejeição. Eu quis assim mostrar a complexidade das relações às quais poderia querer responder o educador.

Tanto é possível ajudar um adolescente a reconstruir seu narcisismo ou a vencer um episódio depressivo mediante um jogo relacional cujos parceiros cotidianos serão educadores, tanto lhes será impossível desenredar o novelo de uma neurose histérica.

Em resumo, um ou uma adolescente histérico(a) precisa de educadores não porque ele ou ela é histérico(a) mas porque são adolescentes. E ele precisa ser sensibilizado a seu funcionamento psíquico (e não só relacional) por alguém que tenha a preocupação de fazer com que deseje uma psicoterapia analítica.

Não é tão simples o educador continuar sendo para esses jovens um educador comum. Pois eles sabem provocar, no educador ou educa dora, um ardente foco libidinal a partir do qual estes arriscam tirar enorme prazer numa relação erotizada. Esse prazer poderá durar tempo o bastante para acompanhar o adolescente em algum projeto em que terá de lutar contra o Outro monstruoso que o domina ou o humilha. Poderá ter também de sustentar seu projeto de salvação do Outro fraco(a) e doente para o qual ele fará partilhar a compaixão que sente. Mas é possível que uma contratransferência erotizada do educador leve o adolescente a ficar em perigo para mobilizá-lo a ser o homem da situação, até o heroísmo, para salvá-lo. Assim, Nathalie dera um jeito para comunicar a seu educador preferido que ela se prostituía em cima de um bar suspeito bem preciso. Esse educador lá foi buscá-la, esbofeteando-a de maneira espetacular na frente dos clientes e levou-a de volta para o abrigo. Desse dia em diante, ela não parou de provocar novos tapas correndo os riscos mais loucos. Entre dois conflitos, sem se enganar, chamava esse educador de "meu proxeneta adorado".

Mas o período da erotização mútua em geral não dura muito tempo entre uma adolescente histérica e um educador. Por uma passagem ao ato, a adolescente recoloca este em sua função educativa, pois essa relação que parece prometer satisfações inquietantes a angustia. O problema é que em seguida fica ainda mais só. Ou então são seus colegas que tentam abrir os olhos do educador. Se não os abrir, um conflito se inicia entre eles, e é a adolescente quem vai mandar no jogo... e pagar a despesa.

Para trabalhar bem com um adolescente histérico, é preciso ter uma ideia clara de seus próprios pontos fortes e fracos, aqueles a partir dos quais a pessoa se sabe histerizável e vulnerável. Temos de reconhecer que nossos colegas têm o dever de nos interpelar quanto ao que fazemos com esse foco libidinal intenso que ele (ou ela) depositou em nós. E temos de saber que esse excesso de prazer que ele nos dá e que nos toma equivale a se aproximar de uma satisfação angustiante que levará cada um, cedo ou tarde, a mais decepção e solidão. É preciso preocupar-se em amar sem erotizar, preocupar-se em triangularizar as relações que ela (ou ele) estabelece; caso contrário o roteiro inconsciente do adolescente mandará no jogo, sempre para pior.

"Quem nos ama é quem a nós resiste", disse eu um dia a uma adolescente. Ter consciência do que é o roteiro que conduz a adolescente histérica também pode permitir não rejeitá-la.

Pois é fácil para uma educadora ver nessa jovem violentamente sedutora a encarnação de tudo aquilo a que ela mesma teve de renunciar ou que teve de recalcar ao longo de seu próprio processo de sexuação. Então, sua resposta poderá facilmente ser a da rejeição, que fechará ainda um pouco mais nela a esperança de se compreender.

Os educadores que sentem mobilizada toda sua sensualidade em relação a essa adolescente e que percebem a ambiguidade dos sinais que ela lhes endereça, e até as respostas que eles lhe dão, podem acabar num vivido de tentação incestuosa. Se têm um lugar para analisá-la, tudo bem. Caso contrário, para se defender dessa tentação, poderiam recorrer à rejeição desprezível. Mais uma vez: uma atriz, uma mulher excitante...

Às vezes, conseguimos congelar a problemática do adolescente histérico e achamos que ele está curado porque seus comportamentos voltaram a ser normais. Esquecemos que essa normalização só dura enquanto o ambiente educativo protetor fizer seu papel de para-excitação.

A história de Vanessa é um exemplo disso.

Vanessa

Ela tem dezessete anos quando, ao sair de uma hospitalização de três meses em psiquiatria após uma tentativa de suicídio, o juiz de menores a encaminha ao abrigo. Ela vai voltar com frequência a esse hospital onde viveu uma relação amorosa com um enfermeiro, é claro que casado e pai de família. Integrada ao serviço escolar interno do abrigo, lá vai pouco durante os seis primeiros meses. Sua vida se passa antes nos meios delinquentes já conhecidos dela e com o padrasto. No abrigo, ela multiplica as tentativas de suicídio e inquieta o bastante para que nenhum educador se deixe levar por suas tentativas de erotização. O psicólogo a atende com tanta regularidade quanto ela pode assumir. Ela descobre com ele a culpa de um nascimento que acarretou a fuga de seu pai genitor; grita o ódio que sente de uma mãe depressiva e fria, até mesmo sádica; berra o amor por um padrasto que não soube protegê-la da mãe, que consumou o incesto com ela, num horror refinado ao qual ela deseja e teme voltar. Mas ela nunca inicia uma psicoterapia. No segundo ano, ela para.

Começa a se preparar a sério para um concurso de auxiliar de enfermagem e faz estágios em escolas maternais ou em asilos. Apaixona-se por

Adama, um jovem africano do abrigo, educado na África e bem estruturado. Bonito e simpático, goza da consideração dos educadores. Assim, ela o tira da namorada anterior, outra jovem do abrigo. Seu nascimento havia separado seus pais genitores, seu Édipo, depois sua realização incestuosa, haviam separado seus pais. Será que, inconscientemente, se questionava sobre seu poder maléfico de separadora?

A partir daí, esse casal vai não só ser apoiado pela equipe educativa, mas vai ser ainda mais idealizado porquanto Adama assume, em relação a Vanessa, que ele obriga a ir à aula e cujas passagens ao ato previne, numa posição quase educativa. E Vanessa, promovida heroína institucional, progride. Passa no exame para o curso de auxiliar de enfermagem.

No terceiro ano, a equipe educativa, em seu movimento de idealização, propõe aos jovens que vão morar num conjugado – com todas as relações educativas mantidas – para que possam viver uma experiência de casal, desejos e obrigações assumidos. O conjugado fica perto do abrigo onde Vanessa e Adama vêm com frequência. Vanessa termina seus estudos e Adama seu BEP*. Formaram um casal exemplar. Ainda podiam comunicar suas incertezas, suas angústias de um retrospecto? Quando deixam o abrigo, ao encontro da vida, para morar na própria casa, têm vinte anos. Vanessa agradece aos educadores – "e também ao psicólogo graças ao qual me safei" –, consciente dos perigos incorridos. No ano seguinte, têm um filho, uma menina, que eles vêm apresentar.

E depois, ouve-se dizer que as coisas não vão tão bem assim. Vanessa perdeu o emprego. Certa noite, vem encontrar a antiga educadora, enlouquecida: reconhece que não consegue deixar de enganar Adama e de levá-lo ao confronto físico com seus amantes. Pouco tempo depois, é Adama quem vem ver seu antigo educador: não aguenta mais; está separado de Vanessa e quer pôr a filha sob a autoridade de um juiz de menores, se possível aquele que fora "seu juiz". O educador organiza o encontro. Vanessa, convocada, parece exagerar quanto à sua incapacidade de cuidar da menina. A guarda é confiada a Adama. Um ano depois, ficamos sabendo que Vanessa se droga para se anestesiar quando se prostitui e que se prostitui para pagar a droga.

* O Brevet d'études professionnelles é um diploma de técnico equivalente ao ensino médio. (N. T.)

A normalização do comportamento de Vanessa não deveria ter sido considerada uma cura. Ela não deveria ter sido presa na imagem idealizada de seu casal. As poucas descobertas feitas nas entrevistas com o psicólogo deveriam ter desembocado na exigência de uma psicoterapia analítica devidamente enquadrada.

Longe de estar curada, a problemática de Vanessa ficou congelada no casulo educativo protetor, e o casal ali foi idealizado. Tão logo esse casulo cessou de ser, o roteiro fantasmático prevaleceu. A mãe sádica e revanchista que adormecia no psiquismo de Vanessa despertou como um supereu sádico, proibindo-a também de se tornar mãe, e Vanessa foi histerizar seus monstros. Privou-se de todas as satisfações adquiridas (profissão, filho) e voltou ao sofrimento e à solidão da toxicomania e da prostituição.

Então, se o adulto consegue não se deixar erotizar, não rejeitar e não gelar a problemática histérica para pensar que ela está resolvida, só lhe resta levar o(a) adolescente histérico(a) a desejar uma psicanálise. Como conseguir isso? Preservando o exercício das relações educativas mais clássicas. Como todo(a) adolescente imaturo(a) e traumatizado(a), ele (ela) precisa de adultos claros, benevolentes, resistentes a suas passagens ao ato, afetuosos e exigentes.

E também ser sensibilizado(a) a seu próprio funcionamento psíquico. É graças a uma relação transferencial sobre um psicanalista e num quadro em que essa transferência possa ser analisada que ela (ele) poderá tornar consciente seu roteiro e os perigos imaginários de que ele supostamente devia protegê-lo(a).

E isso é assunto dele(a), o de sua iniciativa junto a um psicanalista para o qual será acompanhado(a), pois nem seus educadores nem seu psicólogo exercem esse ofício na instituição, mesmo que seu psicólogo trabalhe como analista em outro lugar.

Todavia, a primeira etapa de sensibilização poderá ser confiada ao psicólogo da instituição (se trabalhou o bastante sobre a histeria). É possível que o(a) adolescente lhe fale muito pouco, embora suas passagens ao ato falem por ele (ela). Talvez, por isso, seja necessário que essas entrevistas sistematizadas (não menos de uma vez por semana) incluam um educador algum tempo no início da sessão. Ele ali descreverá os comportamentos de que o adolescente não falaria, as eventuais passagens ao ato, suas questões, suas dúvidas e o que sentiu como testemunha. Depois, vai se retirar, deixando com o adolescente e o psicólogo um rico material do qual eles retomarão o que for possível retomar e que será o ponto de partida das associações do adolescente.

Ao fim de cada sequência, um balanço será feito e, um dia, o(a) adolescente terá vontade de encontrar um psicanalista confiável, com esse psicólogo ou um educador. Talvez estes devam, diante dele(a), dizer a esse psicanalista sobre o que se funda o desejo que têm que ele (ela) empreenda uma psicanálise. Pois se ele (ela) pode desejá-la, nada diz que ele (ela) já possa desejá-la sozinho(a). Talvez devam mencionar, diante dele(a) e durante algumas sessões, descobertas feitas juntos anteriormente. O psicanalista pode aí encontrar condições de acabar com a angústia e a culpa para mostrar que, ele também, só se apega ao sentido e à parte que ali assume o inconsciente. O(a) adolescente poderia apreciar que fossem antecipados sobre ele(a), com respeito, atos ou acontecimentos que ele(a) só poderia ter abordado na vergonha ou que teria calado. Logo, será preciso, para isso, entender-se de antemão com ele(a) e com o psicanalista. Teremos então colocado todas as chances do nosso lado para que o histérico cesse de girar em círculos no mundo excitante, aterrorizante e deprimente no qual o(a) prendeu seu roteiro fantasmático.

CAPÍTULO 9
LEI SIMBÓLICA E PACTO SOCIAL

Em 1995, um estadista, que saíra à caça do eleitorado de Le Pen*, cobriu-se de vergonha ao declarar: "Não aprovo o racismo, mas posso compreendê-lo". Para ilustrar essas palavras, tomou o exemplo de uma família francesa, um casal que ganha aproximadamente quinze mil francos de salário mensal, e que suporta mal conviver com um vizinho polígamo, sem trabalho, mas que vive da ajuda do governo às famílias graças a uma progenitura numerosa. E acrescentou: "sem falar do cheiro, evidentemente". Essas observações causaram indignação sob os trópicos. Tempos depois, as leis Pasqua** impunham a ilegalidade a milhares de trabalhadores imigrados. Conhecemos a história do movimento dos semdocumentos e o saque da igreja de Saint Bernard. Lembramos dos charters semanais que transportavam pessoas cujos pais tinham, às vezes, recebido medalhas militares e lutado pela França na guerra. Tinham entrado legalmente no país e trabalhado duro e durante muito tempo antes que uma nova legislação os transformasse em clandestinos. Alguns, embarcados à força, deixavam na França mulheres e filhos, abandonando bens e economias onde viviam.

Nas semanas seguintes ao assalto da igreja de Saint Bernard, durante a aterrissagem em Bamako de um charter de sessenta imigrados expulsos, aconteceu o que deveríamos ter esperado. Mal foram libertados das algemas

* *Líder da extrema-direita racista francesa. (N. T.)

** *Leis criadas pelo ministro Pasqua que endureciam as condições de obtenção de permanência na França para os estrangeiros. (N. T.)

pelos vinte CRS** encarregados de escoltá-los, os sessenta malianos se precipitaram sobre os policiais franceses aos gritos de: "A França nos jogou fora!", espancando-os com socos e pontapés, causando feridas em vários deles, e fortes comoções morais em todos. Depois, desceram do avião com a sensação de ter recuperado um pouco da dignidade. Os policiais malianos, por sua vez, só intervieram bem tarde. Os tempos estão mudando um pouco.

Essa expressão violenta com certeza estava do lado da saúde psíquica, pois não se desrespeita o valor-trabalho sem denegrir ao mesmo tempo as renúncias que o sujeito consentiu em vista de se dedicar a ele. Em outros termos, um Estado não avilta o trabalho e não desrespeita o pacto social sem abalar, ao mesmo tempo, no cerne do psiquismo, as sublimações que estão no fundamento da humanização das pulsões.

As instituições que querem fazer com que seus usuários integrem leis imparciais, inevitavelmente frustrantes e no entanto protetoras, não são independentes do discurso ideológico que domina a sociedade. Nascidas durante a República, não são independentes da evolução do modelo republicano de integração; por isso é que as qualidades integrativas desse modelo dizem respeito a um psicanalista.

Meu itinerário levou-me a trabalhar de maneira dual na cura analítica, e levou-me igualmente a construir, no local onde vivem certos pacientes, um quadro e um meio relacional que produzem efeitos de estruturação psíquica. São os dispositivos clínicos da instituição. Devem permitir o desenrolar, entre pacientes e corpo médico, de jogos relacionais novos e corretores das experiências traumáticas anteriores. Por isso é que os pacientes receberão do corpo médico as garantias de solicitude e de interesse reais que lhes haviam faltado, e também os interditos de gozo que impõem e permitem a humanização pulsional.

Esses interditos estruturantes (a lei simbólica), a criança em princípio os integra em sua família. E a instituição que substitui essa família por sua vez os fornece quando esta não soube preservá-los para a criança.

Mas a segunda função da instituição é garantir àquele que aceita as

* *Compagnies républicaines de sécurité, tropas de elite que intervêm em passeatas e na proteção às autoridades. (N. T.)

renúncias pulsionais satisfações de um nível mais alto. Essas mesmas pulsões devem poder se satisfazer em novas realizações de desejos, lícitos desta vez. Isso se chama sublimação ou humanização das pulsões.

O que faz com que a instituição garanta ao sujeito mais consideração, mais poder sobre a própria vida. Uma instituição de cuidados que pediria essas renúncias e essas sublimações pulsionais sem oferecer, em contrapartida, o reconhecimento e os meios de uma autonomia criadora nova não as obteria. O negócio a ser concluído seria denunciado como um negócio sujo, e os pacientes recusariam integrar a Lei tornada assim promocional de nada.

Poderia acontecer de outro modo na sociedade global? "Gilles Deleuze e Félix Guattari (em O anti-Édipo e Mil platôs) afrouxaram para nós o triplo torno do sujeito, do significante e da estrutura. Evidenciaram os laços múltiplos entre o inconsciente e a história, o desejo e a economia política, a subjetividade e os agenciamentos sociais"153... para melhor pensar os avatares da História ou aqueles dos modelos de sociedades em suas consequências com os impasses da organização psíquica do sujeito.

Um modelo de inserção social, para sustentar a humanização, tem de oferecer regras do jogo, leis e ideais que estejam amplamente infiltrados pela lei simbólica: leis que confirmem o sujeito humano em seu respeito pelos interditos, leis que façam com que escape ao risco do gozo pulsional bruto, perverso e degradante. E esse modelo de inserção tem de gratificar com um lugar especial aqueles que mostraram ter aceitado as renúncias pulsionais exigidas; logo, outorgar-lhes novos direitos e novos meios de viver a vida, os amores, e de transmitir a vida. Assim, esse modelo lhes dará o meio da realização pessoal e lhes dará uma função social, ali onde vivem.

Em seguida, cada um viverá essa inserção conforme várias dimensões: dimensões nacional, regional, associativa, religiosa, familiar etc. O sujeito se manifestará conforme modos que então terão a ver com pertencimentos múltiplos e nem por isso alienantes, porque serão não definitivos, não acabados, reversíveis.

Esses pertencimentos permanecerão plurais, evolutivos, suportes de laços que integram os encontros e as faltas. O sujeito continuará sendo o regulador de eventuais conflitos entre esses diversos pertencimentos. Por meio deles, ele negociará suas solidariedades sociais ou familiares e remanejará, todas as manhãs, o sentimento de sua identidade mutante. E esses pertencimentos negociados pelo que lhe trazem de solidariedades mútuas não se tornarão pertencimentos fusionais, sufocantes e redutores das diferenças pessoais.

Desse ponto de vista, o que permitiu o modelo republicano de in serção e o que ele ainda vale?

Posso apenas dizer que há uma economia que nenhum modelo de integração poderá fazer sem dever investir-se, por via de consequência, na tarefa muito custosa de repressão da subversão que essa economia terá acarretado. Tratar-se-á ora de uma subversão militante de caráter político, talvez sobre um vetor religioso, ora de uma subversão "louca", a da violência patológica.

É que, para proteger a saúde psíquica de todos, um modelo de inserção deve confirmar cada um no valor das renúncias pulsionais que ele aceitou. Uma sociedade que, em troca, não oferecia consideração nem o exercício de uma certa função social, nem a possibilidade de criação pessoal dada por uma autonomia financeira mínima, uma tal sociedade, portanto, tornaria irrisórias as renúncias pulsionais anteriormente aceitas a título da humanização das pulsões. Por quê? Porque não cumpriria a promessa tácita segundo a qual essas renúncias também conduzem a ter oferecido um lugar social imparcial e honrado.

Tal sociedade veria uma parte de seus membros desertar seu modelo para se voltar para duas soluções.

A primeira será a do pertencimento cultural segundo um modelo religioso ou ideológico sentido como superior e mais portador de humanidade que a lei social, notadamente por confirmar o sujeito em sua dignidade de ser submetido aos interditos humanizantes. Este será sustentado em suas sublimações pulsionais e no respeito a leis que, por serem divinas, o elevarão acima daquilo que a lei social poderia ter feito. Ao acrescentar sagrado a esses interditos (e alguns interditos suplementares), ela renarcisará o sujeito que temia que o abandonassem à indignidade, à perversão e à delinquência. E, então, é a lei social que lhe parecerá irrisória, já que não terá confirmado sua parte de humanidade.

E ele também vai desprezar essa lei social: ele poderá, em nome da lei de pertencimento religioso ou ideológico, agora única fiadora da estima que ele tem por si mesmo, transgredir a lei social, militar por sua abolição ou por aquela da democracia. Também poderá querer moralizar a sociedade ao tentar lhe impor os interditos religiosos que se impôs para se sentir permanecer humanizado. Pois o ser humano, se detesta a lei quando ela reveste as formas do abuso de poder, no entanto não teme nada mais que cair na perversão e na bestialidade. Ele ama a lei simbólica e os interditos libertadores que lhe conferem sua dignidade. E aqueles que parecem enfrentar esses interditos tornam-se objetos de opróbrio. Basta observar a sorte reservada, na prisão, aos detentos que descambaram para a perversão: os estupradores, pais incestuosos, pais que maltratam, os agressores de crianças ou de velhos e até os toxicômanos, suspeitos de uma dependência que pôde levá-los a "vender pai e mãe, mulher e filhos". Estes são entregues às represálias dos outros detentos. Nesse lugar de descrédito que é um presídio, os detentos reivindicam ser humanizados e autores de transgressões honradas. Não suportam de modo algum serem confundidos com aqueles que desrespeitaram a lei simbólica em atos perversos e, para marcar a diferença, reprimem-nos violentamente.

Com efeito, a segunda "solução" na qual poderia cair aquele cujas renúncias pulsionais não foram reconhecidas pela outorga de um lugar social imparcial é justamente a violência patológica e a perversão. A lei social, ao não reconhecer seu valor, desrespeitou a sublimação pulsional: o sujeito é desestabilizado no cerne de sua organização psíquica e de seus recalques. São, então, as pulsões homicidas, incestuosas ou predadoras que tendem a voltar à superfície de maneira dessublimada, e se ele não as voltar contra si mesmo em comportamentos autodestruidores, pode verse vítima dos comportamentos violentos e perversos.

Assim é que, para se proteger desse desfecho aterrorizante, alguns se precipitam no pertencimento comunitário. Por quê?

Porque, justamente, ele sustenta interditos e ideal.

Uma categoria social parece ilustrar, há alguns anos, minhas palavras: a da imigração magrebina. Confrontada com os limites atuais do modelo republicano de integração, uma parte de seus membros parece descambar para a delinquência, ao passo que outra parte vê seu futuro mais bem garantido pelo pertencimento comunitário. Este se revela ora rico de solidariedades criadoras, ora cheio de dependência alienante, pensamento único e mutilação das sensibilidades pessoais.

Para os mais expostos, esse recuo comunitário operou-se num vetor religioso, pois ficou claro para muitos como um recurso contra o risco de decadência na perversão, na delinquência e na toxicomania, depois que o modelo republicano de inserção lhe faltou. Desde aí, as matanças e aberrações dos grupos armados na Argélia desconsideraram muito esse recurso entre os magrebinos que vivem na França. Mas esse recuo sobre estra tégias comunitárias fusionais, desprezíveis e revanchistas em relação às leis sociais que não cumprem suas promessas, esse recuo operado por aqueles que o modelo republicano não integra mais não é particular aos grupos oriundos de culturas estrangeiras: os novos pobres franceses, os gauleses precarizados em casa, também o buscam. E às vezes o encontraram: na "Frente"*, o partido do integrismo nacional, como escreveu Anne Tristan[154].

Durante muito tempo, a aventura do emigrado participou da tradição tanto quanto da iniciação. Decidida pelos pais, essa prova devia forjar seu caráter ao passo que garantiria um melhor-viver coletivo para a grande família; os envios regulares de dinheiro do filho exilado permitiriam até algum empreendimento agrícola ou comercial. Logo, é de cabeça erguida que, mais tarde, ele voltaria à aldeia sobre a injunção daqueles que haviam decidido sua partida.

Depois, ao lado dessa versão de dominante econômica, desenvolveu-se, até se tornar majoritária, uma emigração cujas motivações eram, sobretudo, psicológicas. Jovens, desejosos de se libertar da tutela dos mais velhos e do peso das tradições cuja necessidade não sentiam mais, expatriavam-se para viver a odisseia de um mundo moderno caracterizado pelo individualismo155. Em seguida fundavam uma família e, embora cultivassem um mítico projeto de retorno, apostavam num enraizamento no solo francês. É sob o peso de uma certa culpa e, em todo caso, de uma certa reprovação que assim se diferenciavam dos "nacionais" permanecidos no país. Alguns investiam

* A Frente Nacional [le Front national], partido racista de extrema-direita. (N. T.)

então estratégias de restauração de laços familiares. Umas foram dramáticas, como a do casamento de uma jovem crescida em Lyon com um primo quase desconhecido do ramo que permanecera na aldeia. Outras deram certo.

A peregrinação a Meca dos pais idosos permanecidos no país transitava com frequência por Roissy ou Satolas, e os bilhetes de avião eram pagos com o dinheiro do emigrado. Os filhos do ramo "nacional" foram com frequência tratados na França como filhos da família imigrada e graças à sua acolhida e a seu financiamento. A famosa "Pigeot 504" atravessava o mar e ia criar um emprego de transportador para um cunhado ou um primo. E, enfim, a vontade de uma certa reciprocidade levava os aposentados magrebinos, no fim de suas vidas de trabalhadores na França, a passar alternativamente algum tempo no berço familiar do Magreb e no ninho construído na França pelos filhos que lá haviam crescido. Disso decorria uma importante troca de ideias, bens de consumo e arranjos benéficos a uns e outros.

Nesses anos (início dos anos setenta), o imigrado tornara-se alguém que fizera uma escolha de diferenciação em troca de pertencimento excessivo. Ele havia assumido o risco de pôr fim a um pertencimento alienante demais e de pertencer ainda mais a seus desejos pessoais, pela separação. E acabava bem. Permanecendo fiel a si mesmo mais que a uma cultura contra outra, ele era muçulmano praticante de maneira privada, e seu relativo êxito econômico lhe permitia pagar o preço dos laços familiares, religiosos, nacionais e culturais, conforme modos de aliança como os que acabo de citar. Ele permanecia inscrito em várias redes e jogava com estas conforma uma certa maleabilidade sincrética: pertencimentos e solidariedades operárias, sindicais, religiosas, políticas, familiares, aldeãs, tradicionais, associativas, ou simplesmente sentimentais. Múltiplas solidariedades que se realizavam simultânea ou sucessivamente, conforme a situação do momento. Ele governava, então, seus pertencimentos.

Mas, desde o fim dos anos setenta, os imigrados magrebinos aprenderam que a aposta que tinham feito não seria mais ganhadora. A economia francesa não garantia mais um salário que permitisse sustentar vigorosamente os projetos do ramo nacional. Os filhos nem sempre tinham obtido os diplomas nem as competências profissionais que os pais haviam imaginado para eles. E os hábitos adquiridos na França por vezes excluíam seu retorno ao país. Enfim, a economia do país de origem não os aguardava. Ela se satisfazia bem melhor com a ausência deles – contanto que trouxessem regularmente divisas – que com um eventual retorno que os teria posto à procura de empregos já raros.

Nesses países, as palavras de ordem que haviam prevalecido, as de terceiro-mundismo, revolução, socialismo e laicidade, não haviam cumprido suas promessas. Tinham se tornado sinônimo de subdesenvolvimento, corrupção, espoliação e degradação dos valores morais. A mensagem de justiça social transmitida pelo Corão em geral havia guardado, por oposição, um grande prestígio. O crescimento dos movimentos religiosos podia começar e se implantavam nas classes mais pobres sobre o tema das exigências divinas de equidade e solidariedade (como a Frente Islâmica da Salvação).

Ora, esse fenômeno do sul do Mediterrâneo ocorreu exatamente no momento em que, no norte, a emigração se revelava sem retorno, quando a sedentarização se impunha e que a igualdade de chances raramente se concretizara, sobre fundo de crise do emprego. E embora até esses emigrados, com seu trabalho e seus sacrifícios, tivessem amplamente pago o preço de seu lugar ao sol.

Diante desse duplo fiasco do modelo ocidental (em geral confundido com o modelo republicano), o islã, até então com frequência mal conhecido desses camponeses mais ou menos analfabetos, apareceu como uma alternativa e uma fonte de dignidade. Propôs uma mensagem de solidariedade particularmente apreciável, nesses tempos de desilusão e rejeição, e trouxe um sistema de valores capaz de transcender completamente a questão do êxito ou do fracasso pessoais.

O islã pode permitir a cada um considerar-se não mais a partir da promoção social, mas a partir da maneira como ele acolhe o projeto que Deus tem sobre ele. Único projeto respeitável num mundo de trapaceiros. E, já que a sedentarização se impõe, o islã deve ser vivido aqui. Como a idade se aproxima do juízo final, o islã deve ser transmitido às crianças: o islã, enquanto devido para que a vida transmitida permaneça humanizada, porque sacralizada de geração em geração[156].

Durante muito tempo, a reislamização foi discreta: entre 1975 e 1978, durante a grande greve dos aluguéis nos abrigos Sonacotra, os residentes falavam a linguagem operária e não haviam integrado às reivindicações a de exprimir publicamente a fé religiosa. Nos anos seguintes, sob a influência de SOS-Racismo e da Marcha dos Árabes, a clivagem que opunha a "França dos proletários" e a "França dos patrões" deslocava-se para opor a França dos "amigos" àquela dos "cunhados".

Mas pouco depois, a mão-de-obra imigrada da indústria automobilística entrava numa série de greves duras (1982-83). Notava-se, então, um forte pertencimento sindical e religioso: nossos jornais nos mostravam grevistas prosternados na hora da prece, no lugar de trabalho. Na verdade, já havia vários anos que sindicatos, patronato e crentes abriam salas de preces nas empresas e mandavam vir imãs dos países de origem. O islã, suscetível de desviar os muçulmanos da delinquência ou dos movimentos revolucionários, era então antes bem considerado na França. As Igrejas cristãs, que se queriam ecumênicas e antirracistas depois de suas hierarquias terem abandonado os judeus à Shoah, por isso se interessavam positivamente. Mas eis que o episódio iraniano veio mudar radicalmente a representação que os autóctones e os muçulmanos da França tinham do islã: para estes últimos, a derrubada do xá do Irã causou um entusiasmo considerável. Fez renascer um orgulho de pertencimento religioso entre aqueles que o pertencimento social desvalorizava: um povo de crentes, de mãos nuas, tinha chegado à vitória contra um tirano armado de um exército moderno e apoiado pela nação mais infiel e mais arrogante que existe, a América.

Entre os franceses não-muçulmanos, após um momento de simpatia por um povo recentemente libertado, o rosto que mostrou a nova República islâmica do Irã (confirmado pelos anátemas de Khomeyni e de Kadhafi, bem como pelos atentados perpetrados na França por grupos que reivindicam o islã) instalou uma visão repelente dessa religião. Mais tarde, a fatwa contra o escritor Salman Rushdie contribuiu para que fosse detestada. As reações foram passionais, e as exclusões escolares de jovens estudantes muçulmanas que se tinham recusado a retirar o véu mostraram isso.

Os acontecimentos do Oriente Médio, por seu aspecto de revanche sobre o Ocidente, tinham visto engrossar as fileiras dos muçulmanos da França. Alguns desses novos crentes sentiram-se animados por um rancor com frequência justificado contra uma sociedade que, apesar dos esforços feitos, não lhes havia dado o lugar que esperavam. Viveram, então, o pertencimento ao islã como o vetor de uma reabilitação e de uma revanche durante muito tempo aguardada. Durante quatorze séculos, no entanto, a história viu essa religião ser tolerante e tolerável pelas sociedades que a admitiram pacificamente. Diversos princípios religiosos permitem que os muçulmanos mostrem sua fé sem atacar a ordem social quando esta dela não decorre. Assim, na França como em outros lugares no Ocidente, o islã pudera permanecer uma religião privada praticada sem contradição com a laicidade republicana[157]. Não mais que outra religião, ele não realizava a aplicação estrita e completa dos textos fundamentais e, como as outras religiões, tendia a promover uma organização social que favorecesse os comportamentos religiosos. Mas o islã dos anos noventa frequentemente se radicalizou por causa da falência do modelo republicano. Talvez, também, por causa da recusa de deixar os imigrados obterem a cidadania mesmo parcial, e por causa da penúria e da precarização do trabalho, ele assumiu uma coloração nova: a do pertencimento militante e revanchista contra as leis sociais. Daí resultou a formação de alguns grupos fusionais em que a obediência incondicional a modelos rígidos e a chefes indiscutíveis era só a cobertura de posições psíquicas muito regressivas.

ÉDIPO E PAI DESRESPEITADO

Mas vejamos que forças psíquicas conduzem ao pertencimento fusional e à submissão a uma verdade absoluta e àquele que a representa. Lembremos Wilhelm Reich que dizia que o líder, representante de uma verdade diante da qual tudo deve se dobrar, acaba sendo ao mesmo tempo uma figura paterna. Ele concentra sobre si todas as posições primitivamente adotadas em relação ao pai, severo, mas também protetor e representativo. "Quanto maior for o desamparo afetivo e objetivo do indivíduo de massa, dizia ele, mais a identificação com o chefe se acusa, mais a necessidade infantil se camufla sob a forma do sentimento de se confundir com o chefe."158 E Albert Memmi escrevia que a colonização foi o irmão vencido e o pai humilhado159. Hoje, a exclusão é a mesma coisa. Muitos dos abandonados, sejam quais forem suas origens culturais, tendem a reatar com uma figura paterna todo-poderosa e protetora, constituída há muito tempo, depois perdida. E, hoje, certos personagens podem encarnar tais figuras: são os líderes de todas as ideologias e de todas as religiões, tão logo conseguem se paramentar com a intolerante bandeira da "Verdade". Evidentemente, no rastro de tais personagens, o orgulho de pertencimento reencontrado é pago com a abolição de toda real posição de sujeito. Mas alguns podem ser tentados a pagar esse preço.

Com efeito, na infância, todos nós estivemos às voltas com tal representação do "Pai-Ideal", sem defeito, protetor e todo-poderoso. Além disso, aceitamos que nosso pai, nossos pais sejam marcados de falta e que tenham seus limites. Nem por isso os consideramos destituídos e pude mos continuar a ter por eles estima e ternura, ao passo que, em espelho, aceitávamos melhor nossos próprios limites.

Mas, para alguns, essa aceitação não pôde se fazer porque o pai apareceu brutalmente não relativamente limitado, mas destituído, impotente, violentamente decepcionante quanto às expectativas de sua companheira ou quanto aos critérios do reconhecimento social. E esse vivido de ter tal pai, destituído e impotente, vai rapidamente ser recalcado pelo filho homem. Mas, sob o efeito do retorno do recalcado, esse filho tornado adolescente poderá partir em busca de um personagem carismático cujo encontro o traria à época em que ainda se sentia orgulhoso de ser filho de tal homem. E o integrismo – de qualquer religião ou ideologia que seja – poderá propor uma versão do pai arcaico àqueles que ainda precisam acreditar que um pai ideal existe; mesmo arriscando pagar essa crença com a submissão alienante. É mais confortável descobrir-se órfão, quando não se conseguiu tornar-se para si mesmo o próprio pai.

E se for uma jovem, ela poderá partir em busca inconsciente de um parceiro amoroso que a remeta a uma imagem edipiana construída de maneira simétrica. Poderá partir ao encontro de um homem que a impressionará porque, em sua subjetividade íntima, ela terá sido sensível à outra vertente desse pai arcaico. O pai vencido, desrespeitado, cruelmente desnarcisado, ela vai às vezes encontrá-lo sob os traços de um jovem preso no mesmo sofrimento. Será fascinante para ela, porque fantasiará poder cuidar de suas feridas, e porque ele investe sua virilidade, confrontada com leis injustas, ao se realizar em transgressões espetaculares. Ele evocará o pai sofrido e amado, do qual, ontem, em Édipo, ela queria ser a companheira renarcisante; mas ele o evocará na revolta e na resistência a essas leis.

Altruísta e todo-poderosa ao mesmo tempo, ela poderá ter-se feito a promessa tácita de que junto dela nada faltaria a esse homem; e estará disposta a pagar o preço dessa promessa, chegando às vezes ao sacrifício. Desejosa de encarnar sua desforra social, ela prometeu ser o reflexo de sua virilidade. Em parte é o que explica a forte natalidade de famílias mais pobres, aquelas em que os homens não têm muita possibilidade de dar prova de poder ou de fecundidade social. As mulheres têm apenas a gravidez a dar a homens que têm poucos outros meios de provar seu poder. Elas se afeiçoam a eles e lhes mostram essa afeição ao lhes ofere cer essa possibilidade constante. Não é tanto a criança que está em jogo, mas sua concepção[160]. Essa gravidez é a desforra sobre a invalidação social, e é por isso que elas recusam a contracepção.

Mas existem outras atitudes que vêm sustentar, na mulher, o narcisismo ferido de seu homem. O testemunho do laço religioso que os une e o porte do véu islâmico às vezes assumem esse sentido. O véu raramente é usado na França pelas muçulmanas cujos maridos tiveram êxito socialmente, e ele ultrapassa, portanto, o simples sinal de piedade. Um símbolo cultural pode assumir um sentido ou outro conforme o que quer fazer que ele diga aquele que o maneja. O retorno do religioso fortemente reafirmado não deixa indiferente. Ele acarretou para os franceses não-muçulmanos uma perda a ser assumida: a da crença que tinham num modelo republicano que tornaria obsoleto o recurso ao pertencimento religioso ou cultural. O retorno do sentimento e dos símbolos religiosos é, com efeito, a consequência de ajustamentos sociais que não deixam mais lugar suficiente às representações do sagrado, do sentido da vida e dos ideais que o defendem.

Enquanto uns pedem ao aparelho judiciário para moralizar a sociedade, outros pedem isso às religiões. Elas fazem parte do patrimônio da humanidade. Não temos que negar suas contribuições nem apagar os riscos de suas perversões, mas nem tampouco abandoná-las só aos religiosos para nos falar delas. Já que nos ensinam sobre as vias de humanização de uns e outros, poderíamos ensiná-las na escola embora deixando cada um livre para nelas engajar ou não sua fé.

Saúde psíquica e engajamento na cidade

Talvez não seja o modelo republicano que está em causa, mas antes o fato de que aqueles que estão encarregados de torná-lo legível, eficiente e respeitável dele se afastam cada vez mais para dele só guardar procedimentos tornados inoperantes[161].

Podemos lamentar os agrupamentos identitários quando acontecem sob o sinal do pertencimento fusional: tendem, com demasiada frequência, a infantilizar e a alienar o sujeito, e arrastam a sociedade rumo a um esfacelamento de comunidades antagonistas.

Mas esses agrupamentos devem ser, desde a defecção do modelo republicano, um dos raros recursos que muitos encontraram contra o risco da perversão, contra o da violência patológica ou contra as condutas que, como a toxicomania, mostram que o sujeito se entrega à pulsão de morte.

Mostramos bem que a estruturação psíquica do sujeito articula muito fortemente "pacto da cultura" (sob o selo da lei simbólica) e "pacto social" (sob o selo das leis sociais). Por isso a criança, ao assumir a lei simbólica, recebe um lugar em família e ouve a promessa tácita de receber, mais tarde, função social em troca das mesmas renúncias. Ao proibir as familiaridades incestuosas, a função paterna integra a última das renúncias pulsionais que fazem escapar à perversão. Mas uma lei que só valeria pelo medo que ela inspira não valeria muito mais que a lei de um adestrador: uma lei para cães. Talvez obtivesse a submissão, mas não a interiorização de um interdito humanizante. Ora, se a criança renuncia à perversão incestuosa como às outras, é também por amor; por amor por pais que representam a lei simbólica fiadora da dignidade humana e a lei social que lhes deu o lugar e a função social que têm.

A lei que fecha a porta às satisfações incestuosas e perversas pode fazê-lo porque abre outras portas e porque não tem por sentido humilhar nem degradar o desejo. O pacto edipiano, pacto da cultura, implica um duplo aperto de mãos: "toma-lá-dá-cá". A criança renuncia por um lado, mas deve ganhar em contrapartida. Deve receber o que precisa para se construir como sujeito humano e membro de sociedade[162]. Na pós-adolescência, isso significa: meios de ganhar a vida, de ter uma utilidade social, de votar, de dispor de uma habitação que possa abrigar uma sexualidade eventualmente fecunda e uma procriação responsável etc. O pacto é estabelecido aqui desde agora, muitas décadas sobre a base do trabalho assalariado pelo acesso a um emprego. O sujeito a quem são recusados os meios que ele esperava do pacto social só poderá rejeitar a lei social injusta. No melhor dos casos, será para escolher uma solução militante religiosa ou revolucionária, e preservará relativamente sua saúde psíquica, pois continuará fiel a seu ideal e permanecerá em acordo com a lei simbólica. No pior dos casos, uma sociopatia dita "fratura social" acaba rompendo a aliança com a lei simbólica no próprio interior do psiquismo. Ela avilta o trabalho e desrespeita todas as renúncias anteriormente consentidas. Essas renúncias são articuladas entre si, e a ruptura do pacto social provoca a fratura das tábuas da lei simbólica no mundo psíquico, como desaba uma fileira de dominós. Podemos então assistir à desligação das pulsões de morte: tudo o que havia estado ligado, recalcado ou condenado remonta sob a forma de condutas desumanizadas. É então o surgimento dos impulsos predadores, incestuosos ou homicidas, sob a forma de violências diversas, roubos e estupros... A menos que isso desemboque no retorno a posições autodestruidoras nas quais o sujeito se entrega à morte psíquica, como nas relações entre toxicômanos. Nos dois casos, independentemente do desperdício humano, será preciso investir somas enormes ora no cuidado, ora na manutenção da ordem e na repressão. A psicanálise dá algumas chaves à política para prevenir esse desperdício. Também oferece algumas para compreender o sucesso dos agrupamentos em pertencimentos sectários, militantes ou religiosos, que propõem defender-se da perversão como da depressão, e permite compreender o aumento da violência e da delinquência urbana[163].

O conceito de tendência antissocial também abre para nós o campo de alguns fenômenos sociológicos. A globalização da economia serviu aos interesses daqueles que, desde sempre, consideram que a proteção social lhes custa caro demais. Logo, obtiveram seu recuo e a desregulação do mercado de trabalho que atinge em cheio as populações mais pobres. As políticas repressivas tentaram os eleitos, pois elas seduzem as fatias autoritárias do eleitorado. Em quase todos os países da Europa assinalase um forte aumento da população penitenciária, na qual predominam os desempregados, os desprovidos e os estrangeiros. Esse aumento vai junto com políticas penais voltadas para a defesa da sociedade em detrimento da reinserção. Ora, em certos bairros, pode-se falar de verdadeira ressurgência da tendência antissocial que, diz Winnicott, pode existir em todas as idades e é uma reação à perda da algo continente e segurador.

A insegurança de que tanto nos falam é, sobretudo, um sentimento ligado à perda real da segurança... salarial. As violências urbanas exprimem a rejeição de uma ordem que não tem mais legitimidade porque só tem a oferecer o horizonte fechado do trabalho desqualificado e precário[164].

Ora, não se trata a tendência antissocial apenas com repressão ou apenas lembrando a lei. Esta só terá legitimidade se restituir a segurança entre aqueles que praticam os atos antissociais. Ao banalizarmos apenas o recurso à repressão, estamos nutrindo a delinquência, pois enraizamos uma cultura de resistência à autoridade que se alimenta das pulsões de vida. Quanto à prisão, ela fabrica ainda mais precariedade e insegurança. E a precariedade é uma forma de abandono pela ajuda social que engendra a tendência antissocial. Assim, um sistema em que a fabricação da precariedade pela recusa das proteções sociais é trocada pela gestão penal da miséria é um sistema fadado ao fracasso, como os Estados Unidos mostram o exemplo. Denunciemos isso, pois, caso contrário, esse próprio fracasso poderia justificar ainda mais respostas à miséria por sua penalização, engendrando ainda mais precariedade e, portanto, reações pela tendência antissocial, vindo "justificar" evidentemente ainda mais essa penalização.

NOTAS

1. Bydlowski, M. La dette de vie. Paris: PUF, 1997. (Le fil rouge).

2. São os objetos "transicionais" de D.W. Winnicott e os objetos

"mamaizados" de F. Dolto.

3. Legendre, P. L'inestimable objet de la transmission. Leçon IV. Paris: Fayard, 1985.

4. Berger, M. Les séparations à but thérapeutique. Paris: Dunod, 1997.

5. Freud, S. "Considérations actuelles sur la guerre et la mort". In: Essais de psychanalyse. Paris: Payot, 1999.

6. Freud, S. Totem et tabou. Paris: Gallimard, 1993.

7. Girard, R. La violence et le sacré. Paris: Grasset, 1972. Ver também: Kammerer, P. Délinquance et narcissisme à l'adolescence. Paris: Bayard, 1992. p. 143. (Païdos).

8. Klein, M. "Les tendances criminelles des enfants normaux". In: Essais de psychanalyse 1921-1945. Paris: Payot, 1968. p. 211-228.

9. Aulagnier, P. La violence de l'interprétation. Paris: PUF, 1991. (Le fil rouge).

10. Bergeret, J. La violence fondamentale, l'inépuisable Œdipe. Paris: Dunod, 1984. (Psychisme).

11. Ibid., p. 79.

12. Winnicott, D.W. "La tendance antisociale". In: Déprivation et délinquance. Paris: Payot, 1994. p. 145. (Bibliothèque scientifique).

13. Mises, R.; Castagnadet, F. Apport de la psychologie de l'enfant à l'étude de la psychopathie. Confrontations psychiatriques, n. 18, p. 73-97, 1980.

14. Diatkine, G. Les transformations de la psychopathie. Paris: PUF, 1983. (Le fil rouge).

15. Ibid., p. 114.

16. Braunschweig, D.; Lebovici, S.; van Thiel-Godfrind, J. "La psychopathie chez l'enfant". In: La psychiatrie de l'enfant. Paris: PUF, 1969. v. 12, fasc. 1, p. 5-106.

17. Freud, S. "Les criminels par sentiment de culpabilité". In: Essais de psychanalyse appliquée. Paris: Gallimard, 1978.

18. Balier, C. Psychanalyse des comportements violents. Paris: PUF, 1988. (Le fil rouge).

19. de Mijolla, A. Les visiteurs du Moi. Paris: Les Belles Lettres, 1981. Ver também: Dumas, D. Hantise et clinique de l'Autre. Paris: Aubier, 1989.

20. Serviço médico-psicológico regional: lugar de tratamentos psíquicos intensivos funcionando no interior de certas casas de detenção, num bairro particular onde são reunidos detentos voluntários.

21. Winnicott, D.W. "La position dépressive dans le développement affectif normal". In: De la pédiatrie à la psychanalyse. Paris: Payot, 1989. p. 149.

22. Ibid., p. 158.

23. Freud, S. Analyse terminée et analyse interminable. Revue française de psychanalyse, v. 39, n. 3, p. 371-402, 1975.

24. Balier, C. Psychanalyse des comportements violents, op. cit., p. 48-49.

25. Ibid., p. 53.

26. Freud, S. "Au-delà du principe de plaisir". In: Essais de psychanalyse, op. cit.

27. Roussillon, R. "Les pathologies du manque à être et le clivage du

Moi". In: Société Psychanalytique de Paris, 22 de abril de 1998, Grenoble.

28. Segundo a expressão de Piera Aulagnier.

29. van Eersel, P. La source noire. Paris: Grasset, 1986.

30. McDougall, J. Éros aux mille et un visages. Paris: Gallimard, 1996.

31. Freud, S. "Remarques psychanalytiques sur l'autobriographie d'un cas de paranoïa". In: Cinq psychanalyses. Paris: PUF, 1982.

32. "Moi, Khaled Kelkal". Le Monde, Paris, 7 de outubro de 1995. Artigo publicado após o assassinato desse militante, provavelmente manipulado. Esse artigo relata os ideais e as decepções desse jovem de Vaulx-en-Velin, tal como ele os enunciou dois anos antes da deriva violenta que o conduziu à morte sob as balas dos policiais do esquadrão paraquedista de intervenção nos quais ele havia atirado.

33. Balier, C. Psychanalyse des comportements violents, op. cit., p. 217.

34. "L'exclusion exige l'évolution de la prise en charge des maladies mentales". Le Monde, Paris, 25 de março de 1995.

35. Jeammet, P. "Les conduites de dépendance; du comportement à la psychopathologie". In: Une détresse muette. Colloque du Service Médicopsychologique, 1995, Grenoble. (inédito).

36. Nasio, J.-D. "Qu'est-ce que la douleur psychique, la culpabilité, la haine?". In: Séminaires Psychanalytiques, Paris. Certas formulações desse parágrafo são retomadas das Conférences sur la douleur psychique de J.-D. Nasio.

37. O outro, em todo esse capítulo, escreve-se com o (minúsculo). Não é o "Grande Outro" de Lacan. No entanto, sobretudo se quisermos tratar aqueles que, como muitos toxicômanos, estão às voltas com o retorno do inconsciente transgeracional não pensado, é preciso saber que o outro (amado ou não) pode representar, "para o inconsciente", um personagem que terá vivido numa geração anterior àquela do sujeito. Lacan então falaria do Outro (ou Grande Outro). Nicolas Abraham e Maria Torok o teorizaram em A casca e o núcleo sob o conceito de "cripta". O "impensado genealógico", o que foi recalcado nas gerações precedentes, pode retornar no inconsciente de um sujeito das gerações seguintes. Desde aí, outros autores o descreveram como uma chave importante para a abertura sobre o inconsciente.

Notemos, em particular: F. Dolto, por ocasião de vários casos clínicos ao longo de sua obra; D. Dumas, L'ange et le fantôme (Paris: Minuit, 1985); A. de Mijolla, Les visiteurs du Moi, op. cit.; D. Dumas, Hantise et clinique de l'Autre, op. cit.; F. Davoine, La Folie Wittgenstein (Paris: EPEL,

1992); S. Ginestet-Delbreil, La terreur de penser (Paris: Diabase, 1997); D. Dumas, Sans père et sans parole (Paris: Hachette, 1999); idem, Et l'enfant créa le père (Paris: Hachette, 2000).

38. Nasio, J.-D. op. cit.

39. Lacan, J. "Le stade du miroir comme formateur de la fonction du Je". In: Écrits. Paris: Le Seuil, 1966. p. 93-100.

40. Balier, C. Réflexions sur les conditions d'efficacité d'une antenne "toxicomanies" spécialisée en milieu carcéral. Service médico-psychologique régional, Maison d'arrêt, Varces. (inédito).

41. Dolto, F. L'image inconsciente du cor ps. Paris: Le Seuil, 1984. p. 90. (Points).

42. Dumas, D. "Pourquoi tenons-nous au concept d'image inconsciente du corps?". In: Barral, W. (org.). Françoise Dolto, c'est la parole qui fait vivre. Paris: Gallimard, 1999.

43. Geberovich, F. Une douleur irrésistible. Paris: InterÉditions, 1984.

44. Winnicott, D.W. "La préoccupation maternelle primaire". In: De la pédiatrie à la psychanalyse. Paris: Payot, 1987. p. 168.

45. Winnicott, D.W. "La tendance antisociale". In: Déprivation et délinquance, op. cit.

46. Ibid., p. 146.

47. Ibid., p. 150.

48. Berger, M. L'enfant et la souffrance de la séparation. Paris: Dunod, 1997. p. 133.

49. Winnicott, D.W. "La tendance antisociale". In: Déprivation et délinquance, op. cit.

50. Laplanche, J.; Pontalis, J.-B. "Pare-excitations". In: Vocabulaire de la psychanalyse. Paris: PUF, 1998. p. 302-303.

51. A esse respeito, escutar na urgência costuma ser coisa a ser feita, à condição, sobretudo, de se obrigar a não responder na urgência.

52. Biodjekian, M. Sauvegarde de l'enfance, Valence. Um CD foi gravado: Évasion, vous et nous, Christal Studio. Ver também: "Just'un chien" e "Les Mal'ppris". Le Monde, Paris, 24 de julho de 1998. p. 6.

53. Foi dito repetidamente aos assistentes sociais para que nunca aceitassem presentes dos usuários. Por trás de muitas racionalizações, acho que se tratava sobretudo de proibir a dignidade e a igualdade às quais reintroduz a reciprocidade.

54. Berger, M. L'enfant et la souffrance de la séparation, op. cit., p. 18.

55. Ibid., p. 142.

56. Balier, C. Psychanalyse des comportements sexuels violents. Paris: PUF, 1999. p. 228. (Le fil rouge).

57. Maalouf, A. Les Croisades vues par les Árabes. Paris: J'ai lu, 1992. p. 229 e segs.

58. Le Monde, Paris, 6 de agosto de 1996. p. 3.

59. Le Monde, Paris, 1o de abril de 1995. p. 14.

60. Diop, A. Dans la peau d'un sans-papiers. Paris: Le Seuil, 1997. (L'histoire immediate).

61. "Ice T., rappeur américain". Le Monde, Paris, 5 de junho de 1996. p. 25.

62. "Moi, Khaled Kelkal", op. cit., p. 10.

63. É preciso dizer que, de maneira geral, em meio educativo ou judiciário, embora se fale muito disso, integrou-se muito pouco a clínica dos distúrbios do comportamento e da violência, e pouco se trabalhou sobre as metodologias com visadas terapêuticas. E, na universidade, poucos professores de psicologia têm experiência nesses campos.

64. Fontaine, B. Genre humain. Paris: C. Pirot, 1997. p. 113.

65. Ginestet-Delbreil, S. La terreur de penser, op. cit.

66. Thomas, L.-V. La mort africaine. Paris: Payot, 1982.

67. Lacan, J. Le Séminaire. Livre X, 1962-1963. L'angoisse (inédito).

68. Freud, S. "Fragment d'une analyse d'hystérie (Dora)". In: Cinq psychanalyses, op. cit.

69. Freud, S. "Sur la psychogenèse d'un cas d'homosexualité féminine". In: Névrose, psychose et perversion. Paris: PUF, 1985. p. 245.

70. Chemama, R. Dictionnaire de la psychanalyse. Paris: Larousse, 1998. p. 5.

71. Ibid., p. 6.

72. Laplanche, J.; Pontalis, J.-B. Vocabulaire de la psychanalyse, op. cit., p.499.

73. Isto é, apreender pelo pensamento consciente e a fala.

74. O Outro, segundo a concepção lacaniana.

75. Dumas, D. Hantise et clinique de l'Autre, op. cit., p. 116.

76. Cyrulnik, B. Sous le signe du lien. Paris: Hachette, 1997. p. 273.

77. Dumas, D. Hantise et clinique de l'Autre, op. cit., p. 113.

78. Dolto, F. L'image inconsciente du cor ps, op. cit., p. 186.

79. Winnicott, D.W. "Le travail social des cas individuels et la maladie mentale". In: Processus de maturation chez l'enfant. Paris: Payot, 1989. p. 199.

80. A experiência mostra que certas decisões, ainda que sejam coletivas e argumentadas na reunião de equipe, não deixam de ser passagens ao ato.

81. Foucault, M. Moi, Pierre Rivière, ayant égorgé ma mère, ma sœur et mon frère… Paris: Gallimard, 1973.

82. Hellbrunn, R. Pathologie de la violence. Paris: Réseaux, 1988. p. 140.

83. Laplanche, J.; Pontalis, J.-B. Vocabulaire de psychanalyse, op. cit., p. 86.

84. Freud, S. "Remémoration, répétition, perlaboration". In: La technique psychanalytique. Paris: PUF, 1992.

85. Dolto, F. L'image inconsciente du corps, op. cit., p. 78.

86. Ibid., p. 80.

87. Nasio, J.-D. Enseignement des sept concepts cruciaux de la psychanalyse. Paris: Rivages, 1988. p. 202.

88. Lacan, J. Le Séminaire. Livre III. Les psychoses. Paris: Le Seuil, 1981. p. 351.

89. Ou então, às vezes, ele só entende bem demais; e a voz foi primeiro uma vociferação real, antes de ser incorporada ao seio do psiquismo.

90. Nasio, J.-D. Enseignement des sept concepts cruciaux de la psychanalyse, op. cit., p. 204.

91. Freud, S. "Le Moi et le Ça". In: Essais de psychanalyse, op. cit., p. 267.

92. Ibid., p. 268.

93. Laplanche, J.; Pontalis, J.-B.Vocabulaire de psychanalyse, op. cit., p. 89.

94. Balier, C. Psychanalyse des comportements sexuels violents, op. cit., p. 10.

95. Cyrulnik, B. Sous le signe du lien, op. cit., p. 264.

96. "Dossier ex-Yougoslavie". In: Psychiatrie sans frontières. Centre hospitalier spécialisé, 1994, Saint-Egrève, Isère. Trechos retomados em Télérama, 17 de novembro de 1993.

97. Bonnet, C. Geste d'amour, l'accouchement sous X. Paris: Odile Jacob, 1990. O autor mostra aí, depois de F. Dolto, como esses atos, que são atos de dom e não de abandono, são atos de amor e de maturidade.

98. "Dossier ex-Yougoslavie", op. cit.

99. Diatkine, G. Les transformations de la psychopathie, op. cit., p. 144.

100. Kammerer, P. Délinquance et narcissisme à l'adolescence. Paris: Bayard,

1992. p. 142 e segs. (Païdos).

101. Attigui, P. De l'illusion théâtrale à l'espace thérapeutique. Paris: Denoël, 1993.

102. Depardieu, G. Lettres volées. Paris: Lattès, 1988.

103. "Que sont-ils devenus?", Antenne 2.

104. Mac Luhan, T.; Curtis, E. Pieds nus sur la terre sacrée. Paris: Denoël, 1992. p. 82.

105. Davoine, F. La Folie Wittgenstein, op. cit., p. 77 e p. 99.

106. Duperey, A. Le voile noir. Paris: Le Seuil, 1992. p. 70-71.

107. Ibid., p. 73.

108. Char, R. Dans l'atelier du poète. Paris: Gallimard, 1996.

109. Eliacheff, C. À corps et à cris. Être psychanalyste avec les tout-petits. Paris: Odile Jacob, 1992. p. 108.

110. Bolzinger, C. Le procès de la symbolisation. Revue de Psychanalyse, out., p. 3, 1994.

111. Freud, S. "Au-delà du principe du plaisir". In: Essais de psychanalyse, op. cit., p. 58.

112. Lacan, J. Les écrits techniques de Freud. Le Séminaire. Livre I. Paris: Le Seuil, 1975. p. 20.

113. Nasio, J.-D. "Le concept de surmoi". In: Enseignement des sept concepts cruciaux de la psychanalyse, op. cit., p. 197.

114. Uma for ma muito interessante desse trabalho individual foi experimentada e descrita por R. Hellbr unn, "Des psychothérapies frappantes". In: Pathologie de la violence, op. cit.

115. Balier, C. Psychanalyse des comportements violents, op. cit.

116. Fantasia ou verdade subjetiva em seu pai.

117. Searles, H. Le contre-transfert. Paris: Gallimard, 1981. (Connaissance de l'inconscient).

118. Kammerer, P. Délinquance et narcissisme à l'adolescence, op. cit.

119. Lancaster, R. Piégan. Paris: Plon, 1970. (Terre humaine).

120. Dolto, F. La cause des adolescents. Paris: Pocket, 1997.

121. Hellbrunn, R. “Des psychothérapies frappantes”. In: Pathologie de la violence, op. cit., p. 33.

122. Cyrulnik, B. Sous le signe du lien, op. cit.

123. Nasio, J.-D. L’hystérie ou l’enfant magnifique de la psychanalyse. Paris: Rivages, 1995.

124. Mangou, I. “Psychothérapies d’adolescent(e)s placés en foyer par l’Aide sociale à l’enfance”. In: Conférence au Champ Psychanalytique et Social, 1990, Paris. (inédito).

125. Dupont-Link, A.; Yvert, N. “Demandes en liberté”. In: Le prix de la liberté. Colloque du Collège des Psychanalystes, 1994, Paris.

126. Kammerer, P. Délinquance et narcissisme à l’adolescence, op. cit., p. 128.

127. Dolto, F. L’image inconsciente du cor ps, op. cit., p. 163.

128. Balier, C. Psychanalyse des comportements sexuels violents, op. cit., p. 119.

129. Dolto, F. L’image inconsciente du cor ps, op. cit., p. 78.

130 Ibid., p. 83.

131. Ibid., p. 189.

132. Dolto, F.; Hamad, N. Destins d’enfants. Paris: Gallimard, 1995.

133. Cyrulnik, B. Sous le signe du lien, op. cit., p. 85.

134. “Moi, Khaled Kelkal”, op. cit., p. 10.

135. O’Dwyer de Macedo, H. Contemporanéité de Winnicott. Vigneux: Matrice,

1992. p. 11.

136. N’Diaye, B. Les castes au Mali. Paris: Présence Africaine, 1995. p. 74.

137. Cyrulnik, B. Sous le signe du lien, op. cit.

138. Françoise Dolto dizia: "Você foi amado, caso contrário não estaria aqui."

139. Dolto, F. (org.). Enfants en souffrance. Paris: Stock, 1981.

140. Thomas, L. V. Rites de mort pour la paix des vivants. Paris: Fayard, 1985.

141. Ginestet-Delbreil, S. La terreur de penser, op. cit.

142. David, C. L'état amoureux. Paris: Payot, 1990.

143. Sade. La nouvelle Justine ou les malheurs de la vertu. Œuvres complètes. Paris: Pauvert, 1987. v. 6, p. 239.

144. Dolto, F. L'image inconsciente du corps, op. cit., p. 192.

145. Barral, W. (org.). Françoise Dolto, c'est la parole qui fait vivre, op. cit., p. 184.

146. O diretor havia confiado essa função a certos educadores, mas não a todos.

147. Nasio, J.-D. L'hystérie ou l'enfant magnifique de la psychanalyse, op. cit.

148. Ibid., p. 22.

149. Ibid., p. 25.

150. Dolto, F. L'image inconsciente du cor ps, op. cit.

151. Nasio, J.-D. L'hystérie ou l'enfant magnifique de la psychanalyse, op. cit., p.34.

152. Ibid., p. 48.

153. Polack, J.-C.; Sivadon, D. L'intime utopie. Paris: PUF, 1991. (Questions).

154. Tristan, A. Au front. Paris: Gallimard, 1987.

155. Chaker, A. La jeunesse algérienne en France. Alger: SNED, 1977.

156. Kepel, G. Les banlieues de l'islam. Paris: Le Seuil, 1991. Ver também: Kepel, G. À l'ouest d'Allah. Paris: Le Seuil, 1994.

157. Étienne, B. La France et l'islam. Paris: Hachette, 1989.

158. Reich, W. Psychologie de masse du fascisme. Paris: Payot, 1998.

159. Memmi, A. L'homme dominé. Paris: Gallimard, 1968.

160. Petonnet, C. On est tous dans le brouillard. Ethnologie des banlieues. Paris: Galilée, 1985.

161. Bourdieu, P. La misère du monde. Paris: Le Seuil, 1993. Ver também: Guillebaud, J.-C. La trahison des Lumières. Paris: Le Seuil, 1995.

162. Pellegrino, H. "Pacte œdipien et pacte social". In: O'Dwyer de

Macedo, H. (org.). Le psychanalyste sous la Terreur. Vigneux: Matrice, 1984.

163. É claro, todos os partidos e todas as Igrejas puderam cultivar uma versão apta a acolher em seu seio as práticas mais perversas. Não se trata de negar isso, mas é um outro debate.

164. Wacquant, L. "L'État pénitence tend à se substituer à l'État providence". Le Monde, Paris, 7 de dezembro de 1999. p. 7. Ver também: Wacquant, L. Les prisons de la misère. Paris: Le Seuil, 1999. (Raisons d'Agir).

Este livro foi impresso nas oficinas gráficas da Editora Vozes Ltda.,
Rua Frei Luís, 100 – Petrópolis, RJ.